学前教育专业系列教材

学前儿童科学教育与活动设计

（第二版）

周京峰　李　艳　主编

科学出版社

北　京

内 容 简 介

本书按照理论与实践相结合的原则组织编写，尤其注重实践能力的培养。全书共9章，前4章为理论部分，详细介绍了学前儿童科学教育的内涵及价值、目标及内容、方法与途径；后5章具体介绍集体教育活动、区域活动的设计与指导，学前儿童科学教育活动的评价及学前儿童科学教育讲课与说课训练。从结构安排上设置了学习与能力目标、知识结构图、基础理论、案例分析、同步训练等模块，中间穿插延伸阅读与范例。另外，本书配有相关知识点的微课视频及部分活动案例的教学视频，便于教师教学与学生自学。

本书适用于高职高专学前教育相关专业教学，也可作为学前儿童家长的阅读材料或其他教育领域从业人员的参考资料。

图书在版编目（CIP）数据

学前儿童科学教育与活动设计/周京峰，李艳主编．—2版．—北京：科学出版社，2019.11

（学前教育专业系列教材）

ISBN 978-7-03-063375-0

Ⅰ．①学…　Ⅱ．①周…　②李…　Ⅲ．①学前儿童－科学教育学－高等学校－教材　Ⅳ．①G613

中国版本图书馆CIP数据核字（2019）第255492号

责任编辑：王　彦　辛　桐/责任校对：陶丽荣

责任印制：吕春珉 / 封面设计：东方人华平面设计部

科学出版社 出版

北京东黄城根北街16号

邮政编码：100717

http://www.sciencep.com

三河市骏杰印刷有限公司印刷

科学出版社发行　各地新华书店经销

*

2016年8月第一版　开本：787×1092　1/16

2019年11月第二版　印张：12 3/4

2019年11月第五次印刷　字数：289 000

定价：32.00元

（如有印装质量问题，我社负责调换〈骏杰〉）

销售部电话 010-62136230　编辑部电话 010-62130750

前　言

学前教育是国民教育体系的重要组成部分，教师素质是影响学前教育质量最重要的因素。伴随着《国家中长期教育改革和发展规划纲要（2010—2020年）》的贯彻落实，《幼儿园教师专业标准（试行）》、《3—6岁儿童学习与发展指南》、《中小学和幼儿园教师资格考试标准（试行）》等的颁布执行，幼儿教师教育面临规范化、标准化、专业化发展的挑战。

本书主要面向的读者群体是高职高专学前教育专业的学生。高职高专学前教育专业的培养目标是培养高素质、强技能的应用型人才，包括学前儿童科学教育在内的五大领域教学法是实现培养目标的核心，也是保证学前教育专业的学生能够胜任幼儿园教育教学工作的关键课程。本书以学前基本教育理论为依据，从幼儿园实际工作要求出发，编写中侧重培养学生幼儿园科学教育活动的设计与实施能力。每章设有学习与能力目标、知识结构图、基础理论、案例分析和同步训练等内容。

在本书三年多的使用过程中，编者搜集整理更新了各章节的经典案例，这些案例反映了不断更新中的学前教育理念，贴近幼儿园一线教育实际。同时，在第一版的基础上，对案例视频进行了完善，并将基础理论部分以微视频的形式呈现，便于学习者多种形式的学习需要。

本书共九章，各章的学时安排建议如下：

章名	理论学时	实践学时
学前儿童科学教育概述	2	
学前儿童科学教育的目标	2	
学前儿童科学教育的内容	2	
学前儿童科学教育的方法与途径	2	
集体教育活动的设计与指导	2	4
几种典型的集体教育活动设计与指导	4	6
区域活动的设计与指导	2	4
学前儿童科学教育活动的评价	2	4
学前儿童科学教育讲课与说课训练	2	
总学时	20	18

本书配有丰富的数字资源，读者可以扫描二维码进行自主学习。

本书由周京峰、李艳共同主编，具体编写分工：周京峰编写第一、二、三、八、九章，李艳编写第四至七章。

编写中参考和引用了国内外许多专家的著述，书中的案例来自全国各地优秀幼儿园或网络，个别案例作者不详，未能一一署名，在此谨致谢意。

由于编者水平和占有资源有限，书中难免存在不足之处，敬请各位专家、同行和读者批评指正！

目　录

第一章

学前儿童科学教育概述

学习与能力目标

1. 了解科学的含义。
2. 理解“儿童的科学”的内涵。
3. 掌握学前儿童学习科学的基本特点。
4. 理解并掌握学前儿童科学教育的内涵及价值。

知识结构图

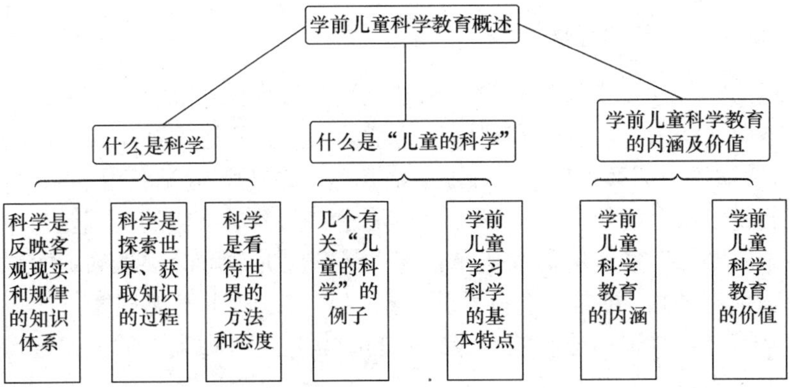

第一节　什么是科学

科学是什么？提及科学，一般人首先想到的可能是天文、地理、生物、数学、物理、化学等学科知识，或者是科学家进行实验研究的景象。到目前为止，对于“科学”尚无一个公认的统一定义，不同的国家，不同的学者，对“科学”有着不同的理解和解释，据学者们研究，对科学的定义至少有 50 多种。随着人们对科学本质的探讨，科学已被

1.1.1

赋予丰富的内涵。

一、科学是反映客观现实和规律的知识体系

人们是靠生产实践、生活实践和科学实验认识客观世界的。科学是知识，但并不意味着任何一种知识都是科学，只有反映事实和规律的知识才是科学。

科学有广义和狭义之分。广义的科学是关于自然、社会和思维的知识体系。它包括自然科学、社会科学和思维科学，以及贯穿这 3 个领域的哲学和数学。狭义的科学是揭示自然的本质和规律的知识体系，即自然科学。本书所说的科学知识主要是指自然科学知识，在幼儿园课程中，科学教育也特指自然科学教育。

作为一种知识体系，科学知识与其他知识相比具有不同的特点。

（一）科学知识具有真理性

科学知识的真理性是指科学知识必须符合客观事实，是对客观事实的真实反映，任何不能正确反映客观世界的知识，或者与客观事实不符的理论、解释，都应该排除在科学知识之外。不过，我们不能把科学知识的真理性误解为科学就是对世界的固定不变的“正确”解释，人们对天体的认识过程，由“地心说”到“日心说”再到今天对宇宙的进一步科学探索就是一个很好的例证。科学的真理性，不在于它对世界的解释永远是正确的，而在于它是一个开放性的知识体系，在于它有一个不断修正自我的过程。

（二）科学知识具有实证性

科学知识的实证性是指任何科学知识都是科学活动的结果，人们通过观察实验等活动，收集和整理客观信息，并在客观信息的基础上，进行思维加工，才能得出科学的结论。因此，科学知识强调客观的事实证据。而那些通过主观直觉获得的未经证实的感悟，以及那些打着科学旗号的伪科学知识，都不是建立在客观事实的证据基础上的，因此都不是科学知识。生物学家达尔文就是在收集大量事实并进行分类比较研究的基础上，发表了巨著《物种起源》，并提出“科学就是整理事实，从中发现规律，得出结论”的。此外，书本上的科学知识，是前人实践经验的结晶，是一种宝贵的间接经验，也是获得科学知识的重要途径。

（三）科学知识具有可重复性

科学知识的可重复性是指科学知识是经得起实践检验的，是可以验证的、规律性的知识，无论何人何时何地重复某一实验，都能得到同样的结果。例如，“月晕而风，础润而雨”是人们在观察的基础上总结出的规律，这一规律能够为事实所验证。科学知识需要不断地检验和验证，人类的科学知识是在不断接受检验的过程中丰富发展起来的。

总之，科学知识是指人类经过科学研究而积累的、对客观世界和人类自身的系统的认识。这个认识是一个不断修正、不断深入，以及不断逼近客观存在的过程。科学作为知识体系，包括概念、理论及原理，这些不是一成不变的，也不一定是绝对的真理。科

学具有开放性，人类探究不止，科学知识就在不断更新，社会就在不断进步。

二、科学是探索世界、获取知识的过程

从静态的角度去分析，科学是反映自然、社会和思维的知识体系；如果从动态的角度去分析，科学又常常与研究过程联系起来，是一种获取知识的过程。理解“科学是过程”主要基于两点。

（一）科学知识的获得离不开科学过程

任何科学知识都是科学过程的产物。简要地说，科学过程一般包括以下主要环节：观察和发现、假设和检验、推理和归纳、解释和预测。由此可见，科学知识的获得和科学过程是密不可分的。

（二）科学不仅表现为结论的科学性，更表现为过程的科学性

人们对事物的科学认识并不是一成不变的，而是不断发展、变化的。过去认为正确、科学的知识，可能被新的事实所推翻、所否定，科学正是在不断否定自我和修正自我的过程中得到发展的。由此可见，科学没有最终的结论，更没有永远正确的结论。

科学知识可能被推翻，但获取知识的基本过程却是客观存在的，从某种意义上说，科学知识的客观性，不仅在于其认识结果的客观性，更在于其认识过程的客观性。可以说，科学认识过程的客观性保证了科学知识的客观性，尤其保证了科学知识在新的事实证据面前，能及时修正自己，使之成为一个开放性的知识体系，而且无论科学技术如何发达，科学手段如何进步，科学过程将永远客观存在。

三、科学是看待世界的方法和态度

对科学的认识，除了以上两个方面外，还有更为广义的理解，就是将科学看作是对世界的基本看法和态度，即科学精神与科学态度。

科学精神是通过科学思想、方法、思维和理智体现出来的，严肃认真、客观公正、敢于创新、尊重事实、坚持真理、修正错误的精神、气质。科学态度包括：实事求是、不主观臆断、不弄虚作假；严谨踏实、勤奋努力、一丝不苟、精益求精；谦虚谨慎、善于合作；热情自信、乐于参与科学活动；有高度的责任感，有坚强的意志品质等。

综上所述，可以给科学的定义作一个全面的解释：科学是人们对客观世界的一种正确认识和知识体系，同时也是人们探索世界、获取知识的过程，还是一种看待世界的方法和态度。科学的本质在于探究，科学过程的核心在于探究，科学研究的核心也在于研究精神。

对学前教育老师来说，全面理解科学的内涵是非常重要的，因为这关系到其教育行为。如果教师对科学的理解仅仅局限于科学知识的话，那么在教学中可能只是强调科学知识的学习。相反，一个全面理解科学内涵的老师，则会将学前儿童获取科学知识和他们的科学研究过程结合起来，并且还会在教学中有意识地激发学前儿童的科学态度，培养科学精神。

1.2.1

第二节 什么是“儿童的科学”

孩子从一出生起，就与科学结下了不解之缘。他们时时、处处在学科学，以不同于成人的特有的方式在接触科学，探索世界。学前儿童的科学不像成人的科学那样深奥抽象，他们对周围的事物怀有一定的好奇心，总是在与周围的环境接触中了解和认识这个世界。“儿童的科学”是儿童用他们独特的理解方式创造出的一片独特的天空，它既体现出科学的探究精神，又充满着孩童的稚气，完全不同于成人所理解的科学。作为幼儿教师，只有正确理解“儿童的科学”的独特性，才能使学前儿童科学教育真正符合幼儿的年龄特点，并发挥其独特的价值。

那么，究竟应如何理解“儿童的科学”呢？我们通过以下几个例子来展开讨论。

一、几个有关“儿童的科学”的例子

范例 1-1

小猫和指南针

某中班幼儿在科学发现室探索一个简易的“指南针”装置（实际上就是一枚可以自由转动的被磁化的缝被针），在其底座的 4 个方向，教师分别用 4 个小动物图案表示，以吸引幼儿并便于识别。当一名幼儿第一次轻轻转动这根针时，发现针尖指向小猫，他对自己说：“我抓到小猫咪了。”可是，当他一次次重复转，发现针尖总是指向小猫，便自言自语道：“怎么又是小猫！”他试图让它指向别的小动物，就用手按住针尖让它停住。可是，当他放开手后，针尖仍然转向小猫。于是他开始尝试各种不同的方法，一会儿轻轻转，一会儿重重转，一会儿将针取下在桌子上刮，一会儿又翻开底座看看，但都没有找到答案。教师问他有什么发现，他说：“它只能转到小猫，它喜欢小猫。”

显然，这名幼儿经历了一次有趣的科学探究活动，得出的结论是“它喜欢小猫”。幼儿对事物表现出好奇、发现问题、进行探究、寻求答案——这就是“儿童的科学”，尽管他最后并没有得出在成年人看来“正确的”结论。

范例 1-2

风从哪儿来的

一名 3 岁幼儿和爸爸在海边散步的时候，海上开始起风了。阵阵海风将沿岸与船上的旗帜刮得呼呼作响。幼儿大声地说：“好大的风！”爸爸见幼儿已经注意到这一自然现象，就趁势问道：“这么大的风是从哪里来的呢？”幼儿回答道：“是红旗扇的。”爸爸说：“红旗怎么会扇出这么大的风呢？”幼儿不知道该如何回答爸爸的问题，但却强调：“就是红旗扇的！”边说还边用小手模仿红旗飘动的动作。

与上一例相比，该例没有明显的探究过程，幼儿只是根据他平时对风的生活经验，很自信地回答问题。从他的答案来看，他至少认识到红旗的飘动和风是有关联的，只是颠倒了它们的因果关系。幼儿对自然界中观察到的现象进行思考并试图解释现象，也是“儿童的科学”，他根据有限的生活经验和当前观察到的事实，对自然现象做出了自己的判断，尽管是错误的判断。

范例 1-3

星星眨眼睛

一名5岁女孩有一天突然对妈妈说：“我知道天上的星星为什么眨眼睛了。”妈妈很奇怪，因为从来没有人教过她。而幼儿的解释则更令她奇怪：“因为每颗星星上都有一个人，拿手电筒对着我们一会儿开、一会儿关。我们在地球上看，就好像是星星在眨眼睛。”这位妈妈不知道怎样对待孩子的解释，只得对她说：“你想得真好！不过，事实上并不是这样的。真正的原因等你长大以后就知道了。”

案例中幼儿的行为似乎离科学更远了：与其说是科学，还不如说是幻想。然而，科学和幻想并没有绝对的界限。幼儿对自然界的现象表现出好奇，并且充满着幻想，仍然是“儿童的科学”，由于认知发展水平的局限，儿童的科学带有主观性的色彩，往往以主观想象解释一些现象，尽管这个解释与事实不符。

通过以上的例子我们不难看出，“儿童的科学”是一种不完善的认识，一种发展中的认识，也是一种独特的认识。我们之所以提出“儿童的科学”这一概念，也是基于此。由于儿童早期对周围世界充满好奇，驱使儿童对周围物质世界进行探究活动；但由于学前儿童的思维还依赖于具体的动作和表象，不能进行抽象的逻辑思维，使“儿童的科学”与成人的科学有很大的差别，形成了儿童世界的独特风景。

总之，儿童的科学是经验层次的科学知识。它是直接的、具体的，而不是间接的、抽象的；是描述性的，而不是解释性的。一旦要让学前儿童解释现象背后的因果关系，他们就显得无能为力了。在上面的3个例子中，幼儿试图解释想象的原因时，就陷入了很大的困境。他们或归于主观的意愿（指南针喜欢小猫），或用所见的现象相互解释（风是红旗扇的），或干脆凭主观的想象（星星上面有人），他们无法进一步探究事物之间的关系。

二、学前儿童学习科学的基本特点

幼儿独特的思维阶段和思维特点，使得幼儿在面对自然界的各种事物时，有着与生俱来的探究热情以及问不完的问题。与自然接触，与真实对话，向真实发问，又使幼儿成为勇于实践的探索者，并最终形成自己对事物的“独特理解”。幼儿在学习科学时具有以下几个基本特点。

（一）幼儿天生具有强烈的好奇心和探究欲望

幼儿有着与生俱来的好奇心和探究欲望，这一特点与科学家一样，所以我们经常说幼儿个个都是天生的科学家。他们什么都想知道，他们的问题没完没了，他们的探索接连不断。正如杜威所说，儿童有调查和探究的本能，探索是幼儿的本能冲动，好奇、好问、好探究是幼儿与生俱来的特点。

正因为幼儿有着强烈的好奇心和探究欲望，所以幼儿对什么都感兴趣，都愿意尝试，尤其是越被成人禁止触摸的东西或越不让做的事情，幼儿就越想一探究竟或试试自己的想法。如果地面上碰巧有个小坑洞，积了一些雨水，又出了点太阳，它就变成了孩子的乐园。倘若成人不加以禁止，并给予积极参与的机会，乐园又会变成节庆的场合。这样的好奇心和探究热情绝不亚于科学家。

（二）幼儿最初关心的都是和自然环境有关的基本的科学问题

好奇、好问是幼儿的特点，尤其是从 3 岁左右开始，幼儿会抓住家长、老师或其他熟悉的成人问个不停。只要留心，我们会发现，他们最初关心的问题都和自然环境有关，想要知道很多与自然有关的事情是怎么一回事，以及为什么会是现在这个样子。例如，天空为什么会是蓝色的？小草为什么会是绿色的？鱼儿为什么能在水中游？为什么冬天冷，夏天热？为什么月亮会住在天上？太阳为什么不会掉下来？鸟儿为什么能在天上飞？

教师需要高度重视并正确对待幼儿的这一特点，及时引导。可以说，幼儿的疑问和所问的问题在本质上与科学家的问题并无太大差异，只是科学家们在以专业的方式从事幼儿自然而然在做着的事，寻找幼儿最关心的问题的答案。

（三）幼儿通过直接经验来认识事物

幼儿除了好奇、好问、好探究，关心许多“科学问题”外，还是一个勇于行动的大胆实践者，一个通过直接经验来认识事物的探索者。

皮亚杰的发生认识论告诉我们：人的认识既不来源于客体，也不来源于主体，而是发生于主客体的相互作用。心理学的研究表明：幼儿的年龄特点注定了他们对物质世界的认识还是感性的、具体形象的，思维还常常需要动作的帮助。他们对物质世界的认识还必须以具体的事物和材料为媒介，很大程度上借助于对物体的直接操作。

（四）幼儿的探究方法具有试误性

范例 1-4

盖 锅 盖

一个小班的幼儿在娃娃家的厨房里正忙着做汤。没有锅盖，他想找一个合适的锅盖，他随手拿起了一个盖上，没有想到盖子掉进了锅里。他又拿了一个大一点的，又掉进了锅里。孩子怔了一会儿，找了一个更大一些的，盖上了，只是不合适，盖子稍微大了一点。他又换了一个小一点的，终于合适了。孩子很得意，还把小盖子拿起来在锅上转了一圈。

评析：幼儿找到合适的锅盖，其间经历了多次尝试，从锅盖比锅小很多，到小一点，再到比锅大一点，最后到合适并满意地把锅盖转一圈，具有试误性。

由以上案例可见，幼儿在游戏或日常生活中解决一些问题时，需要使用科学探究的方法，然而，由于经验水平和思维特点所限，幼儿探究解决问题的过程与方法具有很大的试误性。他们对事物特点的认识和对事物之间关系的发现需要多次尝试、探索才能接近答案。

（五）幼儿所获得的知识经验具有“非科学性”

皮亚杰在其专著《儿童的世界概念》中阐释了儿童以个人的想法及经验来解释科学的现象，充满着“离奇有趣的失真”（也称为“孩童的构想”）。他认为处于“前运算阶段”的幼儿不具备逻辑思考的能力，其认知发展的局限性决定了幼儿无法获得对自然界的完全客观的认识。例如，幼儿能发现并描述各种物体在水中的沉浮状况，但要解释其原因就十分困难。他会说轻的东西能浮起来，重的东西能沉下去，全然不觉其内在联系及矛盾。幼儿对周围事物的认识和解释以及所获得的知识经验受其原有经验和思维水平的直接影响，从而形成幼儿期所独有的“天真幼稚的理论”和“非科学性”的知识经验，突出表现为以下方面。

1. 用原有经验解释事物

幼儿对事物的认识直接受到其原有经验的影响。幼儿在探索和认识事物过程中所表现出的不合乎成人逻辑的想法和做法，在幼儿已有经验和认知结构上却是极其合理的，合乎他“自身逻辑”的。幼儿认识事物的这一特点是由幼儿思维的具体形象性所派生出来的。

范例 1-5

幼儿用原有经验解释事物举例

例 1　原有经验：风扇转动能扇出风。

新的解释：红旗飘动也能扇出风。

例 2　原有经验：种子种在土里几天后向上长出小芽、长大。

新的解释：看到花生往下长了芽，就把它正过来，让根向上长。

评析：幼儿在碰到新的问题时，总是根据以往的认识经验来解释。

2. 表面性和片面性

幼儿对事物的认识不能抓住本质特征，对事物及其关系的认识和解释只是根据具体接触到的表面现象来进行的。

幼儿的科学仅限于对现象的描述，而难以对现象背后的规律做出正确的判断和推理。他们所能理解的科学知识，具有表面性和片面性的特点。

1.3.1 1.3.2

3. 主观性和泛灵论

思维发展水平的局限使幼儿认识事物带有主观性的色彩，幼儿不能客观地解释自然事物和现象，往往从主观意愿出发或赋予万物以灵性，即泛灵论。

范例 1-6

小班幼儿猜想小兔子吃什么

教师："小兔子喜欢吃什么呢？"

幼儿："喜欢吃萝卜、白菜。"

教师："还喜欢吃什么呢？"

幼儿 1："还喜欢吃饼干。"

幼儿 2："喜欢吃肉。"

幼儿 3："喜欢吃棒棒糖。"

评析：从上述教师和幼儿的对话中可以看出，幼儿对小兔子喜欢吃什么的理解带有自己的主观性色彩，认为自己喜欢吃的东西，小兔子也喜欢吃。

幼儿对事物及其关系的解释具有"人为的"和"万物有灵论"的色彩。他们相信自然界的事物是有生命、意识、意图和情感的。

第三节 学前儿童科学教育的内涵及价值

一、学前儿童科学教育的内涵

学前儿童科学教育是整个科学教育的起始阶段、基础环节。学前儿童处于人生的最初阶段，身心发展尚不成熟和完善，因此，学前儿童科学教育是一种科学启蒙教育。

具体地说，学前儿童科学教育就是教师引发、支持和引导学前儿童主动对周围物质世界进行探究，以帮助他们形成科学情感和态度，掌握科学策略和方法，获得有关周围物质世界及其关系的科学经验的活动。通过科学教育，使幼儿萌生学习科学的兴趣、好奇心，积累科学经验，培养科学素养，为今后学习科学打下良好的基础。

二、学前儿童科学教育的价值

对学前儿童进行科学教育，能够为他们提供接触科学的机会，丰富他们的科学经验，掌握科学方法，培养科学情感，形成科学素养，为其一生的发展打下良好的基础，这将对学前儿童的一生产生深远的影响。当前，对幼儿进行科学教育越来越受到幼儿园、家长和社会的广泛重视，为此，每一位未来的幼儿教师都应该正确认识和理解幼儿科学教育的意义和价值。

学前儿童科学教育对幼儿的发展具有以下几方面的价值。

（一）能满足学前儿童的好奇心和求知欲

好奇心和求知欲是学前儿童与生俱来的天性。在日常生活中，幼儿有许多自发的科学探索行为，自然界中的各种事物和现象，大到刮风下雨、开花结果、四季变化、小到蚂蚁搬家、喜鹊唱歌、燕子筑巢、母鸡下蛋等，都能引起幼儿强烈的好奇心和探索欲望。

好奇心是学前儿童学习科学的原动力。幼儿园开展科学教育活动，可以保护学前儿童的好奇心，保持他们对科学的兴趣，为今后的学习生涯奠定良好的基础。

（二）能够促进学前儿童的全面发展

我国幼儿园教育的目标是“对幼儿实施体、智、德、美等方面全面发展的教育，促进其身心和谐发展”。实现学前儿童全面发展的教育目标，需要通过实施科学、健康、语言、艺术、社会五大领域的课程。科学是其中一个不可缺少的部分，与其他 4 个领域相互融合，共同担负着促进学前儿童全面发展的任务。所以说，学前儿童科学教育是学前儿童全面发展的有机组成部分。

（三）对学前儿童的一生发展产生深刻的影响

科学教育还表现在为学前儿童的一生发展打下重要基础。一方面，早期的科学经验为其将来理解抽象的科学知识提供了具体的表象支持，从而成为引导幼儿通向科学世界的桥梁；另一方面，童年时代的科学经历，会给人的一生留下深刻的影响和美好的回忆。

延伸阅读

幼儿科学教育的历史沿革

一、20 世纪 80 年代——幼儿常识教育

20 世纪 80 年代的幼儿常识教育，有着完整的课程与教学体系。当时的国家教委不仅在《幼儿园教育纲要（试行草案）》中明确规定了幼儿常识教育的具体任务与明确要求，而且专门为幼儿师范学校制定了《幼儿常识教学法》教学大纲，提出了幼儿园常识教学的意义，明确了幼儿园常识教学的任务、内容、具体要求，指出了幼儿园常识教学的方法，以及所需要的环境与设备。为了指导实践，国家和一些有条件的省、市都编制了相应的教师用书和幼儿用书，以及相配套的学具和教具。

常识教育的目标（任务）由知识、技能和兴趣 3 个方面组成，具体表述为：第一，丰富幼儿关于自然和社会方面粗浅的知识，扩大他们的眼界；第二，培养他们对认识社会和自然的兴趣和求知欲，逐步形成对待周围人和事物的正确态度；第三，发展幼儿注意力、观察力、记忆力、想象力、思维能力和语言表达能力。根据常识教育的具体任务，小班有 9 条、中班和大班分别有 12 条具体的内容要求，非常具体明确。常识教育的主要方法是观察、小实验、劳动、游戏等，讲述、谈话、朗诵诗歌等方法也被认为是非常重要的方法。

在实践层面，20 世纪 80 年代及其之前的常识教学，教师最关心的是把教学大纲中规定的自然常识和社会常识传授给幼儿，主要的教育策略是教师讲（做），幼儿听（看）；教师告诉事实和规律，幼儿被动接收、练习和记忆。由于教育以追求幼儿对知识的掌握为主要目的，教师大有一节课不教会幼儿某个（些）预想的知识点誓不罢休的劲头。幼儿相信和畏惧教师的权威，不会自己思考，不敢提出质疑，不会也不敢自己动手探究，严重缺乏主动性和创造性。这种教育最大的特征是具有庞大的知识体系，但这种教育组织策略下培养出来的幼儿大都是不会独立想，不会独立做的乖孩子。

二、20 世纪 90 年代——新生的幼儿科学教育

20 世纪 90 年代初，我国的幼儿科学教育诞生了，南京师范大学王志明老师的《幼儿科学教育》一书的出版可以说是我国幼儿园常识课向科学教育变革开始的标志。书中写道：幼儿科学教育是幼儿各科教育的组成部分，它和其他各科相互联系，相互渗透。幼儿科学教育是一门年轻的学科，很不成熟，有待于进一步研究。它需要不断地从科学的理论的高度概括、总结幼儿教育的经验，以科学的方法来观察、调查和实验研究等，从而加强这一学科的科学性，丰富其内容，使其不断地充实、完善和发展。总之，要通过科学研究和教学实践，使幼儿科学教育这门学科从不成熟到成熟，从不完善到完善，更好地为普及科学教育，为提高全民族科学文化素质服务。

20 世纪最后 10 年里，我国新生的幼儿科学教育在借鉴国外的相关理论和实践中不断变革，在结合本国实际的实践探索中不断发展和完善。90 年代初，幼儿科学教育总目标是由科学知识、科学方法和对科学的情感态度 3 个方面构成的，具体包括：第一，帮助幼儿获得周围世界广泛的科学经验，并在感性经验的基础上形成初步的科学概念；第二，帮助幼儿学习探索周围世界和学科学的方法——观察、分类、测量、思考、表达和信息交流，发展幼儿的观察力、思维能力、初步解决问题的能力和动手操作的能力；第三，激发幼儿对周围世界的好奇心，探索周围世界和学习科学的兴趣，培养幼儿关心、爱护自然的积极情感和态度。同时，强调科学知识、科学方法和科学情感态度的统一和不可分割。

可见，20 世纪 90 年代幼儿科学教育较之 80 年代发生了明显变化。首先，更加重视幼儿的感性经验，注重在幼儿获得感性经验的基础上形成初步的科学概念，强调发展幼儿的动手操作能力。这种变化使幼儿科学教育更加符合幼儿的学习和发展特点。其次，重视幼儿学科学方法的培养，提出了帮助幼儿学习观察、分类、测量、思考、表达和交流信息等学科学的方法，尤其是注意幼儿解决问题的能力的培养。虽然幼儿科学教育有很大的改进，但这种变化仍然是非实质性的。因为可以看到，90 年代幼儿科学教育仍然将知识的掌握放在第一位，而情感态度放在较不重要的位置。在教育的组织策略上，提出了增加幼儿的感性认识和操作，但重在理解知识和事物之间的关系所进行的练习性和验证性操作，忽视幼儿的探索性和创造性操作。科学教育事实上没有真正成为幼儿主动探索的过程。因此，必须对幼儿科学教育的组织策略进行“更新型”的改革，要实施以幼儿主动探索和学习为基点的科学教育的组织策略，使幼儿从教师高控制和自己被动学中解放出来，真正成为主动的探索者和学习者。

三、21世纪——以探究为核心的幼儿教育

科学教育应使幼儿通过主动的探索过程获得深层次价值，实现有利于幼儿终身发展的长远价值；使幼儿产生对科学的兴趣，形成科学的态度；使幼儿获得“科学方法”和“科学精神”，为核心概念的形成积累科学经验，也就是使幼儿学会如何学习，愿意并知道如何去获取知识、认识事物。因此，我们要在理论和实践上倡导幼儿科学教育目标的新3层结构。20世纪80年代以来，不同时期幼儿科学教育的目标侧重不同的方面，如表所示。

不同时期幼儿科学教育目标的结构比较

时间	第一层	第二层	第三层	价值取向
20世纪80年代	知识	认知能力（感知、注意、记忆等）	兴趣、态度	入学准备
20世纪90年代	知识经验	科学方法、认知能力、解决问题、动手操作	情感态度	入学准备
21世纪	情感态度	探究解决问题的策略与过程	知识经验	终身发展

21世纪的幼儿科学教育强调，探究既是科学学习的重要目标，也是科学学习的重要方法；强调知识经验是在探究、解决问题的过程中形成的。

案例分析

谁把花盆弄破了

一天早上，大一班的明明来到自然角忽然大叫起来：“老师，你看，谁把花盆弄破了？”很多小朋友听到明明的话，都围了过去。大家叽叽喳喳地开始讨论起来。“是大轩弄的，我看到他刚才在这里。”“不是我。”大轩说。王老师也来到自然角，仔细地看了看。王老师很神秘地告诉小朋友们：“今天我要和大一班的小朋友们当侦探，看看谁弄破了花盆。要破案我们要先干什么呢？”“对了，要先仔细观察案发现场。”在孩子们七嘴八舌后老师总结道。“谁有什么发现？”“老师，花盆没有掉到地上。”“老师，花盆里的土也没有出来。”“老师，它就是裂了一道缝，不是很严重。”……老师和孩子们开始认真地观察着，最后又一起查阅资料。最终发现，是植物的根把花盆撑破了。

案例评析

从这个案例中，我们可以得出：

1）幼儿对事物表现出强烈的好奇心，这是发现问题、进行探究、寻求答案的动力。

教师很好地保护和利用了幼儿的好奇心，并顺势进行引导，让本来偶发的行为变成了一次成功的科学教育活动。

2）“儿童的科学”是经验层次的科学，是直接的、具体的，停留在事物表面，无法进一步发现事物之间深层次的联系，是一种不完善的认识，一种发展中的认识，也是一种独特的认识。案例中反映的“儿童的科学”可以这样理解：在学前儿童的世界中有属于他们自己的科学，源于儿童早期对周围世界充满好奇，并对周围物质世界进行探究。

3）学前儿童科学教育是科学启蒙教育。通过这种科学启蒙教育，使学前儿童萌发科学情感，培养科学态度，掌握一些初步的科学经验，为学前儿童的终身学习打下良好的基础。案例中王老师在潜移默化中培养了幼儿对科学严谨、认真的态度，帮助幼儿形成发现问题、解决问题的探究精神，并获得了相关的科学经验。

同步训练

一、思考训练

1．什么是科学？有何特点？

2．举例说明什么是“儿童的科学”。

3．简述学前儿童学习科学的特点。

4．简述学前儿童科学教育的内涵及价值。

二、实践训练

1．通过网络、书籍等渠道，阅读并搜集科学小资料3～5个。建立记录本，养成积累科学小资料的习惯。

2．请结合以上案例分析谈谈如果你是教师，遇到这种情况，你该怎么办。

第二章 学前儿童科学教育的目标

学习与能力目标

1. 了解学前儿童科学教育目标制定的依据。

2. 结合《幼儿园教育指导纲要（试行）》及《3～6岁儿童学习与发展指南》，理解并掌握学前儿童科学教育目标的层级结构、要素及内涵。

知识结构图

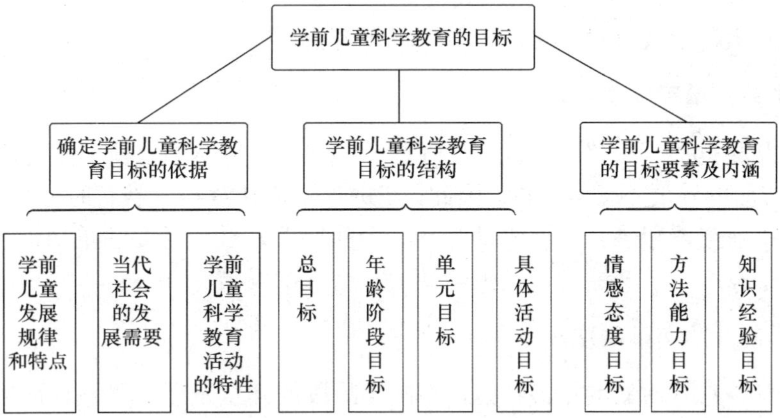

学前儿童科学教育目标是指教师在进行科学教育活动之前，事先预设的科学教育活动结束时所要取得的效果，是对科学教育效果的期望和要求。学前儿童科学教育目标是幼儿教育总目标前提下的一个复杂的体系，是幼儿教育总目标在科学领域的具体体现，它包括学前儿童科学教育总目标、年龄阶段目标、单元目标、具体活动目标。本章主要学习制定学前儿童科学教育目标的依据以及目标构成和要素内涵分析。

2.1.1

第一节 确定学前儿童科学教育目标的依据

学前儿童科学教育是学前儿童全面发展的一个重要组成部分。我国幼儿教育的总目标是：“对幼儿实施体、智、德、美等方面全面发展的教育，促进其身心和谐发展。”学前儿童科学教育目标是国家幼儿教育总目标在科学教育中的具体体现。确定学前儿童科学教育目标要依据哪些因素呢？一般来说，除了要依据国家幼儿教育总目标之外，还要依据 3 个因素：学前儿童发展规律和特点、当代社会的发展需要、学前儿童科学教育活动的特性。

一、学前儿童发展规律和特点

《幼儿园教育指导纲要（试行）》（以下简称《纲要》）指出“幼儿园教育应尊重幼儿的人格和权利，尊重幼儿身心发展的规律和学习特点”；《3～6 岁儿童学习与发展指南》（以下简称《指南》）也要求“关注幼儿学习与发展的整体性；尊重幼儿发展的个体差异”。作为幼儿教师，应深入研究学前儿童发展的特点及规律，制定出符合儿童发展规律的、符合儿童学习特点的、促进儿童全面发展的科学教育目标，以满足儿童发展需要。据此，在制定学前儿童科学教育目标时，应符合以下观点。

（一）学前儿童完整发展观

幼儿的发展也是一个整体，包括生理的、心理的、情感的、社会的及认知等方面的发展，这些方面的发展不是独立的，因此，在进行学前儿童科学教育时要注重领域之间、目标之间的相互渗透和融合，促进幼儿身心全面协调发展。既要注重知识经验的获得，更要注重情感态度、方法能力以及生理性、社会性的发展。

（二）学前儿童年龄层次观

幼儿的发展具有明显的年龄特点，不同年龄段的儿童发展水平差异性较大，发展的需要也不尽相同。不同年龄段的幼儿已有的知识经验不同，在教育内容、方法和手段等方面也不尽相同，这一点在《纲要》和《指南》中也多有体现。因此，在制定目标时，要按照不同年龄班，提出不同的教育要求，方能实现预期的教育效果。

（三）学前儿童个体差异观

幼儿的发展是一个持续的、渐进的过程，每个幼儿在沿着相似进程发展的过程中，又存在着很大差异，各自的发展速度和到达某一水平的时间不完全相同，教师及家长要充分理解和尊重幼儿发展进程中的个别差异，支持和引导他们从原有水平向更高水平发展，按照自己的方式向目标方向发展，切忌用一把“尺子”衡量所有幼儿。

二、当代社会的发展需要

《纲要》在教育组织与实施方面强调了幼儿学习的“时代性”，教育培养的是当代和未来社会的建设者，所以教育目标的确立必须从社会发展的宏观角度，适应时代的要求，按照时代发展对人的素质要求奠定幼儿素质基础。据此，要把握当代社会的发展特点，制定出适合社会发展的幼儿教育目标，应主要从以下三方面考虑。

（一）适应信息社会的发展需要

信息技术的迅速发展促进了信息在人们生活中的广泛应用，人们比过去任何时候都更加感到信息传递的重要性。在信息社会中，人们离开手机、电脑和互联网可以说难以生活，信息社会使教育已不可能是“一次性”的，而是终身教育，终身接受新信息和知识。作为人生起始阶段的幼儿教育，要担负起终身可持续发展所需要的基础素质的培养任务。

（二）适应科学技术快速发展的需要

当今社会，一个不能掌握和运用现代科学技术的人几乎就像文盲一样，很难在现代社会中生存。因此，幼儿科学教育应该面向全体幼儿，以科技素养的早期培养为宗旨，以形成幼儿对科学技术的基本的、积极的态度，使幼儿体验到生活中需要科学，科学就在身边，科学就是我们每天所做的事。只有这样，才能使幼儿真正理解科学的实际意义，产生内在的学习动机。所以，幼儿科学教育目标应体现对技术的关注以及对科学、技术和社会关系的重视。例如，要求让幼儿获取有关的技术经验和技术知识，发展幼儿的操作技能，培养幼儿对科技产品的兴趣以及了解科学技术的应用等。

（三）关注人类生存环境的需要

科技发展在给人类带来方便的同时，也造成了很多负面的影响，环境问题就是其中最为突出的表现。现代大工业生产造就了前所未有的物质文明，也给环境带来了前所未有的破坏。生态环境的严重破坏，使人类生存受到威胁。因此，在终身教育背景下的现代幼儿科学教育应培养幼儿关注自然、关注社会的品质，帮助幼儿形成与自然的和谐关系和初步的责任感。幼儿科学教育要重视培养幼儿尊重自然、热爱自然、保护自然的意识。

三、学前儿童科学教育活动的特性

（一）教育内容的兴趣性和生成性

幼儿有自己的需要、兴趣特点，只有他们感兴趣的东西，他们才会积极主动地学习，才能获得真正内化的科学知识和经验。在教育实践中，教师常常从自己的经验出发选择内容，也常常因为幼儿不感兴趣而苦恼。因此，教师要尊重幼儿的需要和兴趣特点，花时间寻求幼儿感兴趣的事物和内容，扩展成为幼儿科学教育的内容，生成科学教育活动。

范例 2-1

在教学实践中随机生成教学内容

在进行“落叶飘飘”的主题活动时，一位教师在户外组织幼儿通过测量找到幼儿园里最粗的大树，几个幼儿在测量一棵大树时，被树干上成群结队的蚂蚁吸引了，凑过来看的孩子越来越多。“蚂蚁怎么都出来了呢？”“他们在干什么？”“他们的窝在哪里？”……老师听着孩子们七嘴八舌的议论，认为这也是一个极好的探索内容，它可以让幼儿了解蚂蚁的分工，以及蚂蚁储存食物过冬的方式。于是，老师及时调整了教育目标，提供了放大镜、与蚂蚁相关的图书等资料，供孩子们继续完成对蚂蚁的探索。

评析：这一案例体现了科学教育内容的生成性的特点。教育内容的生成性体现了教师对幼儿的尊重。根据这一特点，教师在制定幼儿科学教育活动目标时要做到“心怀教育大目标，随时调整小目标，接纳儿童的新目标”。

（二）教育过程的探究性

好奇是探究的内在动机，幼儿天生好奇，有探究的本能。幼儿认知水平和思维特点决定了他们只有通过感官观察、动手操作和动脑思考，才能获得真正内化的科学知识。动手操作、动脑思考的过程也是幼儿的探究过程，所以，科学探究是幼儿科学教育的核心。在科学教育中，如果没有幼儿的探究过程，就不存在科学教育的过程。幼儿科学教育过程是在教师指导下幼儿自主探究的过程。

（三）教育组织方式的多样性和灵活性

学前儿童科学教育活动的组织方式的多样性和灵活性体现在两个方面。

首先，教育组织形式呈现多样性。学前儿童科学教育活动可分为集体科学教育活动、小组活动和个别探究活动。集体科学教育活动是指全班在同一时间以统一要求、统一步骤和方法进行同一科学内容的教育活动。小组活动是指由少数幼儿组成小组进行科学探究活动。个别探究活动是指幼儿单独或一两个在一起进行科学探究活动。集体科学教育活动因人数多，设计性强，很难兼顾到每一名幼儿，存在一定弊端；而小组活动和个别探究活动由于人数少，幼儿自主性强，则可以让每一个幼儿积极主动地、尽兴地参与到科学探究活动中去。因此，幼儿科学教育活动更多的是以自发的个别探究活动和小组活动为主。

其次，教育活动灵活渗透于一日生活。对于幼儿来说，科学就是他们每天所做的事，而且，幼儿对周围世界的好奇和疑问无时无刻不在发生。因此，幼儿科学教育除了通过专门组织的科学教育活动之外，更多的是在一日生活中的随机教育。教师只要具备解读幼儿科学行为的能力，幼儿不经意的一个举动、一句自言自语都可能经过挖掘而生成一个精彩的科学探究活动。有时，这种随机产生的科学教育活动的教育价值比按部就班的活动教育价值更大。

延伸阅读

在日常生活中学习科学

洗手、喝水、上厕所、吃饭、睡觉等是幼儿园一日生活中的基本生活环节。这些看似不起眼的生活环节其实蕴藏着巨大的科学探索的内容。以洗手环节为例，孩子在洗手的同时可以感知水的流动性，水的无色无味等物理性质；当孩子打肥皂洗手时，可以引起孩子制作泡泡水的兴趣；洗手过程中洒在地上的水，不小心踩上了会滑倒，而有些小朋友的鞋子防滑性能比较好，就能避免滑倒……科学其实蕴藏在孩子的身边，教育活动灵活地渗透于一日生活，让孩子感知到原来科学就在身边，科学可以既有用又好玩。

（四）教育活动结果的经验性

科学经验是指幼儿在科学探究过程中，通过亲自操作、凭自身感觉器官获取的具体事实和第一手经验。它可以是对事物外部特征的认识，也可以是对科学现象的理解。科学经验是最低层次的科学知识，尽管科学经验的层次较低，但它对幼儿非常重要，是他们认识事物的必经之路。例如，各种各样的植物生长变化的特点；各种各样的动物的生长、行动、进食等明显有趣的特征及其与环境的依存关系；各种工具如温度计、尺子、剪刀、放大镜、锤子、漏斗、筛子等的使用经验等。这些经验对于幼儿将来理解科学知识，形成科学概念具有重要意义。

第二节　学前儿童科学教育目标的结构

学前儿童科学教育的目标自上而下可以分为4个层次，即学前儿童科学教育总目标、年龄阶段目标、单元目标和具体活动目标。这4个层次的目标构成了金字塔式的纵向目标层次结构，上层目标是下层目标的指导，下层目标是上层目标的具体化，各层次的目标协调一致，目标层次越低越具操作性，为实现上层目标服务。

一、学前儿童科学教育的总目标

《纲要》中明确规定了幼儿园五大领域教育目标，其中规定的学前儿童科学教育领域的目标，就是学前儿童科学教育的总目标。这一总目标将幼儿体、智、德、美全面发展的目标转化成幼儿科学教育领域中的具体发展目标。

《纲要》中科学领域的总目标：①对周围的事物、现象感兴趣，有好奇心和求知欲；②能运用各种感官，动手动脑，探究问题；③能用适当的方式表达、交流探索的过程和结果；④能从生活和游戏中感受事物的数量关系并体验到数学的重要和有趣；⑤爱护动植物，关心周围环境，亲近大自然，珍惜自然资源，有初步的环保意识。

2.2.2

《指南》中，对“科学探究”的目标也做了规定：①亲近自然，喜欢探究；②具有初步的探究能力；③在探究中认识周围事物和现象。

两个纲领性文件所体现的目标，一方面凸显了探究是该领域的核心价值，另一方面也凸显了对幼儿学习最强大的动力——好奇心和探究兴趣的高度重视，将其视为该领域的重中之重。在此基础上引导幼儿动手动脑，发展初步的探究能力，进而爱护动植物，关心周围环境，亲近大自然，逐步认识周围事物和现象。

二、学前儿童科学教育的年龄阶段目标

学前儿童科学教育的年龄阶段目标是依据学前儿童科学教育的总目标和幼儿身心发展特点及年龄差异而确定的，一般分为3～4岁、4～5岁、5～6岁3个年龄段，是学前儿童科学教育领域总目标在不同年龄段的具体要求，反映了不同年龄段幼儿发展水平的差异性，同时也体现了不同年龄阶段之间幼儿发展的连续性和科学教育目标的整体性。目前参考价值较大及在幼儿园中应用最广泛的是《指南》中对科学领域各年龄段目标的描述。

1. 目标1　亲近自然，喜欢探究

这一核心目标体现了对幼儿好奇心和探究兴趣的高度重视，可以用“好奇、好问、好探究”3个关键词来概括。好奇心和兴趣是科学探究的首要目标，科学学习不能以牺牲兴趣为代价。幼儿对自然的、身边的、熟悉的、生活中的事物是最感兴趣的。各年龄阶段学前儿童对这一目标的表现如表2-1所示。

表2-1　不同年龄段学前儿童亲近自然、喜欢探究的表现

3～4岁的表现	4～5岁的表现	5～6岁的表现
1．喜欢接触大自然，对周围的很多事物和现象感兴趣 2．经常问各种问题，或好奇地摆弄物品	1．喜欢接触新事物，经常问一些与新事物有关的问题 2．常常动手、动脑探索物体和材料，并乐在其中	1．对自己感兴趣的问题总是刨根问底 2．能经常动手、动脑寻找问题的答案 3．探索中有所发现时感到兴奋和满足

2. 目标2　具有初步的探究能力

探究能力是幼儿“科学探究”领域的关键目标。从探究过程来看，包括提出问题、观察探索、思考猜测、调查验证、收集信息、得出结论、合作交流等基本环节（不同年龄的完整细致程度和深度不同）。从探究方法来看，观察比较、实验验证、调查测量是基本方法。幼儿正是运用不同的探究方法，在发现问题、分析问题和解决问题的过程中获得探究能力的。各年龄段学前儿童探究能力的表现如表2-2所示。

表2-2　不同年龄段学前儿童探究能力的表现

3～4岁的表现	4～5岁的表现	5～6岁的表现
1．对感兴趣的事物能仔细观察，发现其明显特征	1．能对事物或现象进行观察比较，发现其相同与不同之处	1．能通过观察、比较与分析，发现并描述不同种类物体的特征或某个事物前后的变化

续表

3～4 岁的表现	4～5 岁的表现	5～6 岁的表现
2．能用多种感官或动作去探索物体，关注动作所产生的结果	2．能根据观察结果提出问题，并大胆猜测答案 3．能通过简单的调查收集信息 4．能用图画或其他符号进行记录	2．能用一定的方法验证自己的猜测 3．在成人的帮助下能制订简单的调查计划并执行 4．能用数字、图画、图表或其他符号记录 5．探究中能与他人合作与交流

3．目标 3　在探究中认识周围事物和现象

学前儿童所接触到的事物和现象涉及动植物、物质与材料、天气与季节、科技、环境等，是探究的载体。幼儿感知、体验、探究和发现的过程是幼儿探究过程的必然结果。各年龄段学前儿童认识周围事物和现象的表现如表 2-3 所示。

表 2-3　不同年龄段学前儿童认识周围事物和现象的表现

3～4 岁的表现	4～5 岁的表现	5～6 岁的表现
1．认识常见的动植物，能注意并发现周围的动植物是多种多样的 2．能感知和发现物体和材料的软硬、光滑和粗糙等特性 3．能感知和体验天气对自己生活和活动的影响 4．初步了解和体会动植物和人们生活的关系	1．能感知和发现动植物的生长变化及其基本条件 2．能感知和发现常见材料的溶解、传热等性质或用途 3．能感知和发现简单物理现象，如物体形态或位置变化等 4．能感知和发现不同季节的特点，体验季节对动植物和人的影响 5．初步感知常用科技产品与自己生活的关系，知道科技产品有利也有弊	1．能察觉到动植物的外形特征、习性与生存环境的适应关系 2．能发现常见物体的结构与功能之间的关系 3．能探索并发现常见的物理现象产生的条件或影响因素，如影子、沉浮等 4．能感知并了解季节变化的周期性，知道变化的顺序 5．初步了解人们的生活与自然环境的密切关系，知道尊重和珍惜生命，保护环境

需要注意的是，为了帮助教师和家长更好地理解《指南》中的目标，更好地判断与把握在某目标下幼儿的学习与发展状况，《指南》分别对“3～4 岁、4～5 岁、5～6 岁 3 个年龄段末期幼儿应该知道什么、能做什么，大致可以达到什么发展水平提出了合理期望，指明了幼儿学习与发展的具体方向”。这就是《指南》的“各年龄段典型表现”。这部分内容是教师和家长最关心、使用频率最高的部分。因此，正确理解“各年龄段典型表现”非常重要。

“各年龄段典型表现”选择了某一年龄段的幼儿在目标方面的一般发展特征或行为表现，是大多数幼儿可能普遍表现出来的、容易被观察到的特征，可以说反映了这一年龄阶段幼儿群体大致的学习与发展水平、行为特点等。因此，它可以作为观察幼儿、理解幼儿的抓手，作为促进幼儿朝着目标方向学习与发展的参照。“各年龄段典型表现”不是测试幼儿是否达到某一标准的“标尺”，而是对每一个幼儿学习与发展的具体期望。

三、学前儿童科学教育活动的单元目标

学前儿童科学教育活动的单元目标是科学教育年龄阶段目标的具体化及分段性目标。划分单元目标的方式有两种：一是以时间单元的形式把年龄阶段目标划分为学期目标、月目标、周目标等；二是以内容单元的形式划分，即根据教育目标及相关的教育内

容的特点，把某一组目标及其相关的内容有机组织起来，构成主题单元。

在确定学前儿童科学教育单元目标时应该注意：第一，所确定的单元目标应该与幼儿的年龄阶段目标和总目标相一致；第二，所确定的单元目标与该单元的学习内容相一致。

（一）以时间为单元的学前儿童科学教育目标

以时间为单元的教育目标可简称为“时间单元目标”，是指在一段时间内所要达到的科学教育目标。幼儿园中以时间为单元的科学教育目标一般有学期教育目标、月教育目标和周教育目标。

范例 2-2

小班 10 月份的科学教育目标

1）愿意接触大自然。
2）有好奇心，喜欢模仿、摆弄。
3）认识易于接触的动物“兔子”，了解其主要外形特征及生活习性。
4）认识易于接触的植物“一串红”，了解其主要外形特征。
5）了解自己身体的主要部位“脸”，学习如何保护它。
6）观察秋天的景色，初步体验大自然的美。
7）初步学习运用感官认识物体。

（二）以主题活动为单元的学前儿童科学教育目标

幼儿园科学教育活动的主题是多种多样的，有的是以季节为主线建构主题，有的则以自然科学现象为主线建构主题，也有的以人的活动为主线建构主题。

范例 2-3

小班主题活动“有趣的气味”的单元科学教育目标

1）让幼儿感知不同的气味，学会用鼻子闻物体的气味，发展感知能力。
2）引导幼儿关心周围事物，培养幼儿对感知活动的兴趣。
3）学习用语言表达所得到的信息。
4）帮助幼儿懂得要爱护自己的鼻子。

四、学前儿童科学教育的具体活动目标

学前儿童科学教育的具体活动目标指某一具体的科学教育活动所要达到的结果，或所引起的幼儿行为的变化，它是单元目标的具体化，是最具操作性的目标。幼儿园科学教育目标只有变成了幼儿科学教育具体活动目标，才能贯彻到具体的科学教育过程中，才能落实到幼儿的发展上。

范例 2-4

大班科学教育活动：转动的陀螺（目标评析）

活动目标:

1）在自主探究中感知陀螺转动的不同现象，能比较清楚完整地介绍自己的探索过程及感受。

2）体验探究活动的乐趣，乐意与同伴分享交流。

3）学习用符号等方法记录探索的过程和自己的发现。

评析：目标1）符合《指南》中对5～6岁年龄段幼儿科学知识和经验方面的要求，体现了各层次教育目标的一致性。《纲要》中指出科学教育要使幼儿“对周围事物、现象感兴趣，有好奇心和求知欲；能运用各种感官，动手动脑，探究问题；能用适当的方式表达、交流探索的过程和结果”。本例中另外两项目标与此精神相一致，保证了幼儿科学教育总目标和年龄阶段目标的有效落实。

第三节　学前儿童科学教育的目标要素及内涵

学前儿童科学教育是以幼儿形成良好的科学素养为目的的教育，其目标主要包括三方面的要素：情感态度目标、方法能力目标和知识经验目标。在终身发展价值取向的前提下，三方面要素的内涵及先后顺序也有所侧重，具体如下。

一、情感态度目标

综合分析《纲要》和《指南》科学教育总目标中情感态度方面的内容，其内涵主要包括以下方面。

（一）好奇心、兴趣和求知欲

《纲要》科学领域的目标第一条就是“对周围的事物、现象感兴趣，有好奇心和求知欲”。这一目标的具体内涵是：发展儿童对周围各种事物（包括自然事物和科技产品）和现象（包括自然现象和科学现象）的好奇心，培养儿童参与科学探索活动、科技制作活动的兴趣，激发儿童的求知欲。

《指南》科学领域目标的表述是“喜欢探究”。这一目标的内涵主要表现在幼儿对周围很多事物和现象感兴趣，喜欢接触新鲜事物，经常问各种各样的问题，对自己感兴趣的问题喜欢刨根问底，对探索中的发现感到兴奋和满足。

好奇心是幼儿认识事物的原动力、内驱力。好奇是人的天性，求知是人的本能，人们常把幼儿比喻成小科学家，意指幼儿像科学家一样具有与生俱来的好奇心和探究热情，对周围事物和现象有着浓厚的探究热情。因此，幼儿科学教育要着眼于幼儿一生学

2.3.2

习与可持续发展，让幼儿乐学、会学，注重培养幼儿内在的学习兴趣和积极情感，是科学教育情感目标的核心内容。

（二）关爱环境的积极情感和态度

《纲要》科学领域总目标第五条："爱护动植物，关心周围环境，亲近大自然，珍惜自然资源，有初步的环保意识。"幼儿教育阶段，应通过科学教育，让幼儿发现自然界的美；发现、感受、体验人与环境的依存关系；初步懂得人与环境的依存关系，懂得保护环境、珍惜资源的重要性。

《指南》中也提出要"亲近自然"。引导幼儿喜欢接触大自然，并初步了解人们的生活与自然环境的密切关系，知道尊重和珍惜生命，保护环境。

自然界是科学的研究对象，是人类赖以生存的环境。我们不仅要让幼儿形成对自然界的探究兴趣，还要萌发幼儿对于自然的责任感——关爱生命，尊重自然；还要引导儿童发现自然界的美，学会欣赏和保护自然界的美。

（三）尊重事实的科学态度

在幼儿园经常会遇到这样的情况，幼儿明明得出了自己的结果，但因为与同伴的不一致，会改变自己的看法，放弃操作的结果。这实际上是一种不尊重事实的态度，是一种不科学的态度。要养成尊重事实的科学态度，就要引导幼儿面对真实，向真实发问，与真实接触。通过看、听、闻、尝、触摸等获得对事物的感性认识，并让幼儿记录自己观察和操作的结果，根据这些客观存在的结果，形成自己对事物及其关系的看法和解释，这一点至关重要。

（四）尊重他人，乐于合作、分享与交流

情感态度的培养还要注重培养幼儿的合作意识、尊重他人的意识及与同伴分享、交流的意识。要通过科学教育，使幼儿从小学会多角度看问题，能够看到同伴的价值，在探究中能与他人合作与交流，乐于与同伴分享和交流自己的发现，能认真倾听同伴的不同想法，接纳和吸收同伴的合理意见，修正和完善自己的想法和做法。

二、方法能力目标

《纲要》科学领域的第二条目标要求"能运用各种感官，动手动脑，探究问题"，第三条目标中提出"能用适当的方式表达、交流探索的过程和结果"。《指南》中科学领域子领域"科学探究"的第二个子目标是"具备初步的探究能力"。对《纲要》和《指南》涉及的科学方法和能力方面的目标进行分析，其内涵主要包括以下方面。

（一）观察探究

《指南》中科学领域目标具体指出"3～4 岁对感兴趣的事物能仔细观察，发现其明显特征；4～5 岁能对事物或现象进行观察比较，发现其相同与不同；5～6 岁能通过观察、比较与分析，发现并描述不同种类物体的特征或某个事物前后的变化"。观察探究既是幼儿科学探究的第一步，也是幼儿常用的基础性的探究方法。常用的观察方法包括个别观察、比较性观察、长期系统性观察。观察的任务和对象不同，使用的观察方法也会不同。

根据《指南》的要求，不同年龄段的幼儿在探究过程中使用的观察方法有所侧重，一般来说，小班幼儿主要进行个别观察，中班幼儿主要侧重比较性观察，大班幼儿主要侧重长期系统性观察。

（二）动手操作

《纲要》提出“能运用各种感官，动手动脑，探究问题”，其中“动手”指的就是动手操作。操作并不同于简单的无目的摆弄，它是为了解决某个问题而开展的有意识活动，具有一定的目的性和程序性。

儿童在进行操作活动时，明显地表现出动作思维的特点，即“在动作中思维”。他们很少在头脑中对操作的过程做预先的计划，对自己的操作结果也很少预计，因此也很难预见能发生的错误。他们所获得的操作技巧完全来自直接的、尝试错误式的操作经验。而操作活动的目标就是让儿童在具体的操作中学会动手、动脑。

学前儿童动手操作主要有两种类型：实验操作和技术制作。儿童动手操作的具体目标是：小班能通过自己的实验操作获得发现，学会使用简单工具；中班能对问题作出假设，并用实验加以验证，学习使用工具制作简单的产品；大班在操作过程中根据操作目标及时调整操作过程，对操作过程和结果进行思考、调整和修正。

（三）动脑思考

思考泛指儿童的思维活动，它贯穿于儿童学科学的过程之中。儿童的思维以动作思维和具体形象思维为主，他们虽然还不能进行完全的逻辑思维，但可以在具体形象和表象基础上思考事物和事物之间的关系，甚至进行某种程度的推理。

《指南》中科学领域目标具体指出“3～4 岁能用多种感官或动作去探索物体，关注动作所产生的结果；4～5 岁能根据观察结果提出问题，并大胆猜测答案；5～6 岁能用一定的方法验证自己的猜测。”

对《指南》要求进行分析，可归纳出儿童动脑思考的目标：小班学会分析综合，即把观察到的事物的各个特征，综合后形成对事物的整体印象。中班学会比较和概括，即对直接观察到的事实进行比较和概括，认识到事物的不同和相同。例如，从对各种家畜的观察中发现它们的不同，同时概括出它们都是家畜。大班学会推论和预测，即根据观察到的现象，并结合自己已有的经验，推想产生的原因，提出合理的解释，得出结论，并预测将来可能发生的现象。例如，从对鸭子生鸭蛋的了解推论鸡生鸡蛋。

（四）表达交流

《纲要》中科学领域第三条目标要求“能用适当的方式表达、交流探索的过程和结果”。

《指南》中科学领域目标具体指出“4～5 岁能用图画或其他符号进行记录。5～6 岁能用数字、图画、图表或其他符号记录。探究中能与他人合作与交流”。表达交流作为幼儿探究活动的最后一步，其方式多种多样，有口头语言和书面语言的方式，幼儿对探究结果的记录也是一种表达方式。幼儿记录的方式主要有表格记录、数字记录、图画记录等。通过表达交流，幼儿可以向同伴分享自己的发现，与同伴相互启发，同时也能增强自信心。

2.3.3

儿童表达交流的目标主要包括：学习用准确、有效的语言表达、交流自己在科学活动中的做法、想法和发现；学会用适当的方式表达自己在科学活动中的情绪体验，如体态、动作、表情等；学会用各种手段（如图表、绘画、作品展览等）展示自己的科学活动结果。

三、知识经验目标

《指南》中科学领域下“科学探究”的子目标“在探究中认识周围事物和现象”就是对知识经验的界定。特别要注意的是，这种认识是指在儿童解决问题的过程中或是在一定的学习情境中获得的认识，是科学探究的必然产物，而不是简单的知识的机械记忆。

《纲要》中值得注意的一个变化是它没有专门列出具体的科学知识目标。这个变化说明了什么呢？是科学知识不再重要了，还是科学教育没有必要教给儿童知识？我们认为，科学教育不应该也不可能取消知识的目标。《纲要》中没有专门列出具体的科学知识目标。可从以下几方面来理解。

第一，尽管《纲要》没有明确规定科学知识经验的目标，但是作为科学探索过程的结果，知识经验的目标已隐含在其他的目标中。例如，《纲要》明确提出了“求知欲”的目标，这是儿童获取科学知识的最大动力；对科学探索的过程——“运用各种感官、动手、动脑，探究问题”提出了详细的要求，这是儿童获取科学知识的必由之路；还特别强调“能用适当的方式表达、交流探索的过程和结果”，实际上也暗示了儿童需要通过同伴之间的表达、交流和分享来共同建构科学经验。

第二，不同地域、不同经验背景的儿童所获得的科学知识会具有很大的差异，如城市儿童和农村儿童的知识经验会有很大差别，北方儿童和南方儿童对季节的感受也截然不同。我们要强调学习的经验性，就不宜对儿童应该获得哪些科学经验做具体的规定。

第三，《纲要》不专门列出具体的科学知识目标，还有利于纠正以往科学教育中“重知识”的错误观念，避免教育实践中片面追求知识的倾向的产生。

综上所述，当前的科学教育实践中，在怎样对待知识目标的问题上，有两点是需要强调的：一是要注重儿童科学经验的获得，不能脱离儿童的实际水平，片面强调概念化的知识。什么是科学经验呢？科学经验是指儿童在科学探索过程中，通过亲自操作、凭自身感觉获取的具体事实和第一手经验。例如，“铁块摸上去冷冷的、硬硬的，放在水里会沉下去”属于科学经验。什么是科学概念呢？科学概念是对事物的本质的、抽象的认识，是对具体事物进行概括的结果。例如，“固体”“比重”属于科学概念。二是要让儿童通过自己的探索活动自行获取科学经验，也就是要强调让每个孩子获取“自己”的科学知识，而不能由教师向他们灌输科学概念。例如，儿童会用“化掉了”来表示“溶解”，在他们的语言中，“化掉了”这一语言就是对某些溶解现象的概括。

案例分析

小班科学教育活动：猜猜哪杯是清水

活动目标

1）能运用多种感官感知辨别清水，了解清水的基本特征。

2）能大胆表述自己的发现，体验探索的成功和乐趣。

活动准备、活动过程略。

案例评析

《纲要》科学领域的目标中指出“对周围的事物、现象感兴趣，有好奇心和求知欲；能运用各种感官，动手动脑，探究问题。”本活动很好地体现了《纲要》的目标要求。水是孩子们生活中的必需品，孩子对水天生就有浓厚的兴趣，通过这一活动引导幼儿对周围事物的兴趣，激发幼儿的求知欲。在辨别清水的过程中，让孩子在对比中闻一闻，尝一尝，看一看，调动孩子多种感觉器官认识被观察对象，提高了幼儿的观察、比较、探究、表达的能力。

《指南》科学领域“科学探究”的目标中提出3～4岁儿童“喜欢接触大自然，对周围的很多事物和现象感兴趣”，“对感兴趣的事物能仔细观察，发现其明显特征；能用多种感官或动作去探索物体，关注动作所产生的结果”。本活动的目标制定是对这一年龄段指标的很好落实。

本活动的目标体现了横向目标中的“三维目标”的制定：“体验探索的成功和乐趣”属于情感态度的目标，旨在通过这一活动培养幼儿对科学探究的兴趣；“能大胆表述自己的发现”属于能力方法的目标，旨在培养幼儿科学表达的能力，同时“能运用多种感官感知”是对幼儿观察能力的培养；“了解清水的基本特征，分辨清水”属于知识经验的目标，通过科学探究形成科学经验。在这一活动中，情感态度目标、方法能力目标、知识经验目标互相融合，共同构建了本次科学教育活动的“三维目标”。

同步训练

一、思考训练

1．制定学前儿童科学教育目标的依据是什么？

2．简述学前儿童科学教育目标的层级结构。

3．解读《纲要》中学前儿童科学教育总目标的内容，并分析其所包含的目标要素。

4．简述《指南》科学领域中子领域“科学探究”下的目标内容，并结合某一目标下某一年龄段的典型表现，具体说明“目标”与“各年龄段典型表现”的关系。

5．简述学前儿童科学教育目标三要素的内涵。

二、实践训练

1．去幼儿园调研对《指南》科学领域目标的落实情况。

2．去幼儿园调研有关科学教育活动的案例，并详细记录活动目标。

第三章

学前儿童科学教育的内容

学习与能力目标

1. 明确学前儿童科学教育内容选择的依据。
2. 掌握学前儿童科学教育活动内容选择的要求及范围。
3. 了解学前儿童科学教育内容的选编方法。

知识结构图

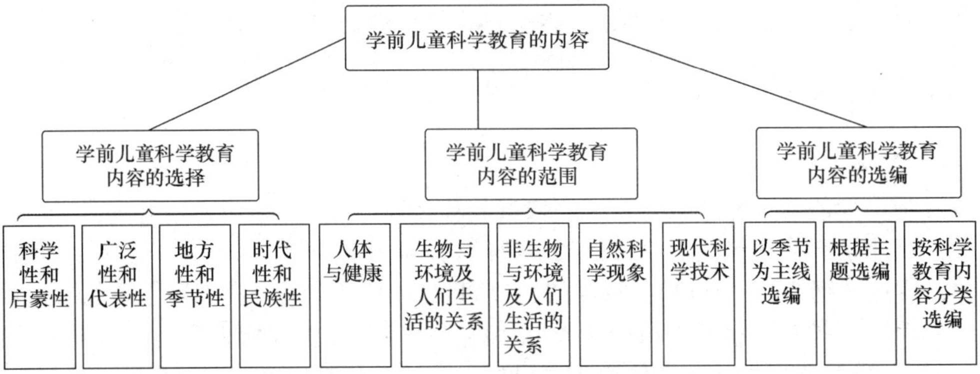

第一节　学前儿童科学教育内容的选择

一、科学性和启蒙性

科学性和启蒙性是幼儿科学教育内容选择的首要要求。科学性是指幼儿科学教育的内容应符合科学原理，反映客观事物的本质，不违背科学事实。对科学性内涵的把握，一是知识内容的科学性，二是过程方法的科学性，前者要求我们选择的科学知识是正确的，后者要求我们培养幼儿用客观的方法去探究事物、获取知识经验。

启蒙性是指幼儿科学教育内容应是符合幼儿认知特点的、粗浅的而不是系统的科学知识，《纲要》指出：“幼儿园的教育内容是全面的、启蒙性的，……各领域的内容相互渗透，从不同的角度促进幼儿情感、态度、能力、知识、技能等方面的发展。”所以，把握启蒙性，不但要把握知识内容的启蒙性，更要把握情感态度、方法能力等方面的启蒙性。教师选择的幼儿科学教育内容要做到科学性和启蒙性相结合，要在保证教育内容的正确无误的基础上注重内容对幼儿的科学启蒙教育。

根据此项要求选择学前儿童科学教育内容可从以下几点入手。

1. 选择幼儿生活中熟悉的内容，引导其发现日常生活中的科学

选择对幼儿具有启蒙作用的内容必须是他们较为熟悉的内容，这样的内容往往是幼儿能够经常看到又感兴趣的自然现象和事物，他们在生活中已经积累了一定的科学经验，科学启蒙教育建立在这样的基础上，能较好地实现教育目标。例如，幼儿在日常生活中对于颜料的混合与颜色变化可能比较熟悉并积累了很多感性经验，而对于碘酒使淀粉变色则可能知之甚少，缺乏必要的经验基础。

2. 选择幼儿可以理解的内容，将难于理解的科学知识寓于简单现象之中

这一做法就是将科学性寓于启蒙性中。例如，水的浮力是幼儿难于理解的抽象概念，我们可以通过在水中放置一些能够漂浮的物体，让幼儿观察它们向上浮的过程，从而获得关于浮力的科学经验。

3. 选择幼儿可以直接探索的内容，让幼儿在力所能及的范围内学科学

并不是所有的科学内容都适合幼儿，一些幼儿用感官无法直接感知或不能直接操作的内容不适合选用，如认识毒蛇的特性、龙卷风的危害、微生物的形态等。

二、广泛性和代表性

广泛性指的是我们选择的幼儿科学教育内容要尽量涉及多个方面，确保教育活动让幼儿获得广泛的科学经验和体验；代表性指的是选择的内容要能典型反映某领域的基本知识结构。

科学教育的内容很多，探究的领域很广，我们不能也不可能让幼儿面面俱到地认识每一个事物。因此，在选择内容时应选择典型的、具有代表性的事物让幼儿来认识、学习和探究。只有抓住事物的典型特征进行科学教育活动，幼儿才能对科学教育的各个方面的基本框架、基本知识结构有最基本的了解。

根据此项要求选择学前儿童科学教育内容可从以下几点入手。

1. 要从广泛的内容中来选择

幼儿科学教育的内容是广泛的，这里“广泛”的含义，可以是人物、动物、植物、天文、地理、物理现象、化学现象、日常生活用品、交通工具等方面的知识，这些“广泛”的科学内容以各种形式呈现在幼儿的日常生活中。例如，“多种多样的石头”“有趣的叶子”“五光十色的灯光”等这些都是和幼儿的广泛的实际生活紧密联系在一起的。在认识

3.1.3 3.1.4

事物时，幼儿不仅仅要知道“是什么”，根据不同年龄段的要求，还要探究“为什么”。

2. 要客观地衡量所选内容的代表性

在广泛选择内容的时候还要考虑所选择的内容是否反映该领域的最基本的知识结构，衡量的标准就是考察该内容是否具有典型性，能否使幼儿通过学习举一反三，以此来确定其认识价值。例如，认识动物时，可以选择小狗来认识，小狗具有其他动物的最基本的特征，而且有的家庭中还有宠物狗，选择此内容作为教育的内容，具有一定的代表性，还可以为以后幼儿学习动物的不同特征和相同特征奠定良好的基础。再比如，水是幼儿日常生活中经常接触的物质，通过幼儿对水的观察、操作、实验等，不仅可以使幼儿获得关于水的三态（液态、固态和气态）的认识，积累关于水的科学经验，而且有利于幼儿举一反三，为今后认识其他物质的 3 种存在状态奠定经验基础。

3. 要全面与均衡地选择各部分内容

科学内容的范围很广，我们在选择内容的时候不能因教师的喜好以偏概全，过多地强调某个领域的某些内容，而忽略了其他领域的内容。例如，教师喜欢动物，就强调认识动物而忽略了动物与环境、人、植物的关系，强调知识点的学习而忽略动手探索与发现，这样势必使幼儿的认识也随之片面化、单一化，即使幼儿认识了多种动物，他们也失去了认识其他事物与现象的良好机会。因此，我们在选择内容的时候要照顾科学内容的全面性与均衡性，这是科学地选择内容、正确教育幼儿的最佳途径。

三、地方性和季节性

地方性和季节性要求是指幼儿科学教育内容的选择应结合当地的自然条件和季节特点，做到因地、因时制宜，也就是说教师应该选择具有鲜明地方特色和季节特点的内容来开展幼儿科学教育。

幼儿思维以具体形象思维为主的特点，决定了他们局限于以直接经验认识事物。“因地、因时制宜”是指教师在选择内容的时候要从各地的实际出发，灵活地选择内容。我们国家地域广，地理环境差异较大，自然状况各有千秋，季节特点不同，自然现象也有差异，生长着不同的自然植被以及动物，这就要求教师在不同的地区或同一地区的不同季节来选择不同的具有本地或本园特色的、常见的、有关自然物和自然现象的内容，并及时纳入到幼儿的科学教育中来。因此，在选择学前儿童科学教育内容时，要从儿童身边的事物中寻找，要从他们最近的生活环境中寻找。

根据此项要求选择学前儿童科学教育内容可从以下两点入手。

1）要根据当地的季节变化特点，选择本地区（或本园）具有教育价值的、有关自然或社会资源方面的内容。

2）灵活地选择本地的事物充实到幼儿科学教育的内容中来，并将幼儿不常见的或难以收集到的材料替换掉。

四、时代性和民族性

幼儿科学教育内容既体现现代科学技术的发展，又体现传统文化的特色。坚持这一要求才能使幼儿科学教育在适应时代变化的同时，又发扬光大了民族优秀文化传统。

幼儿生活在科技时代，现代科技产品紧紧围绕在他们生活的周围，他们所接触的是现代生活用品（如电视机、电脑、电冰箱、空调等），他们的玩具也大多是科技含量较高的（如遥控小汽车、航模、机器人等），这些现代科技产品也像磁铁一样吸引着幼儿。所以，选择具有时代性的科学内容是现代科技发展的需要，也是幼儿自身发展的需求。

我们知道，每一项事物的产生、发展都有其历史的根源。我们今天的科技发展也同样有其历史的发展过程，特别是我国悠久的历史文化，优秀的民族文化，要靠我们的下一代去传承、延续、发展。我们在进行幼儿科学教育的同时，离不开民族文化的传播，这是对幼儿进行连续性科学教育必不可少的条件，是对幼儿进行民族主义教育、爱国教育的良好途径，如从茅屋到现代高层建筑，从鲁班发明锯到电锯，从赵州桥到立交桥，等等。

根据此项要求选择学前儿童科学教育内容可以从以下方面入手。

1. 结合幼儿的生活选择介绍先进科学技术的内容

随着现代科技与生活的联系日益紧密，我们可以选择幼儿身边的科技新产品或科技新工艺作为教育内容，如无土栽培、现代通信、网络技术等。

2. 选择介绍科学技术发展过程的内容

通过介绍科技发展过程，可以让幼儿积累科学技术发展史方面的知识，也使他们体会到现代科学技术的先进性以及古代人民的智慧，从而帮助他们了解科学技术的昨天，知道科学技术的今天，更有助于他们去探索科学技术发展的明天。例如，幼儿认识“灯的发展”，不仅知道了古时候的人用什么方法照明，还了解了现代生活中各种各样的灯，在对比中体验科学技术的发展。

3. 引导幼儿认识我国具有民族特色的物产或当地有名的物产

中国具有民族特色的物产很多，如丝绸是中国的一大特产，我们可以选择这样的题材作为幼儿科学教育的内容，让幼儿观察、感受丝绸的特性，观察养蚕、结茧、吐丝到加工制作成丝绸的过程。此外，我国拥有很多珍贵的动物与植物，如大熊猫、金丝猴、水杉树、银杏树等，如果将这些作为科学教育的内容，也充分体现了教育内容的民族性。

第二节　学前儿童科学教育内容的范围

学前儿童科学教育的内容是实现科学教育目标的载体，《纲要》对学前儿童科学教育规定了具体内容与要求。

1）引导幼儿对身边常见事物和现象的特点、变化规律产生兴趣和探究的欲望。

2）为幼儿的探究活动创设宽松的环境，让每个幼儿都有机会参与尝试。支持、鼓励他们大胆提出问题，发表不同意见，学会尊重别人的观点和经验。

3）提供丰富的可操作的材料，为每个幼儿都能运用多种感官、多种方式进行探索

3.2.1

提供活动的条件。

4）通过引导幼儿积极参加小组讨论、探索等方式，培养幼儿合作学习的意识和能力，学习用多种方式表现、交流、分享探索的过程和结果。

5）引导幼儿对周围环境中的数、量、形、时间、空间等现象产生兴趣，建构初步数的概念，并学习用简单的数学方法解决生活和游戏中某些简单的问题。

6）从生活或媒体中幼儿熟悉的科技成果入手，引导幼儿感受科学技术对生活的影响，培养他们对科学的兴趣和对科学家的崇敬。

7）在幼儿生活经验的基础上，帮助幼儿了解自然、环境与人类生活的关系。从身边的小事入手，培养初步的环保意识和行为。

为了更好地将《纲要》对学前儿童科学教育提出的具体内容与要求进一步细化，使之分类明细，覆盖面广，我们可以将学前儿童科学教育的内容具体分为五大范围——人体与健康、生物与环境及人们生活的关系、非生物与环境及人们生活的关系、自然科学现象、现代科学技术。

一、人体与健康

1）观察人主要的感觉器官，眼睛（视觉）、耳朵（听觉）、鼻子（嗅觉）、舌头（味觉）、皮肤（触觉）等能探索、感受其各自的功能。

2）初步了解人的差异性及其种类，如男、女之别，不同种族的肤色、发色、五官特征、体形之别等。

3）认识人体基本的外部结构，发现并感受其各自的功能。人体的外部结构主要包括头、颈、躯干和四肢等，让幼儿感受其各自的功能。

4）初步感受和体验人的内部生理和心理活动。生理活动包括呼吸、消化、血液循环、排泄等，例如让幼儿体验在静态、动态的情况下呼吸的变化状况是怎样的，人不呼吸的时候有什么感受等。心理活动包括情绪、想象、记忆等，知道情绪不同，表现形式也不同（高兴与微笑，伤心与哭泣等），学会控制自己的消极情绪，发展自己的积极情绪。

5）初步了解人体的生长、发育到衰老是一个自然的生命发展过程。

6）教育幼儿从小珍爱生命、锻炼身体、预防疾病，养成良好的生活、卫生习惯等。

7）了解人与自然环境的关系。这部分内容可结合动物、植物、非生物等来进行，使幼儿知道人生活于自然环境之中，应该与大自然友好和谐相处，培养幼儿热爱大自然的情感。

范例 3-1

小班主题活动“小小的我”中关于“人体与健康”的内容

教学活动：宝贝在哪里（认识五官）

教学活动：奇妙的声音（保护耳朵）

教学活动：气味真正多（保护鼻子）

区域活动：有趣的小脸（认识面部）

区域活动：爬山、指五官（熟悉五官）

3.2.2

教学活动：一双小小手（认识手）
教学活动：会跳舞的小脚（认识脚）
教学活动：小脚的朋友（保护脚）
户外活动：小手和小脚、乌龟爬、踩脚印（锻炼身体）

二、生物与环境及人们生活的关系

1. 了解常见动植物的特性

通过观察、饲养动物和种植植物，能说出其名称，发现其典型的外部特征，知道植物的主要用途，了解动物的生活习性。

2. 探究和认识动植物的多样性

知道动物、植物是多种多样的。例如，植物不同，根、茎、叶、花和果实也不同，其对阳光、水、温度和土质的要求也不同等。仅就一种动物或植物而言也是不同的，如同一种动物也有大小、高矮之分，有毛无毛之别，温顺与凶悍之不同等。动物、植物种类很多，动物有昆虫、鸟、兽、家禽、家畜等；植物有花草树木、蔬菜等。

3. 观察和初步发现动植物的生长、变化规律

在观察动植物的生长时能用不同的方式进行记录（标记、绘画等），交流观察中的有趣现象、新发现。

4. 探索和初步发现动植物与人、自然环境的关系

动植物与人类的关系：让幼儿知道在日常生活中人们是怎么利用动植物的（食用、观赏等），又是怎样保护动植物的（和谐相处等），以及不保护所造成的后果（如生态环境遭到破坏，出现沙尘暴给人们带来危害）等。

动植物与自然环境的关系：让幼儿知道动植物的生存与生长离不开空气、阳光、水、土壤；不同的动植物生长环境是不同的，有的生长在陆地上，有的生长在水里，有的生活在暖和的地方，有的生长在寒冷的地方等；动植物随着季节的变化而改变，如有的植物春天播种秋天收获，有的动物有冬眠现象。

动物与动物、植物与植物及动物与植物之间的关系：使幼儿了解动物间是“朋友”或“天敌”的关系，例如，鳄鱼与牙签鸟是“好朋友”，老鹰是鸡的天敌，狮子是鹿的天敌等；动植物间也存在相互依赖的关系，例如，兔子—草—粪便—草的生长—兔子。

范例 3-2

小班主题活动“我的动物朋友”中关于“生物与环境及人们生活的关系”的内容

教学活动：小白兔蹦蹦跳
教学活动：可爱的小绵羊
教学活动：两只小鸟

3.2.3

教学活动：小青蛙抓害虫
教学活动：小花狗
教学活动：小鱼游游
教学活动：咪咪猫
教学活动：小乌龟爬呀爬
教学活动：我爱我的小动物
教学活动：喂喂小动物
教学活动：小熊请客
教学活动：小鸡捉虫

三、非生物与环境及人们生活的关系

（一）沙、石、土

沙、石、土是幼儿在生活中经常接触到的物质。幼儿非常喜欢玩沙、玩土。让幼儿观察、探究沙、石、土，感知并比较它们的特征，了解其物理性质及其在日常生活中的用途；让幼儿知道沙、石、土都是覆盖在大地上的，但是沙和石头上都很难长出植物，而只有土壤上能够长出植物来，让幼儿体会土壤和动植物乃至和人类的关系，知道要珍惜土壤；了解沙、石、土与环境及人们生活的关系。

（二）水

水是生命之源。幼儿很喜欢玩水，但是并不一定清楚水的重要性。因此幼儿对水的认识，应该包括两个方面：一是对水的物理性质的探索，二是对水的生态意义的认识。

关于水的物理性质，可以让幼儿在玩水的过程中，感受水的无色、无味、透明；探索一些和水有关的物理现象，如水向低处流，水有浮力，水能溶解一些物质等；让幼儿探索固态、液态和气态的水的三态变化现象。

关于水的生态意义，主要包括以下内容：让幼儿了解自然界中的水对于人和动植物生存的重要性；让幼儿了解自然界中的各种水源——江、河、湖、海等；通过实验、讨论等活动让幼儿认识水对于生命的重要性；结合幼儿的生活经验让他们懂得要节约用水、保护水源的清洁；观察发现日常生活中的水污染现象及其对环境和人们生活的危害，让幼儿懂得保护水资源不受污染。

（三）空气

空气是生命所不可缺少的物质。幼儿探索空气方面的内容主要有：知道空气是无色无味、看不见、摸不着的，我们的周围到处都是空气；探索、发现空气的流动性，例如，风是怎样形成的、各种充气现象等，来增强幼儿对空气的感性体验；知道动植物及人类的生存生长离不开空气，植物生长与空气净化及环境的关系；了解各种幼儿生活中常见的空气污染现象，如废气排放、雾霾等，建立初步的环保意识。

范例 3-3

小班主题活动“玩玩乐”中关于“非生物与环境及人们生活的关系”的内容

教学活动：水宝宝搬家（感知水的流动性）
教学活动：点点线线（分辨不同水声）
教学活动：小水珠找家（分辨清水、污水）
教学活动：会唱歌的罐罐（沙、石等发出不同的声音）
教学活动：玩泥巴
教学活动：多样的石头
区域活动：美丽的沙画
区域活动：石头滚画
区域活动：沙宝宝

四、自然科学现象

（一）多种多样的光

光是大自然普遍存在的现象，而且与人们的生活密切相关，幼儿探索和发现光的现象是必要的。

1）探索和发现光源。光源有来自自然方面的（如阳光、闪电等），也有来自人类自己制造的（如各种类型的灯光、火光等），它们所发出的光是不同的。

2）知道光在人类各种活动中是非常重要的。

3）探索、发现光和影子的关系。

4）探索和发现光的反射及折射的现象。其工具可灵活运用，可用日常的生活用品（如用小镜子、透明无色的瓶子底）；可用玩具（如望远镜、放大镜、万花筒等）；也可尝试用各种光学仪器（如三棱镜、平面镜、凸透镜或凹透镜）。探索多种颜色的形成，了解颜色是光反射的结果。

（二）美妙的声音

在我们生活的周围有各种各样的声音。可供幼儿感受的、可探索的有关声音方面的内容包括：能够辨别噪声与乐音、发出音响的物体及所代表的意义。例如优美动听的律动曲子是教师弹钢琴时发出的声响等。

能探索不同的物体发出不同声音的方法。能辨别出哪些声音是属于自然界的，哪些声音是属于人类自身发出的，哪些声音是属于机械的。

探索声音的传播。探索的方式须从幼儿的认知特点出发，可通过实验的方式进行，也可通过游戏的方式进行。

（三）感受冷、热现象

幼儿对于物体的冷、热的生活经验是不同的，可以结合日常生活的经验，让幼儿来探索有关冷热的现象，感受物体的冷热，使幼儿知道有的物体热，有的物体冷。

1）学习用自己的感觉器官（用眼睛看，用手摸等）来判断物体的冷热。

2）学习用温度计来判断物体的冷热。

3）探索物体由热变冷、由冷变热的方法。

4）知道天气有冷有热。讨论、发现或感受不同地方的人们冬天都是怎样保温取暖的，夏天是怎样散热解暑的，并根据各地的情况认识、了解几种常见的取暖或散热的产品。

（四）探究、体验力

事物永恒地存在于自然界中，它们之间的相互运动便产生了力。力的表现形式是多种多样的，有推力、拉力、浮力、重力、摩擦力、弹力、吸引力、电力、风力等，这些力时时刻刻存在于人们日常生活的周围，所以应让幼儿探索、发现、体验感受这些力，获得初步的感性经验。

1）通过实验、操作感受力的大小，探索、发现力与运动的关系及不同大小、方向的力和运动的关系。

2）探索感受事物各种力的现象。

3）感受体验力的平衡。可通过玩跷跷板、平衡架或天平等来进行。

4）探索省力的方法，如滑轮、倾斜面、杠杆等。

5）探索各种机械，发现其各自的作用。

（五）有趣的磁

幼儿对于磁的认识主要是磁铁及磁铁制品，幼儿学习有关磁的内容包括以下方面。

1）能够区别不同大小、不同形状的磁铁，知道磁铁能够吸铁。大班的幼儿还可以探索不同磁铁的磁力，其磁力的大小是不同的。探索、发现磁铁与磁铁之间的吸引与排斥的现象。探索的方式可通过游戏或实验的形式进行。

2）探索、发现日常生活中磁铁的应用。

（六）电

电在人们日常生活中的应用越来越广泛。幼儿学习有关电的内容主要有以下方面。

1）初步了解各种电的来源。静电是摩擦产生的，日常生活中的电是发电厂通过电线输送来的，电动小玩具的跑动是电池作用的结果。

2）通过探索各种家用电器、电动玩具等的功能，初步了解电在日常生活中的重要作用。

3）初步了解安全用电的常识，避免事故的发生。能正确处理废旧电池，不随处乱扔、随意丢弃。

（七）奇妙的化学现象

在日常生活中有趣的、安全的、简单的化学现象较多，我们可以将这方面的内容纳入到幼儿科学教育中来，让他们去探索、去发现。例如，让幼儿观察土豆、苹果等用刀切完后，过一段时间后会发生什么样的变化；点燃的蜡烛会出现什么情况；把糖放入嘴里感受甜的味道或放入水杯中观察白糖的溶解过程；探索手脏后用香皂洗手的过程；在节日来临的时候，带领幼儿观察、欣赏五颜六色的焰火；夏天蚊子出现的时候，观察点燃的蚊香出现的气味对蚊子有什么影响；开水泡茶过一会儿水会变色并散发出清香的气味；幼儿喜欢喝的酸奶是牛奶经过发酵而制成的；懂得吃药治病、吸烟有害身体健康的道理等。

（八）感受季节的变化

一年有四季，春夏与秋冬，规律地变化着。地方不同，季节的典型特征、变化不同。概括起来说，幼儿探索发现季节变化现象的内容主要有以下方面。

1）观察、感受、体验、发现天气变化状况，能用自己喜欢的方式进行记录、报告、预测等。

风：可通过实验探索发现风的产生；知道风有大小、冷暖等之分并和日常生活相结合来感受不同情景下的风；知道风在日常生活中的重要作用（风力发电等），台风、飓风等给人们带来的危害等。

云：观察云在天空中的多变性，观察云在不同天气时的表现与变化，云有厚薄之分。

雨：知道雨的种类，有小雨、中雨、大雨、暴雨、大暴雨等；观察比较雨的不同；知道雨在不同的季节对于植物生长的意义，如春季适时的雨有利于播种，秋季的雨过多不利于秋收等。知道夏季常见的天气现象有雨、冰雹、闪电等。

冰、雪、霜：知道冰、雪、霜等是冬天常出现的天气现象；通过实验或游戏来观察体验冰、雪、霜；了解冰、雪、霜在日常生活中的形态及作用，例如，北方的冰灯、冰雕、雾凇，观察窗户上的霜的形态及变化等。

2）知道一年有 4 个季节，每个季节的名称、顺序及其典型的特征，如天气的情况，了解季节与季节的变化发展状况等。

（九）天文现象

日：用墨镜等观察太阳，知道太阳的形状；通过图片等观察太阳的颜色；通过实验等来感受太阳的光与热；通过实验了解到阳光是人、动物、植物等生长不可缺少的。

月：通过望远镜或肉眼来观察月相的变化等，并用自己喜欢的方式进行记录。通过观看录像等知道人类乘宇宙飞船能到达太空，中国人杨利伟成功地登上了太空，以增强幼儿的爱国热情、自豪感。

星：观察夜空的星星，知道星星有很多，离我们很远，不停地闪烁等。

幼儿对于天文现象的好奇心很强，教师可根据具体情况灵活地加以选择。在取材过程中，要从幼儿的实际生活出发，从幼儿身边的、日常的事物入手，这样才能激发幼儿对身边的事物和现象的特点、变化规律产生兴趣和探究的欲望。

3.2.5

范例 3-4

大班主题活动“科学万花筒”中关于“自然科学现象”的内容

教学活动：好玩的立方体
教学活动：有趣的转动
教学活动：快乐的皮影人
教学活动：看谁滚得远
教学活动：什么东西不见了
教学活动：小精灵的魔法汤
教学活动：水有变化吗？
教学活动：有趣的弹簧玩具
区域活动：制作旋转玩具
区域活动：小鸟进笼
区域活动：奇妙的陀螺
区域活动：光和声音赛跑
区域活动：自制弹簧玩具

五、现代科学技术

（一）感受日常生活中的科技用品

家用电器：使幼儿知道电视机、电冰箱、洗衣机、电饭煲、空调等的主要用途，学会简单的使用方法，知道它们在人们生活中的重要作用。

现代通信工具：让幼儿感受电话、手机等给人们生活带来的方便。

现代交通工具：让幼儿了解各种汽车、火车、摩托车、电车、地铁等在人们生活中的重要作用，以及安全驾驶、遵守交通规则等常识。

现代农用工具：认识拖拉机、脱粒机、播种机、抽水机等，知道现代农用工具减轻了农民劳动负担，增产又增收。

科技玩具：能探索各种科技小玩具，会正确使用；能进行拆卸、组装等。

（二）了解、熟悉著名的科学家，感受、体验科学家探索、发明创造的过程

通过讲故事、看图片等熟悉科学家的故事，通过自己动手制作科技“小产品”，粗略地感受科学家的发明创造的探究过程，能尝试使用小工具，能进行小制作。例如，用磁铁制作“会走动的小鸡”“小风车”等，体验制作的过程，感受成功的喜悦，即使制作不成功，幼儿积极参与的过程已经是有意义的学习过程了。

（三）增强环保意识，培养环保行为

科学技术的高速发展给现代人们的生活带来了极大的便利，但与此同时，由于乱砍

滥伐森林，破坏草原，工厂排出大量的污水、废气、废渣，各种垃圾的存在，大气臭氧层被破坏，地震、火山爆发等人为的和自然的原因，造成了许多危害人类生产、生活、身体健康以致影响生存的环境问题和负面影响。为了维护生态平衡、保护人类赖以生存的环境，应从小培养幼儿的环保意识和环保行为。

幼儿培养环保意识的具体内容为：在日常生活中或通过网络、电视、录像、画册等让幼儿感受诸如“白色污染”“沙尘暴”等给人们的生活、生活环境带来的不便与污染。让幼儿尝试从力所能及的事做起，从自身做起，从小事做起，例如不乱丢果皮纸屑，不随意伤害小动物，不折花草等植物，看见流水的水龙头要拧紧，看见地上有易拉罐、果皮等主动捡起来等，做一个节约资源、保护环境的“小卫士”。通过散步、短途旅行等方式让幼儿感受、发现环境的绿化、美化，陶冶幼儿的情操。通过专门设计的科学教育活动与游戏等体验、感受环保的重要性。如“我们的家园——地球”“爱鸟周”“绿色的森林”“清洁工”“世界环境保护日”等。

上述内容是学前儿童科学教育的一个比较大的范围，在实际运用的过程中，教师要把握幼儿的认知特点，根据具体情况充实和丰富幼儿科学教育的内容。

范例 3-5

大班主题活动“科学万花筒”中关于“现代科学技术”的内容

区域活动：现代科技发明多

区域活动：阅读科学家的故事

区域活动：科技产品超市

第三节　学前儿童科学教育内容的选编

一、以季节为主线选编学前儿童科学教育内容

以季节为主线主要是指一年以四季为中心，来安排选编与季节相关的植物、动物、人类活动以及自然现象等内容。人生活在大自然之中，与大自然有着密切的联系，特别是与影响大自然万物的气候变化、季节特征有着直接的联系，天气变化了，动植物就会随之发生变化，人类的活动也会因此而发生改变；天气变化了，就会有不同自然现象产生。例如，中班科学教育内容中“美好的春天”，除了让幼儿探索、感受春天的特征外，还可以通过冬春或春夏两个季节的比较，来发现这两个季节有什么不同；了解几种动物是怎样过冬的，春天动物又怎么样了；认识几种植物；进行种子发芽的实验；春天也是细菌繁殖的季节，教育幼儿如何预防流行性感冒等。幼儿生活于其中，有着切身的感受，易于理解和接受，所以以季节为主线选编学前儿童科学教育内容是符合幼儿实际的。

3.3.2

范例 3-6

中班科学教育内容“秋天来了”

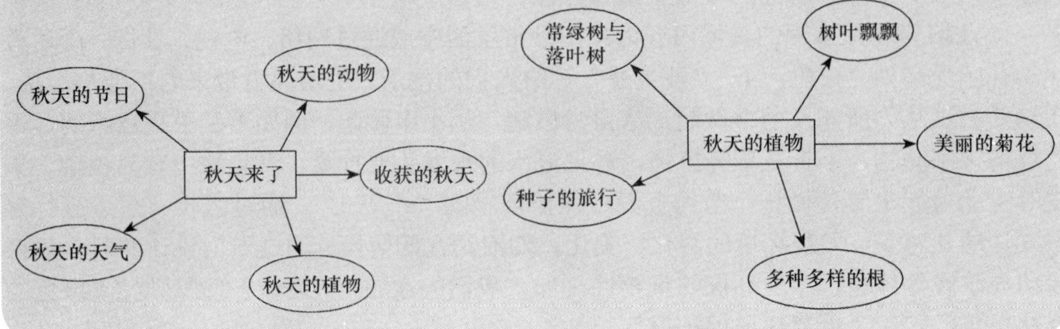

二、根据主题选编学前儿童科学教育内容

当前，在我国幼儿园中存在着各种课程模式，这些课程模式在设计思路上都有一个共同点，即把“主题”建构作为教育内容的组织形式。每个教育活动都体现各学习领域内容的相互渗透和融合。主题课程由于整合的教育理念以及对幼儿发展的整体性影响，越来越受到人们的关注和重视。

根据主题选编学前儿童科学教育内容的方法是加强学前儿童科学教育内容的纵向和横向联系的方法。其具体做法是：以3～6岁学前儿童科学教育内容为例，将幼儿3年的科学教育内容编排成若干个主题，每个主题从内容到形式都注重体现知识的系统性与幼儿发展的连续性。每个主题又突出一个重点，围绕重点设计多种活动内容和形式。这些主题之间纵向自成体系，横向互相联系。从纵向来讲即现有知识内容与原有与之相关的知识、经验的联系。横向方面是事物与事物之间的联系，即外部联系，不同类别的知识间也是相互联系的，每个主题的学前儿童科学教育过程都是循环往复、螺旋上升的发展过程。

范例 3-7

寻找小秘密

在幼儿眼中，无处不在的空气、各种各样的纸、与我们形影相随的影子等事物都隐藏着许多的“小秘密”，而这些“小秘密”又蕴含着许多的科学知识。科学对幼儿来讲，就是生活中好玩的事情，是他们觉得好奇的现象，是他们为之感兴趣的东西。幼儿天生就具有主动探索的精神，他们有无数的“是什么”和“为什么”的问题，这都是等待他们发现的“小秘密”。“寻找小秘密”主题系列活动（见图 3-1）就是围绕生活中幼儿必须或经常接触到的空气、纸和影子等自然物质或现象展开探索。目的在于通过寻找空气、纸、影子的秘密，使幼儿初步认识空气、纸、影子的特征以及体验与我们生活的紧密关系，发展他们观察、探究自然的兴趣和方法，为促进幼儿科学精神与素养的发展创设良好的学习氛围。组织本主题活动，要求教师必须为幼儿创设丰富的、有针对性的物质环境和宽松、自由的精神环境，引导幼儿大胆探索与发现、积累与建构，让幼儿真正成为活动的主人。教师要因势利导，给以启发、帮助和支持，通过有趣的活动，让幼儿在做中学，在玩中体验、发现身边的科学现象和秘密，让探索的乐趣渗透在他们的生活之中。

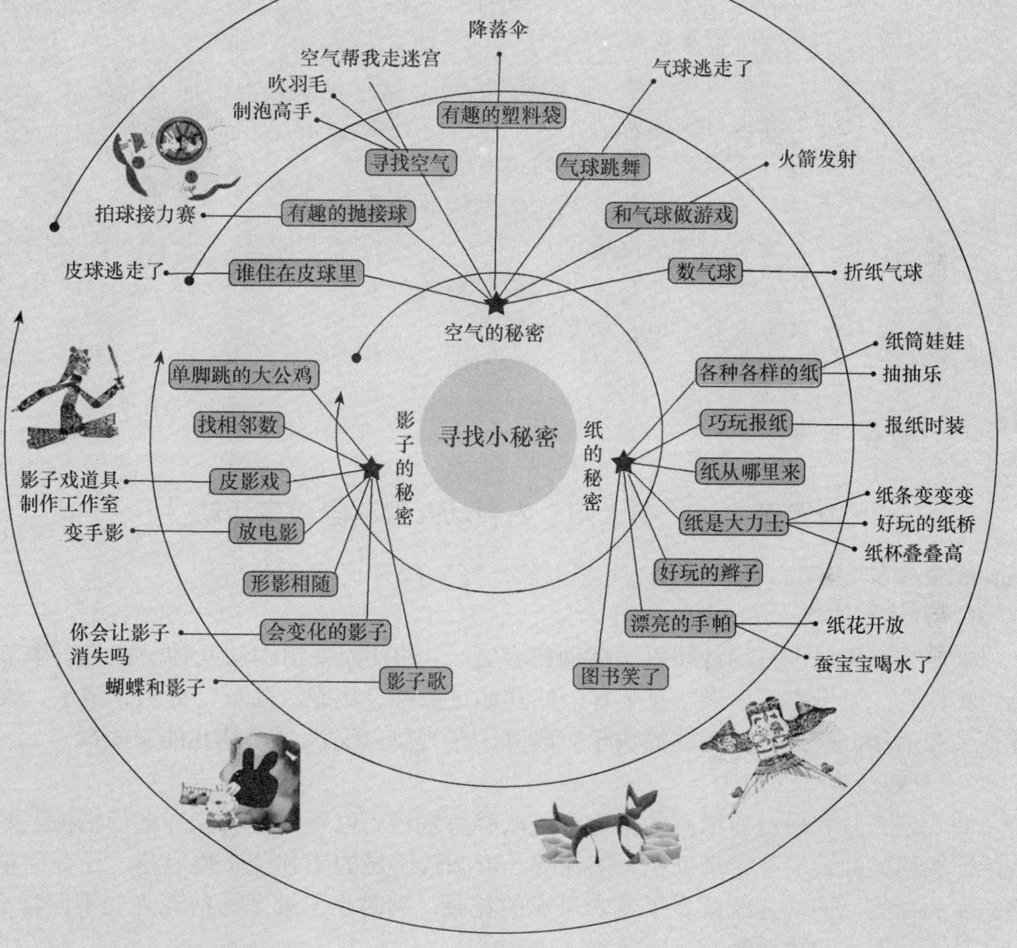

图 3-1　“寻找小秘密”主题系列活动

三、按科学教育内容分类选编学前儿童科学教育内容

在本章第二节中，我们将学前儿童科学教育的内容概括为五大范畴——人体与健康、生物与环境及人们生活的关系、非生物与环境及人们生活的关系、自然科学现象、现代科学技术。按照这五大范围进行学前儿童科学教育内容的选编，更容易将科学教育的内容进行归类，内容设计更加系统全面。

范例 3-8

幼儿园渗透式领域课程中班（下）科学领域内容

什么东西会滚（自然科学现象）
石头和石制品（非生物与环境及人们生活的关系）
树叶标本（生物与环境及人们生活的关系）
美丽的菊花（生物与环境及人们生活的关系）
颜色变变变（自然科学现象）
彩色牛奶（人体与健康）
做个指南针（现代科学技术）
种蚕豆（生物与环境及人们生活的关系）
各种各样的树叶（生物与环境及人们生活的关系）
朋友们哪儿去了（人体与健康）
磁铁能吸什么（非生物与环境及人们生活的关系）
各种各样的取暖用具（现代科学技术）

案例分析

案例 3.1 “小太阳”农村幼儿园科学教育活动

活动内容

1．种植农作物

农作物知识是农村幼儿园科学活动内容之一。幼儿园要组织幼儿种一些具有季节特色的农作物，如小麦、玉米、花生等，幼儿通过播种、施肥、除草、捉虫、浇水、收获等一系列活动，充分享受劳动的快乐，既开阔了视野，又满足了幼儿的求知欲。

2．种植花卉

幼儿园充分利用房前屋后的空地，选取容易栽培、色彩鲜艳的花卉进行培植，如季节特征较明显的迎春花、牵牛花、菊花等，形态较明显的茉莉花、鸡冠花，还有色彩鲜艳的大丽菊等。使幼儿既欣赏了色彩斑斓的花朵，同时也了解了一些花卉的不同特征，一季花卉与四季的关系等。

3．开辟菜地

我们为中、大班幼儿开辟了大小不同的两块菜地。幼儿可以根据季节的不同，选择果实大、生长期短、适合幼儿种植的蔬菜瓜果种植。例如，春天种丝瓜、茄子，秋天种萝卜、花菜、大蒜等。教师经常组织值日生给蔬菜浇水并记录。在这片小小的菜地里，幼儿不是消极的旁观者，而是积极的参与者。

4．建立水池、沙地和土地

沙、土、水是天然的自然材料，也是幼儿喜欢的游戏材料。幼儿园根据幼儿的心理特点，设计了造型优美的水池，用来种水生植物、饲养水生动物。有些水池内还放有乒乓球、海绵、玻璃球、石子、木头、纸船等，让幼儿玩沉浮游戏。幼儿在操作中会发现很多有趣的现象。此外，幼儿园还在院子里设置了沙土地，幼儿可以玩建构游戏，从而了解沙土的特性，并掌握搭桥、挖土等技巧。

5．家禽饲养

由于农村条件比较特殊，幼儿家中几乎都养有家禽。他们可以一边在家中饲养，一边在园中观察记录，并开展“每日一谈”的活动。如此一来，幼儿兴趣浓厚，将会收到良好的效果。

案例评析

“小太阳”农村幼儿园科学教育内容的选择体现了：第一，启蒙性与科学性的结合。根据农村幼儿园的实际，“小太阳”农村幼儿园选择幼儿生活中熟悉的内容，比如农作物的种植、家禽的饲养，引导幼儿发现日常生活中的科学。幼儿积累了丰富的科学经验，再对科学经验进行梳理总结，提升经验，达到启蒙性与科学性的结合。第二，地方性和季节性的结合。幼儿园充分利用房前屋后的空地，选取容易栽培、色彩鲜艳的花卉进行培植，如季节特征较明显的迎春花、牵牛花、菊花等，形态较明显的茉莉花、鸡冠花，还有色彩鲜艳的大丽菊等。可以根据季节的不同，选择果实大、生长期短、适合幼儿种植的蔬菜瓜果种植。

案例 3.2 大班主题活动：“多彩的秋天”内容选编

活动主题导引

天高云淡、秋高气爽，秋天到了，周围环境悄悄地发生着变化，为孩子提供了观察探索的机会和平台。在本主题中着重通过观察周围环境中动植物的变化，让幼儿感受自然，养成仔细观察的习惯；通过诗歌、故事等形式，熏染幼儿热爱自然的情感；利用原生态的材料如树叶、果壳、水果等开展的美工活动，让幼儿在操作中发现自然物的美、体验创造的快乐。在这段时间，教师还要注意利用重阳节让幼儿了解家中的老人，学会体谅、尊重、关爱和孝敬老人。同时，10 月份又有 3 个世界日（世界洗手日、世界粮食日以及世界勤俭日），借助洗手日可以强化孩子的良好卫生习惯，粮食日和勤俭日也从另一个角度，让幼儿在丰收时节，在享用美味瓜果的时候知道珍惜粮食、节约粮食和其他物品，尊重人们的劳动，进而养成勤俭、环保的意识。

教学活动举例（整个教学活动主题可参见图 3-2）：

次主题一：秋景

教学活动一：树真好

教学活动二：秋天的树

教学活动三：秋天多么美

教学活动四：叶片上的毛毛虫

教学活动五：我是天气预报员

区域活动：

美工区：叶子拓印、叶子标本

科学区：天气预报员
阅读区：阅读与树有关的书
户外活动：和风儿赛跑、小鹿跨跳

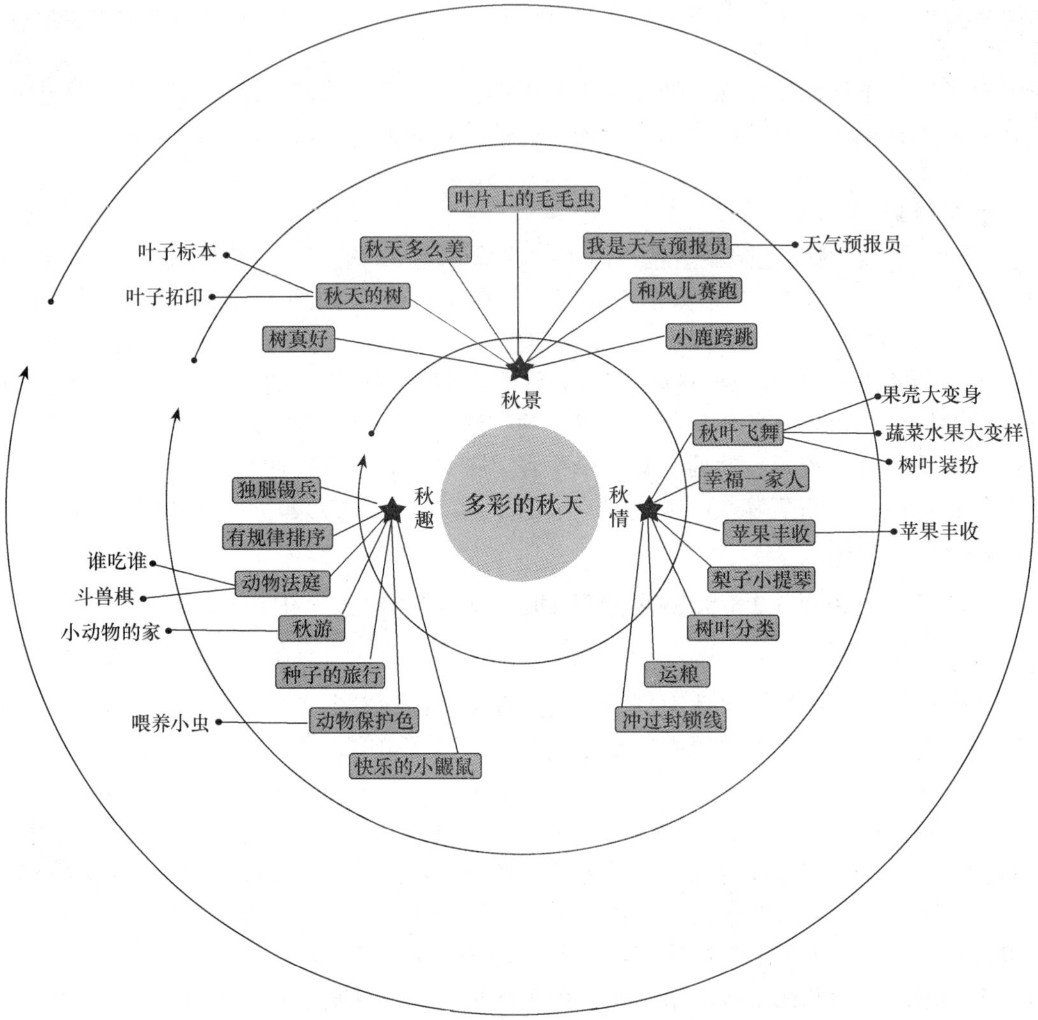

图 3-2 “多彩的秋天”主题系列活动

案例评析

本案例是根据主题选编学前儿童科学教育内容。本主题以“多彩的秋天”为核心经验，将具体内容分为“秋景”“秋情”“秋趣”3 个次主题。这 3 个次主题既自成体系又互相联系。主题内容从形式到内容上都注意到幼儿经验的系统性与幼儿发展的联系性。

本主题主要涉及的内容分类如下：

秋天的树、叶片上的毛毛虫、秋叶飞舞、快乐的小鼹鼠、动物保护色、种子的旅行、动物法庭、喂养小虫、小动物的家。

由于主题活动是从健康、社会、语言、科学、艺术 5 个领域全方位地建构幼儿的经验，因此，涉及科学领域的活动只占其中的一部分内容。科学领域的内容多为生物与环境及人们生活的关系。

本主题内容的选择体现了如下思想：

1）科学性与启蒙性。“多彩的秋天”从孩子生活中熟悉的树叶、蔬菜、水果等内容入手，引导幼儿发现生活中秋天的变化。在具体内容的选择上，将秋天的变化通过直观的内容让幼儿感知，既尊重了知识的科学性，又进行了生动有趣的科学启蒙教育。

2）广泛性和代表性。“多彩的秋天”是一个内容涵盖极广的主题，从中选择有代表性的内容进行教学，如秋天的树、秋叶飞舞等。落叶是秋天最容易被孩子观察到的特征，因此从落叶入手，一叶窥秋。

3）地方性和季节性。本主题来自山东省幼儿园课程指导用书。山东是典型的北方省份，四季鲜明。因此结合地域特点，秋天的山东有典型的“苹果丰收”（教学活动），有“种子的旅行”（集体活动）等。当然，有些活动还要结合更加具体的幼儿身边的地域进行内容的选择，如“树叶分类”这一集体教学活动中所选取的树叶，要选取幼儿身边常见的树叶，如淄博地区所见的法桐树叶、柳树叶、杨树叶等。

同步训练

一、思考训练

1．学前儿童科学教育内容的选择要求有哪些？举例说明。

2．学前儿童科学教育的内容范围主要包含哪几个方面？每个方面大致包含哪些具体内容？

3．《纲要》在科学教育领域中提出的内容与要求有哪些？

4．幼儿园常用的选编学前儿童科学教育内容的具体方法有哪几种？

二、实践训练

1．按照以下活动内容，分别编排出网络树状图。

1）春天来了。

2）冬爷爷到了。

2．请选择幼儿园任意一年龄段的学期教学计划，并分析如下内容：

1）该计划中有哪些属于学前儿童科学教育的内容？

2）这些内容是否符合学前儿童科学教育内容选择的要求？

3）该幼儿园的科学教育活动是如何进行选编的？

3．自拟主题，尝试按照主题选编的方法，设计小班一个学期的主题活动内容。

第四章

学前儿童科学教育的方法与途径

学习与能力目标

1. 掌握幼儿科学教育的常用方法及类型。
2. 初步了解各种常用科学教育方法在具体科学教育活动中的运用。
3. 了解学前儿童科学教育的几种主要途径，初步掌握不同教育途径在幼儿园科学教育活动中的特点和作用。

知识结构图

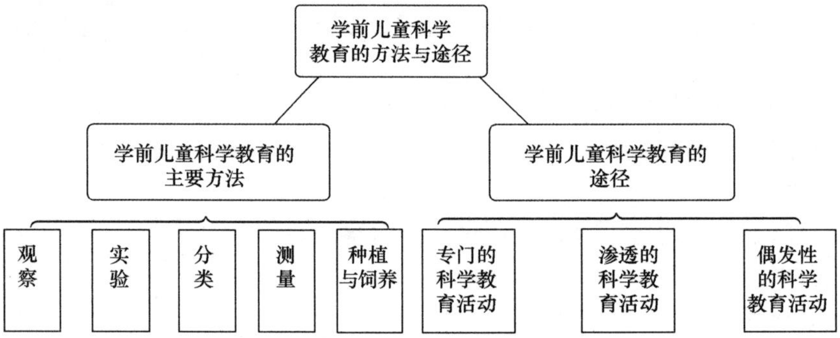

第一节 学前儿童科学教育的主要方法

一、观察

（一）观察的含义

观察是人的器官在脑的指导下进行的有意识、有组织的感知活动。可以说，观察是一切科学活动的基础，没有观察，就没有科学。幼儿科学教育中观察的方法是指教师有

4.1.1

目的、有计划地组织和启发幼儿运用多种器官，去感知客观世界中的事物与现象，使之获得具体的印象，并在此基础上逐步形成概念的一种方法。

观察的方法可以保证幼儿在直接接触事物的过程中，运用多种感官直观、生动、具体地认识事物，了解事物的特性，提高幼儿感官的综合活动能力，培养其运用感官探索周围环境的习惯，并为发展幼儿的抽象思维能力、形成概念提供丰富的感性经验。所以，观察在学前儿童科学教育中是最基本和最重要的方法，也是幼儿经常运用的学习科学的方法。

（二）观察在学前儿童科学教育中的作用

1. 观察是幼儿认识世界，获取直接经验的重要途径

幼儿认识世界是从具体的感知活动开始的，他们观察具体事物，区别事物的特征及其变化，从而发现事物间简单明显的联系与因果关系，并在此基础上形成概念。因此，有人把观察比喻为“知识的门户”，它可以使幼儿获得第一手的、鲜活的经验。

2. 观察能促进幼儿智力的发展

作为一种复杂的心理活动过程，观察不仅能提高感觉器官的机能，还可以锻炼大脑的信息加工能力。幼儿通过观察，能有效地促进智力的发展。

3. 观察能促进幼儿语言的发展

丰富的感性认识是幼儿语言发展的源泉。幼儿在运用观察的方法感知事物的同时词汇数量不断增加，同时，丰富多彩的事物也能激起幼儿用语言表达的愿望。

4. 观察能激发幼儿的求知欲，培养幼儿的探索精神

在观察中，周围陌生而熟悉的世界展现在孩子面前，使幼儿产生好奇，从而激发幼儿的求知欲望和探究兴趣。

5. 观察可以培养幼儿尊重事实的科学态度

通过观察，儿童可以亲自感知事物的形态，对其形成客观的认识，这有助于使儿童形成科学的态度。同时，儿童通过观察周围的事物，可以感受到人与自然的亲密关系，探索出世界存在的多种奥秘。

（三）观察的类型

从学前儿童科学教育的视角，观察的类型从不同角度可有多种分法。根据幼儿的年龄特点，一般可分为一般性观察、比较性观察和长期系统性观察。

1. 一般性观察

一般性观察是指幼儿对某一事物（或某类事物）或现象进行的观察。幼儿通过有目的地运用感官，与周围某一事物或现象直接接触，从而了解它的外形特征、属性、习性等。例如，观察鱼、石头等单个或一类事物，又如观察雾、雨等天气现象。

在对事物（或现象）进行观察的过程中，可以帮助幼儿获得有关物体的以下信息：物体的外形特征，如物体的形状、颜色、大小；发出的不同声音，散发的不同气味，软

和硬、粗糙和光滑、轻和重，以及弹性、黏滞度、光滑度、湿度等不同特性，某些物体的味道等；物体的外部结构和功能；动植物的生长习性和特点；物体相对的静态和动态；事物的存在与周围环境的关系等。对事物的一般性观察是最基本的观察技能，它是其他各种观察的基础。因此，一般性观察在各年龄班均可进行。

范例 4-1

中班主题“夏天真有趣”教学活动“西瓜虫”

活动目标：

1）学习用放大镜观察西瓜虫，感知西瓜虫的主要外形特征和生活习性。

2）产生对西瓜虫的探索兴趣，能运用绘画表征等方法记录。

3）能积极参与小组活动，和同伴协商合作，愿意接受同伴的意见和建议。

活动准备：

小铲子、盛西瓜虫的器皿、放大镜。

活动建议：（略）

2. 比较性观察

比较性观察指幼儿同时观察两种或两种以上的事物并进行比较，以找出事物间的异同点。在观察过程中，通过比较分析、判断和思考，比较精确、细致、完整地认识事物。这种方法能帮助幼儿较快地发现事物的特征，有利于幼儿的分类能力的发展和概念的形成。例如，鸡和鸭的比较性观察，不同植物的根的比较性观察。比较观察要求对事物进行比较分析，需要较复杂的认知活动，因此只在小班后期与中、大班进行。可以从将一种认识过的事物与新的观察对象进行比较（如在认识了白杨树的基础上将其与柳树比较）过渡到对两种新的事物进行比较观察（如冰箱和冰柜的比较等）。

范例 4-2

中班主题“落叶飘飘”中科学区活动“树叶的比较、分类、排序”

活动经验：

1）观察比较 3～4 种树叶外形特征的不同，并能根据树叶的不同特征进行分类和排序。

2）能按一定特征或规律进行树叶分类和排序，发展比较性观察能力。

活动材料：

1）清洁好的白杨树叶、枫树叶、银杏树叶若干，混放在 4～5 个小筐内。

2）记录纸、记号笔；分类用的小筐子 3 个。

指导建议：（略）

3. 长期系统性观察

长期系统性观察是指幼儿在较长的时间内，持续对某一事物或现象进行系统的观察。学前儿童科学教育中的长期系统性观察，主要用于观察动植物的生长过程，以及气象的变化。长期系统性观察对幼儿的知识经验、认知水平要求较高，一般是在事物或现象有明显变化时组织幼儿进行观察，例如在蝌蚪长后腿、长前腿、尾巴退化时进行观察，但是这并不排除幼儿对对象的自发观察。

由于观察需要的时间较长，对儿童观察的持久性要求高，这种方法常用于中班与大班儿童观察、探索事物的生长及变化的过程。

范例 4-3

大班主题“春天的聚会”中科学区活动“喜欢水的根”

活动目标：

观察并初步了解植物根的向水性。

活动材料：

大蒜或洋葱、两个透明饮料瓶（瓶口若不够大，可将瓶口剪掉）、记录纸、笔。

活动建议：

1）指导幼儿将两头大蒜或洋葱分别放到饮料瓶口上，并灌满水。

2）提醒幼儿每天只给其中的一瓶加满水，另一瓶不再加水，并猜想会有什么结果。

3）指导幼儿每天注意观察根的生长情况，并将两瓶进行比较记录，组织幼儿讨论观察到的结果，并思考为什么会出现这种结果。

二、实验

（一）实验的含义

实验是在人为控制条件下，利用一定的仪器或设备，通过操纵变量来观测相应的现象和变化的方法，它能够排除干扰因素，揭示事物的因果关系。学前儿童科学实验，是指在人为控制条件下，教师和幼儿利用一些材料、仪器或设备通过简单演示或操作，对周围常见的科学现象加以验证，以发现客观事物的变化及其因果联系的方法。

（二）实验在学前儿童科学教育中的作用

1. 能发挥幼儿的主动性和积极性，培养幼儿探索科学的兴趣

由于幼儿亲自参与实验，符合幼儿好奇心强、好动的年龄特点，操作实验能满足他们的需要，引起他们的兴趣，激发学科学的内部动机，得到愉快的情绪体验，这是仅让幼儿观察教师的操作演示所不及的。

2. 有利于幼儿理解科学现象

在实验中，幼儿亲身经历探索科学的全过程，综合运用多种感官，从各个角度接触材料，在个体与物体的相互作用中，观察发现实验中科学现象的产生与变化，获取第一

手感性材料和初步的科学经验，并在大脑中留下较深的痕迹，保持较长时间的记忆。

3. 有利于幼儿动手能力的培养

实验操作过程是幼儿与各种材料相互作用的过程，幼儿在操作各种材料的过程中，会逐渐熟悉不同材料的性能，掌握不同材料的操作方式，因此对幼儿动手操作能力的发展和提高具有很大的促进作用。

4. 有利于幼儿观察能力的发展

幼儿在操作过程中，对于实验产生的现象容易感兴趣，这样会引发幼儿观察、探索，弥补了在自然条件下观察的不足，有利于发展幼儿细致的观察力。

（三）实验的类型

根据实验过程中实际操作者不同，科学实验可以分为教师演示实验和幼儿操作实验两种。

（1）教师演示实验

教师演示实验是指由教师操作实验，幼儿观察实验并感受实验产生的现象、变化和结果的一种实验形式。

教师演示实验一般难度较大，幼儿操作起来较为困难，常常是在幼儿年龄较小无法进行独立探究，或者是实验所需仪器设备和条件不足时采用。大多数情况下，教师演示实验是作为幼儿操作实验前的示范而出现的，即先由教师对实验内容和实验的操作环节进行演示，然后幼儿按照教师演示的方法进行实验操作，并进行观察，获得实验的“发现”。教师在幼儿操作前进行演示实验，便于教师组织活动，其后的幼儿操作实验的目的性也就更为明确。

（2）幼儿操作实验

幼儿操作实验是指教师提供实验的仪器、设备和材料，由幼儿亲自动手操作，并体验全过程的实验方法。一般来说，幼儿操作实验的内容、设备要求都比较简单，且带有明显的游戏性质。这类实验由于是幼儿自己动手操作，在操作过程中，幼儿可以充分摆弄材料、仪器，充分且直接地观察实验过程中的现象和变化，还可以反复操作、多次尝试，满足幼儿的好奇心，因此，幼儿参与实验的积极性很高。

范例 4-4

沉浮小实验

活动目标：

1）探究物体的沉浮特性，知道哪些物体在水中容易沉，哪些能浮在水面上。

2）尝试探究如何使下沉的物体浮起来，使浮的物体沉下去，了解沉浮的相对性。

活动材料：

1）几杯水。

2）各种做沉浮小实验的材料，如瓶子、硬币、木块、回形针、塑料玩具、泡沫、小盆、记录纸、笔等。

活动建议：

1）自由探究物体的沉浮，记录哪些物体在水中容易下沉，哪些能浮在水面上。

2）引导幼儿借助辅助物，想办法帮助沉下去的物体浮起来，浮的物体沉下去。

3）相互交流自己的探索结果，对比分析记录表，了解物体沉浮的相对性。

虽然教师演示实验并不符合幼儿自主构建知识的原理，但在科学教育中还是有其必要性的，只是我们不提倡，而且反对以教师演示的实验代替幼儿的操作实验。

三、分类

（一）分类的含义

属性相同的许多事物共同组成一个群集称为“类”。例如，燕子、黄鹂等可统称为鸟，鸟就是代表事物的一个类别。分类又称归类，是根据事物的同和异把事物集合成类的过程，即把事物按照特定的标准加以分类，抽取同类事物的共同特征，进行概括的过程。

学前儿童科学教育中分类的方法，是指幼儿把具有某一个或几个共同特征的物体聚集在一起，以学习科学的一种方法。分类是观察过程的延伸和引用。

学前儿童进行分类的特点是根据直观形象的外部特征进行分类，他们总是从外观的、明显的特征出发，去进行分类的。例如一开始幼儿总是先认识“灯”，无论是客厅里的灯还是卧室里的灯，都是灯，是以一个抽象的词汇代表“灯”的类别。

（二）分类的类型

由于学前儿童思维的局限性，他们只能对简单、具体、形象的物体进行分类。而且只能在具体的操作活动中，经过多次、反复的尝试才能学会初步的分类技能，他们还无法进行抽象概念上的分类。因此，学前儿童科学教育中常见的分类主要有以下类型。

1. 挑选分类

挑选分类是指从许多物体中将具有某一种（或几种）共同特征的物体挑选出来，成为一类。例如，从许多幼儿中挑选出“他们都是男孩”“他们都穿着红衣服”等的共同特征。又如，从各种蔬菜、水果、花卉中挑选出水果来。

2. 二元分类

二元分类又称是与否分类，是指从许多物体中，选择出具备某一属性的物品，排除其他物品，即将许多物体按某一标准分为“是”与“不是”两种。例如，将苹果、梨、香蕉、黄瓜、甜椒、桂圆、红枣等放在一起，让幼儿进行分类：苹果、梨……都是水果，黄瓜、甜椒……都不是水果，或者苹果、梨……都是水果，不是蔬菜等。

3. 多元分类

多元分类是指将物品按一些共同的标准分为两类或几类。例如，鸡、鸭、鹅都是家

4.1.4

禽，牛、羊、猪都是家畜，虎、狮、狐狸都是野兽等。又如，苹果、梨、香蕉都是水果；黄瓜、甜椒都是蔬菜，桂圆、红枣都是干果。

范例 4-5

大班主题“多彩的秋天”教学活动“树叶分类”

活动目标:

1）学习按一定特征给物体多次分类并统计、记录。

2）能用恰当的语言表达分类的方法和结果。

活动准备:

两种不同大小、颜色、形状的树叶模切卡片每人一套，分类记录卡。

活动建议:

1）引导幼儿讨论确定分类标准。

幼儿操作树叶模切卡片，将树叶抠下，仔细观察，讨论这些树叶的大小、颜色、形状有什么不同，如果把这些树叶分成两组，有几种不同的分法。

2）请幼儿按树叶的大小、颜色或者形状进行分类，并记录分类结果。

3）汇报交流、分享成果。

四、测量

（一）测量的含义

学前儿童科学教育中的测量方法是指通过观察或运用简单的测量工具对物体进行简单的、初级的测定。具体地说，幼儿的测量包括测量物体的大小、长短、高矮、粗细、厚薄、轻重、冷热以及时间等内容。例如，用绳子测量大树的粗细，用温度计测量气温等。

在科学教育中运用测量的方法可以帮助幼儿更准确地去观察认识周围世界获取关于时间、空间等方面的具体经验。例如，小芳和小明比较高矮，谁更高？高多少？将事物的属性及其关系数量化，是科学思维的重要组成部分。数量化思维也是幼儿思维发展的一个重要方面，以测量为手段能促进幼儿这方面思维的发展。

（二）测量的类型

1. 观察测量

观察测量是指通过眼睛、手等感官的观察来测量物体。例如，通过目测（眼睛）来测量物体的大小、粗细、长短等；通过手来测量水的温度，用手掂量物体的轻重等。这种直观感知的测量一般用于特征比较明显的认识对象，例如幼儿凭观察便可得出哪个物体大、哪个物体小的结论。特征不明显的物体，用观察测量就难以进行，例如两盆温度差异不太大的水，幼儿就很难将它们区别开来。

2. 非正式量具测量

非正式量具测量也称自然测量，指不采用通用、标准的量具，而是运用一些自然物，如木棍、积木、绳子、手指、手臂、步长等作为量具，对物体进行直接测量的方法。在幼儿阶段，由于幼儿年龄小，对掌握标准的计量单位有困难，所以较多地运用非正式量具进行测量，如让幼儿用手指量一量小树长高了多少等。非正式量具测量可以使幼儿在避免测量单位带来困难的前提下，掌握测量的基本知识。如在测量长度时，要将测量工具与被测物对齐、放平。又如用不同的量具测量，会使结果不一样等。

范例 4-6

大班主题“我是大班哥哥姐姐”中科学区活动“长高了，长胖了”

活动目标：

学习运用绳子等（毛线、尼龙绳都可）测量人的身高和腰围，会记录并能进行比较。

活动材料：

1）各种绳子若干、皮尺、纸和笔若干。

2）一张大的统计表，写上全班小朋友的名字，如下表所示。

我班小朋友身高、腰围测量统计表

姓名	身高	腰围

活动建议：

1）幼儿两人一组，一人靠墙站立，另一人在墙上画下其头顶的位置（为避免把墙弄脏，教师可以在测量身高的区域粘上白纸），然后两人比较高矮，用皮尺测量其身高。

2）两人一根绳子，互相为对方测量腰围，比较粗细。

3）教师引导幼儿比较，找出班里最高（矮）的小朋友和腰围最粗（细）的小朋友。

4）活动结束时，可以在讲评环节鼓励幼儿说说自己的身高和腰围，为自己和同伴的成长感到高兴。

3. 正式量具测量

正式量具测量是指以通用的标准量具对物体进行测量。适合幼儿使用的测量工具主要有尺子、天平、温度计、钟表、秤等。如前所述，要幼儿掌握正式量具的测量单位是有困难的，但是这并不等于幼儿不能接触正式量具。通过对正式测量工具的操作和使用，可以使幼儿懂得这些量具的作用，初步了解时空等概念性较强的知识。例如，让幼儿用温度计测量3盆不同温度的热水。如果用观察测量（手测）是难以测出哪盆水最热，哪盆水最冷的，但是使用温度计测量，即使幼儿读不出温度计上的数字，但是只要通过观察温度计上的水银柱的升高、降低，便可知道这3盆水之间的水温差异了。

五、种植与饲养

（一）种植与饲养的含义

种植是栽培植物，而饲养则是指喂养动物。学前儿童科学教育中的种植是指幼儿在园地、自然角（或用泥盆、木箱等）种植花卉、蔬菜和农作物等的活动。学前儿童科学教育中的饲养是指幼儿在饲养角里喂养和照管习性温顺的小动物的活动。

种植与饲养既是学前儿童科学教育的方法，同时也是幼儿喜爱的活动。幼儿对周围环境中最喜爱的东西莫过于动物和植物了，在对动植物的观察中，有意识地让幼儿亲自操作，种植一些蔬菜、花草，饲养一些小鱼、小鸟，让幼儿不仅观察动物和植物的外形特征，同时也了解它们的生长过程。通过种植与饲养的方法进行科学学习，伴随着动植物的生长，也就激发了幼儿热爱自然、热爱科学的兴趣与情感。在种植与饲养的过程中，幼儿对对象进行观察、分类、比较、记录，促进了认知能力的发展，并学习了一些简单的劳动技能，也培养了手脑并用的能力。

（二）种植与饲养的类型

1. 常见植物的栽培管理

常见植物的栽培管理主要包括常见的植物的播种、管理、收获等内容，如参加选种、浸种、移栽、浇水、松土、除草、追肥、收获、留种等工作。

（1）水养

水养就是把植物的一部分浸泡在水里，在短期内，它便会萌发、生根、长茎叶，甚至开花，主要有以下品种。

种子：蚕豆、绿豆、红豆、扁豆、花生、芝麻、蓖麻、西瓜子、丝瓜子、南瓜子、水稻、麦子、玉米等。

蔬菜：油菜心、白菜心、黄芽菜心、卷心菜心、芹菜、萝卜、土豆、大蒜、芋艿、慈姑等。

树枝：杨树、柳树、悬铃木、松树、水杉等。

花卉：菊花、月季花、迎春花、白玉兰、水仙花、蔷薇等。

（2）盆栽

盆栽是指在泥盆里放置湿润的、富有养料的泥土，然后下种或扦插。有条件的幼儿园，也可以在墙边、墙角进行园地种植。盆栽植物的品种与水养植物是相同的，但是在幼儿学习自然的活动中，盆栽与园地植物却有着不可替代的作用。虽然水养植物能够让幼儿在较短的时间内直观地看到种子的萌发过程，但是由于它消耗种子本身的养料，等到其本身养料耗尽时，它就会枯萎。因而幼儿只能看到植物生长的某一阶段，而不能看到植物生长的全过程。这样就不能满足幼儿强烈的好奇心和求知欲，也不利于幼儿对植物生长过程的全面了解。因此，应该创设条件，让幼儿全面地观察植物生长的全过程。

（3）无土栽培

无土栽培也是属于水养植物的一类。普通的水养植物，是把植物的根放在一般的水里，但是无土栽培为了更好地控制供给植物的养料，将植物生长需要的各种营养成分，按植物生长所需的比例进行搭配并配制成溶液，在容器中放入一些洁净的玻璃球或沙子，然后将植物栽培在溶液中。这样就能保证植物生长所需的营养，使幼儿观察到植物生长的全过程。

（4）温室技术

植物的生长离不开一定的光照、温度和营养。在自然状态下，植物生长所需的最佳条件有时很难达到，而且不容易控制。在现代种植技术中，人们利用了温室技术。温室一般有透明的屋顶，可以接受充足的阳光。由于温室是密封的，能使温度保持在一个较高的水平，并可以使用人工装置调节温度。通过这些措施，可以使室内生长的植物基本不受外界自然环境的影响，而较快、较好地生长。在幼儿园里，也可以搭建简单的温室，例如用塑料薄膜搭建“小小温室”，在天气比较冷的时候，让幼儿在“温室”内外种植相同的植物，比较种植的结果。

2. 常见动物的饲养管理

常见动物的饲养管理主要包括帮助收集饲料、喂养、管理，学习简单的饲养技能，并观察小动物的外形特征、动作和生活习性，培养爱护小动物的感情。例如，饲养乌龟、小鸟、金鱼等。

1）家禽：家禽身体比较小，也比较温顺，深受幼儿喜爱，而且养起来也比较容易，不易死亡。家禽包括鸡、鸭、鹅，相比较起来，饲养鸡是最简单的一种。

2）家畜：家畜各有不同，在幼儿园里比较适合饲养小兔、豚鼠、猫等。虽然小兔相对比较难以饲养，对饲养要求比较高，但是因其形象可爱而深受幼儿的青睐。

3）鸟：鸟也是幼儿园经常饲养的一种动物，由于小鸟的叫声清脆好听，形象可爱，幼儿也十分喜欢饲养。

4）昆虫：昆虫也是幼儿最喜欢的动物之一，世界上有许多种昆虫，虽然幼儿并不能叫出它们的名称，但是凡是看到昆虫，幼儿总会研究一番。蝈蝈、蚕、七星瓢虫、蝉、蚂蚁、蟋蟀等都是幼儿园经常饲养的昆虫。

5）水生动物：水中饲养的鱼、龟、虾、蟹、泥鳅、螺蛳、蝌蚪等都是幼儿观察的对象，这些在水中生活的动物比较容易饲养，有的甚至一段时间不进食也不会死亡。所以这些动物是非常适合幼儿饲养的，其中虾比较难存活一些，其他的就比较好饲养了。

4.2.1

范例 4-7

自然角科学活动：种子发芽

活动经验：

1）了解种子发芽的基本条件：温度、水、空气、阳光。

2）学习为即将萌发的种子浇水，养成热爱劳动和耐心、细致观察的好习惯。

活动材料：

黄豆、碗、能漏水的筐、水、纱布、土、花盆。

实验过程：

1）将豆子完全浸泡在盛有温水的碗中 2～3 个小时，等它变大。

2）在筐中铺一层纱布，将泡好的豆子放在上面，然后用纱布盖住。

3）把筐放在碗上，每天给豆子洒水，水不要太多，保持清洁，过几天豆子就能发芽了。

或者：

1）将泡好的豆子种在花盆的泥土中。

2）浇水保持土壤湿润，如果温度适宜，2～3 天豆子就会发芽。

活动建议：

1）提醒幼儿经常给种子换水，一天至少两次。

2）提醒幼儿掌握好水温，定时浇水。

3）要求幼儿观察时做好记录，看是在水里的种子发芽快，还是在土里的种子发芽快。

4）为了保证种子的发芽率，提供给幼儿的黄豆要选新鲜的、饱满的。

第二节 学前儿童科学教育的途径

一、专门的科学教育活动

（一）集体教育活动

1．集体科学教育活动的含义

集体科学教育活动是幼儿园教育活动的一种重要组织形式。科学领域的集体教育活动，是指教师根据学前儿童科学教育的目标，有计划、有目的地选择和设计科学教育内容，提供相应的材料，面向全体幼儿开展的专门的教学活动。集体教育活动能够保证每个孩子在较短的时间内掌握基本的科学知识和学习方法，教师的专门指导提高了幼儿的学习效率。

2. 集体科学教育活动的特点

（1）结构化程度高，教师发挥主导作用

由于集体科学教育活动的高结构化，教学目标的制定、教学内容的选择、教学环节的设计、教学材料的准备都体现了教师较强的主导作用。虽然教师在活动过程中要考虑到幼儿的差异，但是更强调保证全体幼儿在固定的时间里都能充分参与同一活动，学习同一内容，尽量达到统一的目标要求。

（2）面向全体学前儿童，易于进行统一指导

在集体科学教育活动中，每一名学前儿童都要学习统一确定的科学教育内容，从而掌握相关知识、获得相关技能等，这对于提高科学教育教学效率是有积极意义的。考虑到我国幼儿园实际的师生比的情况，集体教育活动的组织形式易于教师进行统一的、直接的指导。

3. 集体科学教育活动的价值

集体科学教育活动有其突出特点，它是一种传统的教育模式，也是我国幼儿园普遍采用的活动类型。目前，我国幼儿园条件有限，教师少、幼儿多。因此集体科学教育活动是一种适合我国国情的高效的科学活动类型。集体科学教育活动对于学前儿童学习科学同样具有重要的价值，主要表现在以下几个方面。

（1）面向全体幼儿，尽量保证每个幼儿获得基本的科学知识和方法技能

由于幼儿个人的经验范围有很大的差异，因此，要求每个幼儿自主探索很难保证都获得基本的科学知识和方法技能。集体科学教育活动正是从这一点出发，由教师选择和设计集体教育活动，在广泛的科学内容中，选择一些基本的、具有代表性的知识提供给幼儿学习。这些活动要求每一名学前儿童都参加，从而保证每一名学前儿童都能学习基本的科学知识和方法技能。

（2）教师的直接指导提高了幼儿的学习效率

在集体科学教育活动中，学前儿童的科学探索是在教师的直接指导下进行的，这样可以保证学前儿童能够在较短的时间限制内，较快地掌握基本的科学知识和方法技能，而不至于走弯路。可以说，在教师的直接指导下进行的学习是一种高效率的学习方式。

（3）集体教育的形式有助于幼儿之间相互交流、启发和学习

集体科学教育活动为学前儿童提供了一种特定的学习氛围，学前儿童在和同伴的相互交流和启发中，不但可以共同学习，还能共同分享学习所带来的乐趣和情绪体验，有利于学前儿童形成良好的集体学习习惯，如合作、倾听别人的意见、讨论等。这是学前儿童其他学习活动所不能替代的。

范例 4-8

大班科学活动：自然测量

活动目标：

1）能选择自然物测量物品的长度，初步掌握“首尾相接”的基本测量方法。

4.2.2

2）知道量具的长短与测量的结果有关，体验测量活动带来的乐趣与成就感。

活动准备：

1）测量工具（各种小棍、尺子、绳子等）、笔、记录纸等。

2）记录表：标明测量物体、测量工具与数据。

活动建议：

1）教师通过组织幼儿讨论自己的身高、体重引出课题，知道测量要借助于工具。

2）请幼儿以组为单位测量桌子的长度，初步探索自然测量的基本方法。

① 请幼儿讨论，除了尺子还可以用哪些工具进行测量，引导幼儿说出各种自然测量工具，如小棍、绳子、手掌、脚步、书本等。

② 幼儿自由选择用绳子、小棒、铅笔等工具测量桌子的长度，并做好记录。

教师提醒幼儿将测量工具与测量的结果记好。观察幼儿的测量方法是否正确，并指导幼儿与同伴合作。

③ 请多名幼儿演示不同的测量方法，师生讨论哪种方法测出的结果更准确。

3）教师示范演示首尾相接测量法，引导幼儿掌握其中的要领。

① 重点请运用首尾相接方法测量的幼儿演示测量过程，讨论：为什么量了一次后要用手按住这个点，然后移动小棍从这个点开始继续测量？

② 教师讲解，示范正确的测量方法，强调幼儿在测量过程中容易出现的问题。用小棍测量时，小棍的头和尾部要相接，不能有空，沿直线测量，记住总数；用绳子测量时，要将绳子拉直，做上标记等。

4）请幼儿反思刚才本组测量的方法是否正确，运用正确的测量方法进行二次测量。

对用不同工具测量出的结果进行比较，引导幼儿发现：量具的长短与测量的结果有关，量具越长（或大）分布测量的次数越大；量具越短（或小）分布测量的次数越多。

活动延伸：

1）请幼儿借助自然测量工具去测量环境中的其他事物。

2）进一步巩固首尾相接的测量方法，探索多种可以测量的工具。

（二）区域活动

1．科学区域活动的含义

区域活动是指教师从幼儿的需要、兴趣出发，融合教育目标和正在进行的各种教育活动的要求，将活动场地划分为若干不同的区域，如阅读区、表演区、自然角、科学活动区和专门的活动室等，在其中投放各类活动材料，制定相应的活动规则，让幼儿自由选择活动，在不同的区域内幼儿通过与材料、环境及同伴的相互作用，进行个性化的学习并获得发展的一类教育活动。区域活动是幼儿进行个性化的学习，并获得发展的教育活动，是一种幼儿自主探索的活动、自主操作的活动，也是一种教师成为隐性要素的活动。科学区域活动，一般是指在自然角、科学活动区或专门的科学活动室中组织的科学教育活动。

2. 科学区域活动的特点

（1）幼儿自由自主

在区域科学教育活动中，幼儿完全可以在其中寻找适合自己的问题情境，按照自己的意愿参加小组或个人的探索活动，自主地决定活动的内容和方式，不用关注教师的态度，其自尊和安全的需要得到满足。它是一种宽松的共同学习或个人学习的活动。

区域科学教育活动更强调一种个性化的学习方式，而非接收式的学习。它是将学习的目标和内容以活动材料的方式呈现给幼儿，让幼儿自主选择材料，对操作材料的摆弄时间、速度、次数都由幼儿自己决定。幼儿在整个学习活动中都有一种主人翁的感受，他们通过对各种材料的操作摆弄完成动作的内化，获取相关的学习经验，发展认识结构，提高发现问题、解决问题的能力，以自己的方式向教师设定的学习目标迈进。

（2）教师隐性指导

《纲要》中指出“教师应成为幼儿学习活动的支持者、合作者、引导者”。在区域科学教育活动中，教师成了隐性要素，由过去的显性地位退居到隐性地位。教师成为活动的观察者和间接的指导者，教育的要求不再由教师直接向幼儿提出，也就是说，将教师的指导隐藏在活动材料的设计之中，而较少有直接的言语指导。教师基本上不干预幼儿的操作，只是在幼儿遇到困难，需要帮助时给予一定的引导，或者是在不遵守活动区规则、妨碍了他人活动、可能发生危险的情况下给予必要的指导。

（3）以材料为中心

区域活动不像集体活动那样，围绕一个教学目标，把全部幼儿集中于同样的活动内容之中，而是将学习的目标和内容以活动材料的方式呈现给幼儿，幼儿在与材料相互作用的过程中，以自己的方式向教师设定的学习目标迈进。区域活动不需要具体的活动过程的设计，但是教师在设计和提供材料时要充分考虑到这些材料可以使幼儿获得哪些学习经验。

3. 科学区域活动的价值

（1）能激发幼儿对科学的兴趣和自主学习的能力

学前儿童好奇、好动，喜欢探索周围环境中的事物，喜欢自己动手摆弄东西。区域性科学教育活动符合学前儿童探索的特点，为他们自由、自主探索和学习创造了良好的条件，让他们自己去发现一些有趣的现象，从而激发他们对科学的兴趣。

同时，教师还可以支持、引导学前儿童根据自己的需要和兴趣，主动建构自己对周围环境的认识与理解，不断提高自主学习能力。

（2）尊重幼儿的个别差异，有利于幼儿个性的发展

幼儿之间的天资、个性、生活环境等方面存在着诸多差异，由此形成了不同的学习方式和兴趣点。在区域性科学教育活动中，教师可以向各个区域投放不同层次、不同类别的活动材料，从而照顾学前儿童的个体差异，满足他们不同发展阶段、不同兴趣爱好的需要，从而能够因材施教，促进学前儿童个性的发展。

4.2.3

范例 4-9

科学区域活动：小灯泡亮起来

活动目标：

探索让小灯泡亮起来的方法。

活动材料：

各种型号的干电池若干，电线，小灯泡。

活动建议：

请幼儿操作材料，探索让小灯泡亮起来的方法。教师重点关注能力弱的幼儿，尽量帮助他们体验到成功感。

（三）科学游戏

1. 科学游戏的含义

科学游戏是科学教育的途径之一，它是指运用自然物质材料和有关图片、玩具等物品，进行带有游戏性质的操作活动，是对幼儿进行科学教育的有效方法。科学游戏主要是将科学教育的目标寓于游戏之中，幼儿通过参与有一定规则的、有趣的玩耍和操作活动，获得相关的科学经验，复习巩固所学的科学知识，激发好奇心和探究欲望，发展观察力和思维能力等。

2. 科学游戏的特点

1）内部动机。游戏完全是幼儿自主选择参与的活动。幼儿都是出于其内在的动机而参与到游戏中的，常常是“为玩而玩”。

2）自我控制。在游戏过程中，幼儿也完全是自主的。幼儿可以自己决定自己的活动方式以及何时中止游戏。

3）心理愉悦。幼儿在游戏中应该伴随着积极的情绪体验，应该能感受到游戏是“好玩”的。

4）重复动作。幼儿在游戏中的操作往往不是尝试性的、探索性的，而是重复性的动作，而且幼儿常常满足于简单的重复之中。

3. 科学游戏的价值

（1）科学游戏让幼儿成为活动的主人，在自由的心态中学习科学

正由于游戏是一种建立在内在动机基础上的活动，而游戏的过程也具有好多的内部控制特征，这就在最大程度上保证了幼儿学习的自主性。幼儿在科学游戏中可以随心所欲地行动，可以完全按照自己的想法来游戏。

这里需要指出的是，有很多科学游戏属于规则游戏。幼儿在参与这些规则游戏时，也许就不能“随心所欲”，而要接受规则的约束，否则就要被其他的游戏者所排斥。在这种情况下，尽管幼儿的“自由”受到了一定的限制，但是却换取了幼儿更多的游戏权

利，而这一切都是幼儿自主的行为。因此，我们并不认为幼儿在规则游戏中是不自由的、不自主的，相反，规则游戏更能促进幼儿的自主性发展。

（2）科学游戏让幼儿在“玩中学”，在愉悦的心态中学习科学

心理愉悦是游戏的一个重要因素，在幼儿的科学游戏中也不例外。幼儿投身于科学游戏的最主要动因就是“好玩”，或是新颖的游戏材料吸引了幼儿的注意，或是游戏中伴随着有趣的现象引起了幼儿的兴趣，或者游戏的方法能满足幼儿动手操作或交往的需要……总之，科学游戏能够让幼儿在一种愉悦的心态中学习科学。

（3）科学游戏让幼儿保持必要的“张力”，在轻松的心态中学习科学

幼儿的游戏行为通常表现为重复性的操作和摆弄，这对于成人来说，也许是没有意义的，但是对幼儿来说却是一种必要的联系，因为这种重复能使幼儿从中积累科学经验。而且，幼儿的重复操作也并不完全是简单的重复，也就是说，幼儿在游戏过程中，并不是一味地在“玩”，重复中也包含着一些尝试性的操作，甚至还会孕育出探索性的行为。所以说，幼儿的科学游戏存在于游戏和探索之间。我们无法绝对区分这两种活动，因为幼儿总是不断地游离于同化和顺应这两极之间。纯粹的同化是没有意义的，而纯粹的顺应也是无法实现的，它们之间必须保持着必要的张力。而游戏的价值正在于，它能够使幼儿在一种轻松没有压力的状态之下学习科学，幼儿丝毫不会感觉到学习的负担。这种学习状态完全不同于有明确问题指向的科学探索，但却是科学探索活动的前提保证和必要补充。游戏状态类似于科学探索中的“瞎忙”状态，尽管是一种无目的的状态，却往往是科学问题的孕育者，它使幼儿在一种轻松的状态中走向科学探索之路。

范例 4-10

科学小游戏：吹回来的乒乓球

活动材料：

乒乓球一个，玻璃杯两个，长方形木块积木一个，正方形木块积木一个，塑料固定带 50 厘米，双面胶或小钉子等。

活动过程：

把两块积木平放叠起，用双面胶把正方形积木固定在长方形积木的中间处。把两个玻璃杯口对口倾斜靠在积木上（杯口放在正方形积木上，杯底放在长方形积木上，使其呈杯口高、杯底低状倾斜），再用塑料带子把玻璃杯固定在长方形积木上。杯口与杯口之间留 5～10 厘米距离，中间放个乒乓球。

玩法与评析：

小朋友在杯子一头对着乒乓球吹气，要把乒乓球吹进一侧的杯子里，但是恰恰相反，乒乓球会自己跑向另一侧相反方向的杯子里。一般情况下，我们把物体朝一个方向吹，物体就会随着气流的方向向前移动。但是这个科学游戏却相反，究竟是怎么回事呢？原来，杯口对杯口会形成空气回流，根据空气回流的原理，乒乓球就会朝吹气气流相反的方向移动。这个游戏可以引导幼儿探索发现空气的流动变化，通过吹气时所出现的不同现象，理解空气回流的原理。

4.2.4

二、渗透的科学教育活动

渗透的科学教育活动反映了“整合”的教育理念。幼儿作为一个正在迅速成长发展中的个体，其身心发展与学习特点决定了幼儿教育必须是整体性的教育。幼儿心理发展水平决定了幼儿对事物的理解往往是粗浅的、表面的，他们概括能力弱，对其进行教育不宜太过分化。同时，他们又是通过生活和不同的活动来学习的，而生活活动具有丰富多彩和综合性的特点，渗透着多个领域的学习内容，涵盖多方面的教育价值。渗透的科学教育活动主要体现在以下几个方面。

（一）一日生活中的科学渗透

陶行知先生说“生活即教育，社会即学校”。生活是一切活动的载体，也是学前儿童科学教育的载体。幼儿园一日生活的科学渗透是指将科学教育融入幼儿园一日生活，最重要的特征是和生活紧密接触，是一种非正规的科学教育活动，它体现在丰富多彩的生活中，体现在幼儿的生活中和幼儿的身边。首先，从时间跨度上看，涵盖了幼儿在园的全部时间。从早上入园到下午离园，包含了早饭、午饭、午睡、如厕、集体活动、区域活动，甚至一日活动的转换环节等。其次，从教师的角度上看，科学教育活动的内容，蕴含在幼儿生活之中。它可以发生在幼儿在园的诸多日常生活事件中，如上下楼梯、如厕、喝水、盥洗、就餐、散步、午睡、游戏等。最后，从组织形式上看，日常生活中的科学教育形式灵活多样，既可以是全班共同参与，也可以是部分幼儿进行，还可以是幼儿三三两两自由结伴组合的形式。

一日生活中的科学渗透具有以下特点。

1. 经常性

经常性是指一日生活中的科学教育活动在日常生活中经常发生。除了正规的教学活动时间之外，幼儿在幼儿园的其他时间中都可能发生。例如，幼儿晨练时间、区角自由活动时间、户外散步时间、生活起居时间、游戏时间……在日常生活中，幼儿自然而然地、不知不觉地学习科学，没有压力地学习科学，获得有关科学的经验。

2. 真实性

真实性是指一日生活中的科学教育所要解决的问题是幼儿生活中真实的、有意义的问题，它不是教师创设出来的一种教学情境。幼儿对解决生活中遇到的科学问题具有很强的内驱力，幼儿的探究欲望很强，教师可以利用这一点，开展日常生活中的科学教育，引导幼儿获得有用的科学经验。例如，洗手是幼儿日常生活中的真实活动，幼儿可以感知水的特性，探究肥皂起泡泡的原因等。

3. 灵活性

灵活性是指一日生活中的科学教育的组织形式灵活，可以是集体活动，也可以是生活中某个时段、某类事件中的教师与幼儿一对一的个别进行或与部分幼儿进行的活动。这要求教师善于观察和了解幼儿，及时给予幼儿需要的科学指导。例如，散步环节，幼儿可以观察树叶的颜色、形状，欣赏树木的季节变化等。

（二）其他学科领域的科学渗透

《指南》明确指出，要注重“领域之间、目标之间的相互渗透和整合，促进幼儿身心全面协调发展，而不应片面追求某一方面或几方面的发展”。在实施学前儿童科学教育时，应加强幼儿园五大领域之间的渗透、联系和整合，使科学教育与其他各领域教育有机联系，促进幼儿全面、协调、健康的发展。

其他学科领域的科学渗透，科学是以一种隐性的方式出现的。我们说“科学无处不在”，不仅说科学的问题和科学探索的过程无所不在，也是说科学认识的对象——自然界的事物和现象无所不在。在科学活动中，我们可以通过显性的、直接的方式认识科学、理解科学；而在语言、文学、艺术等其他学科领域的活动中，我们则通过一种隐含的方式来感受科学，表现科学。

例如，在《听》（闭上眼睛/听小草跳舞的声音/闭上眼睛/听花朵开放的声音/闭上眼睛/听夏天向我们告别的声音）这首诗的字里行间，我们可以感受到秋天到来时自然界发生的悄无声息的变化。通过艺术的语言表达，这些感受就不同于来自科学观察的认识，它被赋予更多的情感色彩。在幼儿仿编的同名诗歌（闭上眼睛/听菊花开放的声音/闭上眼睛/听树叶飘落的声音/闭上眼睛/听踩在树叶上咔嚓咔嚓的声音/闭上眼睛/听秋天向我们轻轻走来的声音）中，我们可以看到：幼儿的想象力、表现力等丝毫不逊于成人。他们通过艺术化的语言表现了自己对秋天的观察和认识，同时也加深了对秋天的感受。

很多儿童文学作品中都会涉及科学方面的知识，而且这些知识通常以隐含的方式巧妙地渗透在作品中。在开展语言文学活动时，教师可以提醒或引导幼儿关注其中蕴含的科学内容，但不宜过于强调，以免损害文学作品本身的意境。

除了语言文学活动外，音乐、美术等艺术活动也常常渗透有关科学教育的内容。同样，当音乐、美术活动的主题涉及相关科学内容时，教师可适当加以提示，以促进幼儿经验的迁移，或鼓励幼儿讲述已有的科学经验，并用艺术手段表现科学经验。例如，在某中班的活动“吹泡泡”中，教师充分运用音乐、美术等艺术形式，调动幼儿已有的科学经验，鼓励幼儿思考自然界中事物之间的关系和联系，并将它们画下来、唱出来。活动的开始是欣赏歌曲《吹泡泡》：“星星是月亮吹出的泡泡，露珠是小草吹出的泡泡，吹呀吹，吹呀吹，我吹的泡泡是一串串欢笑。”接着，教师启发幼儿想象：“还会有什么泡泡呢？会是谁吹的呢？”在轻柔的音乐伴奏下，幼儿自由讲述并用画笔表达自己的想法：音乐是钢琴吹出的泡泡，声音是录音机吹出的泡泡，雨滴是乌云吹出的泡泡，云彩是风儿吹出的泡泡，小草是大地吹出的泡泡，果子是大树吹出的泡泡……活动的最后，幼儿还把自己创作的内容编成歌词开心地唱起来。在这个活动中，幼儿用自己的方式艺术地表达了对事物的理解。

如果我们真的能用渗透的观点来理解幼儿科学教育，我们就会发现，科学其实拥有丰富的含义，而且无处不在。无论我们从事什么学科的教学，我们都会和科学不期而遇。

（三）幼儿园环境的科学渗透

《纲要》指出：“环境是重要的教育资源，应通过环境的创设和利用，有效地促进幼儿的发展。”我国著名教育家陈鹤琴先生指出：“怎样的环境的刺激，得到怎样的印象。”只有能与幼儿相互作用的环境，才能被称得上是有价值的环境，才能成为促进幼儿和谐发展的环境。环境就像一位默默无闻的老师，静静地发挥着其特殊的、潜在的教育作用。那么，怎样才能将环境融入学前儿童科学教育中，成为幼儿不说话的老师，发挥其最佳作用呢？

1. 创设良好的自然环境，让幼儿在自然中感受科学

自然环境提供了天然、有趣、丰富、生动、开放的场所。创造良好的自然环境不仅能发展孩子对环境和天气的适应能力，而且能极大地激发他们对自然界的好奇心和探索欲望。为了使幼儿接触广阔的大自然，还应尽可能地创造幼儿园的微观自然环境。

某幼儿园在院子里种植了各种树木（如梧桐、银杏树、松树等）、花卉（如紫薇、桂花、月季等），真正做到“春有花，夏有荫，秋有果，冬有绿”，让孩子时时在自然的环境中感受科学。通过幼儿园丰富的环境，体验自然科学带给幼儿的快乐，同时，使他们感受到自然界的奇妙，也培养了幼儿的好奇心和探索植物的热情。

2. 创设室内环境，让幼儿在与墙饰的对话中学习科学

对幼儿来说，他们的绝大部分时间是在幼儿园度过的，而在幼儿园更多的时间是在活动室里。因此，墙饰就成为幼儿形影不离的朋友，让幼儿与墙饰对话就显得极为重要。

某幼儿园结合园本教育特色，精心设计了一组与科技有关的墙饰。在大厅里会看到一片蔚蓝色的宇宙空间，有地球、太阳、火星、水星……用可爱的卡通形象告诉幼儿宇宙的奥秘。你知道世界水日是哪天吗？知道 10 月 4 日是什么节日吗？知道地球妈妈的节日么？走进长廊，就会一目了然，问题自然迎刃而解。另外，该幼儿园还让幼儿参与制作了问题画，把孩子们想问的问题画在纸上并挂在了走廊里，通过让孩子们自己参与，使得他们对科技，对探索科技的奥秘产生了很大的兴趣，墙饰真正成为幼儿的老师，与幼儿进行了对话。

3. 为幼儿提供丰富、适宜的操作材料

幼儿的思维与成人相比，有很大的不同，他们主要依赖于具体的动作和表象，从而形成他们的认知结构。所以，幼儿需要通过各种具体的活动来认识事物，学习科学。而丰富的物质材料能刺激幼儿的探索行为，因此，在幼儿园环境中，应当为幼儿创设适合其发展水平，满足其内在需要和兴趣的物质环境，诱发幼儿自主活动，自发探索，以使幼儿自由选择，独立操作，自动练习和自我发展。

某幼儿园结合科学教育活动“种子变变变”，在活动区提供了干、湿各半的黄豆、花生、稻谷以及各种操作工具，如石磨、石臼、积木等，让幼儿探索：如何把黄豆磨成豆浆，是用干的黄豆，还是用浸泡过的黄豆；如何把花生变成花生奶；如何将稻谷去壳；选择哪种工具最好等。幼儿在动手操作、自由探索的过程中，学习的主动性和创造性都得到了极大的发挥。

4. 创造宽松自由的心理环境，使幼儿敢于探索

心理环境是幼儿进行科学探索的前提。幼儿在宽松、和谐的环境气氛中，在心理上

有安全感的环境中，能集中精力去尝试和探索。

首先，学会谅解幼儿的错误与过失。孩子正处在认识世界的初级阶段，出现错误是难免的。其次，幼儿在生活中会有很多的疑问，会提出很多的问题："大海为什么是蓝色的？""直升机为什么能直升直降？""月亮为什么会发光？"……幼儿急切地想知道世界为什么是这样，生活中为什么有这些现象。作为教师，要让孩子真切地感受到老师对他们所提问题的重视。

对幼儿来说，科学就是他们每天所要做的事，幼儿天生具有好奇心，对周围事物环境充满好奇，而环境对于孩子的成长有着潜移默化的影响。教师及家长应将良好的环境引入到孩子们的科学教育活动中，成为孩子们不说话的老师，以最大限度地发挥其教育作用。

三、偶发性的科学教育活动

偶发性的科学教育活动是指在幼儿的周围世界中，突然出现的某一自然科学现象、自然物或者有趣、新奇的科技产品和情景，激发儿童的好奇，导致幼儿自发投入的一种科学探究活动。例如，在带幼儿户外活动时，幼儿突然发现大树下面成群的蚂蚁正在运食物，教师就应该借孩子的兴趣随机进行偶发的科学教育活动，引导幼儿观察蚂蚁的外部特征，通过提问启发幼儿进一步思考"蚂蚁是怎样搬运东西的""蚂蚁如何传递信号"等。再如，教师在组织活动的过程中忽然雷声大作，暴雨倾盆，孩子们纷纷被大雨吸引了，教师应该借此时机，组织孩子观察雨的特征，听听雨落在不同物体上的不同声音，从而引导幼儿探索"雨是怎么形成的"等。

（一）偶发性科学教育活动的特点

1. 科学活动常由偶然的情景引起，教师无法事先估计

一次教学活动中，教师在给孩子讲解梧桐树叶的形状，而某幼儿却发现大树底下有一只西瓜虫。于是，他悄悄地把它捉起来，放在手心上，开始专心地研究起西瓜虫来……像这样的活动，完全是因为生活中偶然发生的事件或者幼儿偶然发现的现象所引发，甚至在活动发生时教师也没有注意到，所以教师事先无法估计和预料，更谈不上进行事先的计划、设计和指导了。

2. 科学的内容广泛，常常是就地取材

因为幼儿日常生活范围的广泛性，幼儿的偶发性科学教育活动内容也是非常广泛的。上至天上的云彩，下至地上的蚂蚁，都会成为幼儿探索的对象。而且，他们探索的材料也常常是就地取材，根据当时的情景和能够取得的材料进行探索，而不可能预先准备活动材料。

3. 活动的时间地点不定，随机性强

偶发性科学教育活动可能发生在幼儿一日生活的任何时间、任何地点和场所。它既可能发生在教室里的自然角中，也可能发生在幼儿园的大树底下……比如，某一幼儿早上来园后，忽然发现自然角里饲养的小蝌蚪变了，这一发现激起了他的好奇心，进而更仔细地观察和探索，最后终于搞清楚，原来小蝌蚪长出腿来了。这就是在一日生活中的

4.2.8

偶发性科学活动，类似这样的活动，随时随地都有可能发生。

4. 活动过程多样、多变，容易受外界因素干扰

偶发性科学活动就其形式而言，可以是观察、摆弄、操作等，可以是一个人独自探索，也可以是三三两两的共同探究。但活动的过程具有很大的不确定性，很容易受到外界因素的干扰和影响。偶发性科学活动常常是自生自灭，既容易发生，也容易消失。当外界环境中出现某种诱因时，便会诱发活动，当诱因消失时，活动也容易随之结束。此外，活动还容易受到成人态度的影响，成人的干预往往也会导致活动的中断。

5. 活动的主体具有强烈的内在探索动机

由于偶发性科学活动不是由教师设计和提供的，而是幼儿自己发起的活动，所以并不是在所有幼儿身上都会经常发生。一般来说，偶发性科学活动的主体都具有强烈的内在探索动机，他们表现为好奇心强烈，对周围世界中的事物敏感性高，好奇、好问、好探索。所以，偶发性科学活动完全是在幼儿的内在探索动机的驱使下而发生和发展的。这也是它不同于其他科学活动的特点之一。

（二）偶发性科学教育活动的作用

尽管偶发性科学教育活动不是教师专门计划、设计和组织的活动，但也不可忽视它的价值。作为在幼儿日常生活中经常出现的科学活动，它对于幼儿学科学具有独特的作用。

1. 能满足幼儿探索周围世界的好奇心

偶发性科学教育活动是在幼儿内在的好奇心激发下而发生的。而在偶发性科学教育活动的过程中，幼儿的好奇心也得到了强化和充分满足。正由于偶发性科学教育活动常常是一种处于自发状态的活动，幼儿没有成人注视下的拘束，可以按照自己的愿望行事，使他们的探索欲望和动机得到充分满足。

2. 能有效拓展幼儿学科学的时间、空间及学习内容的范围

由于偶发性科学教育活动是在日常生活中随时随地发生的，这样，便充分地利用了幼儿生活中的随机事件和周围环境的条件，使幼儿学科学活动的内容渗透到幼儿的一日生活中。同时，幼儿学科学的内容范围也拓展到幼儿的全部生活，而不限于教师设计和提供的那些内容了。

3. 能培养幼儿对世界的敏感和关注

幼儿在偶发性科学教育活动中，不仅可以获得生动、具体的科学经验，更能形成对周围世界的敏感和关注。由于偶发性科学教育活动是幼儿自己发起的活动，在活动中幼儿的主动性、积极性特强，探索兴趣特浓，持续的时间特长，给幼儿留下的印象也特深刻，他们在直接探索大自然的活动中得到满足，同时也促使他们更加关注周围世界、探索周围世界，增进和大自然的亲近感。

4. 有利于具有科学潜能的幼儿的进一步发展

很多科学家的轶事记载都向我们描述了他们在童年时期对大自然的强烈好奇和探

索欲望。实践也证明那些具有科学潜能的幼儿，往往对周围世界显示出强烈的好奇心，对自然现象会有浓厚的兴趣。他们喜欢提出别人不会提出的问题，并且自己想办法解决问题，他们会注意别人不会注意的事物，并且会发现很多有趣的细节，他们会专心致志地投入到探索周围世界的活动中去，而不受他人的干扰。偶发性科学活动正是这些幼儿的科学潜能的具体表现。教师如果仔细地观察幼儿的偶发性科学活动，不仅可以发现和鉴别这些具有科学潜能的幼儿，还可以为他们的进一步发展提供更好的条件。

（三）偶发性科学教育活动的指导

鉴于偶发性科学教育活动的特殊性，我们认为偶发性科学教育活动的指导要求包括以下几点。

1. 观察、发现、了解

偶发性科学教育活动往往发生在不起眼的时间和地点，而且往往是不易发觉地进行着。这就需要教师具有这样的心理准备：随时随地关注幼儿平时的一切活动，观察、了解他们在干什么、说什么，特别是当某一个幼儿单独待在某个地方，或者几个幼儿聚在一起，而对外界其他的事物“漠不关心”时，也许这正是偶发性科学活动出现之时，教师就应予以特别的关注。

教师发现了幼儿的偶发性科学活动，不必急于参与其中，因为这样会惊扰幼儿。教师应该深入地了解他们的具体情况，在仔细观察幼儿行为的基础上，表现出惊奇，使幼儿知道老师也对此感兴趣。继而对观察到的幼儿的探索行为提出启发性的问题，做出针对性的引导。同样，如果某个幼儿兴冲冲地跑来向教师报告某某地方发生了什么“重要事件”，教师也要耐心地倾听，并随着幼儿到“事件”发生的地点实地了解情况，以便做出正确的判断。

2. 热情支持

教师在充分了解了幼儿的行为，并判定这是幼儿的偶发性科学活动之后，就应该热情地支持幼儿的行为。比如，咨询幼儿有什么困难，帮助他们解决困难；对于幼儿提出的问题，也积极地鼓励他们继续探索，自己寻求答案；如果幼儿提出一些合理的要求，也尽量予以满足；当活动难以深入发展时，教师可以适当介入，使其继续开展下去；当幼儿发生争吵时，教师可以帮助幼儿通过协商解决；当幼儿有了成功的发现时，教师要给予肯定和表扬；当幼儿表现出一些出格的行为时，教师也要予以谅解。

3. 适当引导

教师在支持幼儿的探索活动的同时，还可以加以适当引导，以帮助幼儿发现其中蕴含的科学道理。比如，幼儿发现天空中有很多蜻蜓在飞，都非常感兴趣，教师则有意识地引导幼儿讨论：为什么会出现这么多的蜻蜓？帮助幼儿理解蜻蜓低飞和天气的关系。

教师的引导应适度，不能把幼儿的偶发性科学活动变成教师讲科学的活动，而应以幼儿自己的探索为主。如果教师将幼儿探索的内容延伸到教室里继续进行，或者就此内容组织一次专门的教学活动，这样的引导，不仅使幼儿获得了丰富的科学经验，更重要的是让幼儿的好奇心得到满足，并且体验到成功和欢乐，使幼儿天生的科学火花迸发出更绚丽的光彩。

同步训练

一、思考训练

1．什么是观察？幼儿园常用的观察类型有几种？各适用于哪个年龄段？

2．简述实验法的特点及价值。

3．学前儿童科学教育活动的途径有哪些？如何在一日生活中渗透科学教育？

4．如何使环境成为“不说话的老师”？

5．偶发性的科学教育活动的特点是什么？应怎样进行指导？

二、实践训练

1．观察幼儿园室外及室内环境创设，并简述其作用或教育意义。

2．观察幼儿园见习班级的老师如何在一日生活中渗透科学教育。

第五章
集体教育活动的设计与指导

学习与能力目标

1. 熟悉幼儿园集体科学教育活动基本结构。
2. 掌握幼儿园集体科学教育活动设计的基本步骤和方法。
3. 掌握幼儿园集体科学教育活动目标设计的基本要求。
4. 具备组织和指导幼儿园集体教育活动的基本能力。

知识结构图

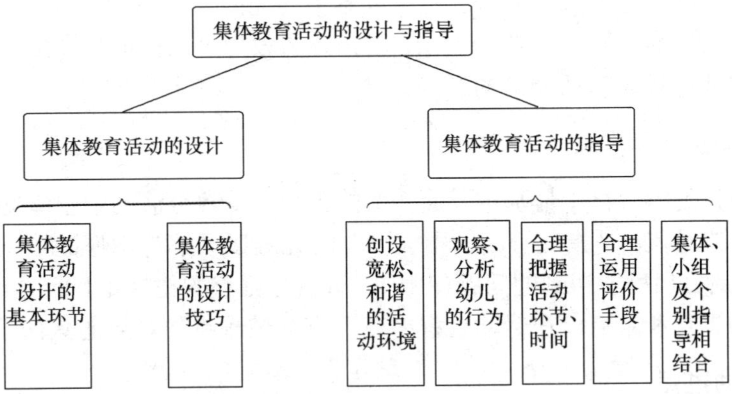

幼儿园集体科学教育活动是面向全体幼儿的、统一的集体活动，是学前儿童科学教育最普遍的活动形式之一，尽管集体教育活动有其自身的局限性，但从当前幼儿园教育实践看，仍然是幼儿园最普遍的教育活动形式，而且在今后相当长的时间内还将继续存在下去。因此，对于学前教育专业的学生、未来的幼儿园教师来说，掌握幼儿园集体科学教育活动的有关理论知识和基本设计能力是非常必要的。集体科学教育活动属于正规的科学教育活动，有关概念和基本知识在第四章中已经作了详细介绍，本章将重点介绍集体科学教育活动的设计与活动指导。

5.1.1

第一节 集体教育活动的设计

一、集体教育活动设计的基本环节

（一）活动名称

活动名称或题目是一个活动的纲领，揭示了其教育内容。一般由适用年龄班、领域名称或课程种类、课题名称三部分组成，如小班科学活动“认识西红柿”。

（二）活动目标

活动目标是整个教育活动的核心，也是活动的起点和归宿。目标的制定应本着使学前儿童在科学教育活动中获得认知、能力、情感等多方面发展的原则。关于目标的制定后面还将详细说明，在此不再赘述。

（三）活动准备

活动准备是教学活动设计必备的环节之一，主要包括经验准备和物质准备。物质准备指活动所需要的教具、学具等，可以由教师根据教学目标和内容自行准备，也可以由家长和幼儿参与配合教师共同完成。经验准备指幼儿的知识经验准备。一方面教师可以根据本班幼儿的已有经验进行活动设计，另一方面教师可以提前将完成活动所必需的一些经验教给幼儿，以做好活动前的经验铺垫。

（四）活动重点和难点

所谓重点，是指教材中最基本、最主要的内容，是教育活动中全体幼儿都要掌握的关键经验。所谓难点，是指教育活动中大部分幼儿难以理解与掌握的知识或不易掌握的技能，也是达到目标可能遇到的问题和困难。重点与难点的把握是目标达成的核心环节，制定了活动的重点和难点，在活动过程中就要有突破重点与难点的具体策略。

（五）活动过程

活动过程是教育活动的主要环节，是实现教育目标的重点环节。活动过程主要包括导入部分、基本部分、结束及延伸部分。其中，基本部分是实施教育策略、完成教育目标的重点部分，约占整个过程的2/3，导入、结束及延伸部分约占1/3。

1）活动过程要有清晰的教学主线，环环相扣、重点突出、层层递进地展开教学活动。

2）活动过程表述主语统一为教师。体现教师的主导性，教师是组织者、指导者，是活动方案的使用者，因此要以教师为主语表述。

3）活动过程表述语言多为陈述句，尽量不要使用师生对话的形式贯穿全文。

4）活动过程中教师行为表述用词需要特别注意。应多使用“请、帮助、鼓励、引导、启发”等行为词，强调幼儿的主体性，体现幼儿为活动主体，教师是幼儿学习的辅助者、引导者。

（六）活动反思

教育活动反思，是指教师在教育活动实践后，通过回顾自己的教育活动过程，对教育活动的目的、教育行为的后果、背景以及教育方法等问题进行多角度分析，对相关信息进行评估，不断改进自己的工作并形成理性的认识，从而实现自我专业发展的目标。对教学活动进行反思，能帮助教师自觉寻找到教育教学活动中的优点和问题，思考解决的方法和途径，从而提升专业能力，切实提高教学活动的质量。

教学反思的内容很多，可以从以下几方面来撰写教学反思。

1. 反思教育活动中的“亮点”

教师在教育活动中反思认为是成功的做法、有效的策略，如巧妙地导入、突破难点的方法、师幼合作的过程等，将它们记录下来，供以后教育活动参考使用。

2. 反思教育活动中的“败笔”

再完善的教育活动设计也有疏漏和失误之处，更何况这种设计还需要在具体的情境中来完成，所以“败笔”是难免的，如不恰当的情景导入、不成功的示范、不妥的教学内容、处理不当的重点难点等。将这些不当之处记录下来，并对其原因进行反思分析与探究，包括主观的和客观的原因，成为以后教育活动实施的教训。

3. 反思教育活动中的“偶得”

教育活动过程中，随着教育活动内容的展开，师幼的思维发展及情感交流的融洽，往往会因为一些偶发事件而产生瞬间灵感，这些智慧的闪光点往往是“突如其来，突然而逝，不由自主”的，把它记录下来，作为深层探究的课题。

4. 课后重写教育活动设计

活动结束后，应回顾一下整个活动开展的全部进程，思考本活动探索出哪些教学规律；教法、学法上有何创新；启发幼儿思维有何新招；重点及难点的突破与分散是否得当；活动过程是否有层次感、有梯度；活动是否面向全体幼儿等。再次梳理之后进行必要的分类与取舍，考虑一下再开展本活动时应该如何去做，写出新的教学设计，把自己的教学水平上升到一个新的境界与高度。

二、集体教育活动的设计技巧

（一）活动目标的设计

活动课题选定后，接下来就要考虑活动目标的设计了。具体活动目标的设计，既要遵循幼儿身心发展规律，又要符合学前儿童科学教育总目标及年龄阶段目标的要求。在进行具体活动目标设计时，应该注意以下几点。

1. 目标涵盖要全面，体现三维性

在前述目标分析时，将科学教育总目标概括为知识经验、方法能力、情感态度 3 个方面，亦可简称为认知、能力、情感三维目标。要想贯彻落实总目标所涵盖的目标成分，就要在具体活动中充分体现这 3 个方面，方能实现幼儿科学素养的培养。

知识经验是指科学经验的获得、初级科学概念的学习，包括通过活动，使幼儿获得哪些经验，形成哪些初级科学概念。例如，通过活动，能使幼儿了解动物的种类、外形特征和生活习性及与人类的关系等。方法能力是指在科学探究活动中，幼儿哪些能力得到发展，形成哪些技能，掌握哪些方法。例如，培养幼儿的观察能力、动手操作能力、用语言、图画、数字、符号等表达自己的观察结果的能力等。情感态度及个性品质的培养方面，如培养幼儿关爱小动物的情感、对科学小实验的兴趣、关爱环境的情感等。

范例 5-1

大班科学活动：手电筒亮起来（活动目标的设计）

活动目标：

1）喜欢操作、摆弄手电筒，能想办法让手电筒亮起来。

2）认识电池的正负两极，了解电池正负相连可以使手电筒亮起来的道理。

评析：

活动目标的设定中，情感、能力、知识的三维目标并不是一一对应的，而是体现综合性。本活动目标体现的就是综合的三维目标。目标 1）体现了情感目标和能力目标的融合，目标 2）体现了知识目标和能力目标的融合。

当然，并不是每一次活动的目标都必须包含 3 个维度，每一个活动目标可以有所侧重，但不能偏废。一般来说，每个具体活动的目标以 2～3 个为宜，每个目标可指向一个维度，亦可涵盖其他维度。

2. 避免过大过空，具备可操作性

过大过空的目标缺乏可操作性，也就失去了目标，细小微观的目标让人一看便知，幼儿通过活动能具体获得什么经验，掌握什么方法，锻炼什么能力，激发什么情感等。所以，我们在制定教学活动目标时，要对教材和幼儿分析透彻，使活动目标具有可操作性。例如，“激发幼儿学科学的兴趣”这一目标的表述就不够具体，而如果是“激发幼儿观察小动物的兴趣”，就具有很强的操作性。

范例 5-2

大班科学活动：神奇的中草药（活动目标的设计）

活动目标：

1）知道菊花、枸杞、胖大海等几种生活中常见中草药的名称和特征，简单了解它们的保健、治病作用。

2）观察并说出中草药的神奇，尝试根据药方简单配药、泡药、尝药。

3）感受中草药的神奇，以及与人们健康生活的关系，萌发幼儿对中草药的兴趣。

评析：

“神奇的中草药”可以从多角度设计活动，本活动目标将中草药聚焦到了菊花、枸杞、胖大海等几种常见的中草药上，从活动中我们可以推测出活动的大体内容和活动重点，体现了目标设计的可操作性。

3. 紧扣具体活动内容，具有针对性

一次教学活动只是实现科学教育总目标漫长过程中的一步，不同的活动内容，对幼儿发展所起的作用也不同，这就要求教师在进行目标设计时，要紧扣活动主题和内容，从目标中体现出该活动内容的特色。也就是说，某一活动的目标只适用于该活动，放在其他活动中就不一定合适。

范例 5-3

小班科学活动：用树叶吹泡泡（活动目标的设计）

活动目标：

1）建立有洞洞的材料就能吹出泡泡的感知。

2）学习使用工具在树叶上打孔，使用树叶吹出泡泡。

3）体验自制材料吹出泡泡的快乐。

评析：

教师在进行目标设计时紧扣了活动主题内容，目标中始终紧扣“树叶”“吹泡泡”，使活动目标显得非常具体、易操作，目标的体现只适用于该活动，是其他活动目标无法替代的。

4. 把握幼儿年龄特点，要有层次性

由于年龄差异，幼儿在具体活动中呈现出诸多不同表现。这就要求在具体制定活动目标时应根据教学对象的实际发展水平、特点来设计，以满足不同年龄幼儿发展的需要。《指南》中不同年龄段幼儿的典型表现，就充分体现了对不同年龄层次的基本要求和导向。例如，“对感兴趣的事物能仔细观察，发现其明显特征”；“能对事物或现象进行观察比较，发现其相同与不同”；“能通过观察、比较与分析，发现并描述不同种类物体的特征或某个事物前后的变化”。这 3 种描述分别针对 3 个不同层次年龄班，随着年龄段的增长呈现出一定的递进性。

范例 5-4

中班科学活动：吹泡泡（活动目标的设计）

活动目标：

1）探索各种吹泡泡的工具，了解有小洞和间隙的材料能吹出泡泡。

5.1.3

2）尝试改变物体的形状，自制吹泡泡的工具。

3）体验吹泡泡的乐趣。

评析：

吹泡泡这一活动在小、中、大不同的年龄段都可以开展，关键是活动目标的确定。本活动聚焦在吹泡泡的工具上，符合中班幼儿的兴趣、特点和能力，又具有可操作性和变化性。

此活动的核心目标有两个：一是探索各种吹泡泡的工具，了解有小洞和间隙的材料能吹出泡泡；二是尝试改变物体的形状，自制吹泡泡的工具。这两个目标之间具有密切的逻辑关系，后面的目标的实现依赖前面的目标，是前面的目标的迁移运用，体现的是幼儿运用知识和经验解决问题的能力。

5. 关注个体差异及过程变化，体现灵活性

由于幼儿的个体差异和活动过程的千变万化，教师预先设计的目标还应具有一定的灵活性，以适应每个幼儿的个体差异和活动过程可能出现的变化。例如，“要求幼儿能够按照自己的方法给叶子分类”，“让幼儿按照自己喜欢的方式记录黄豆发芽的生长过程”等。这样的目标就具有一定的包容性和灵活性，无论能力强还是能力弱的幼儿都能适应。

范例 5-5

大班科学活动：滚进球门（活动目标的设计）

活动目标：

1）感知薯片桶、易拉罐、纸杯、塑料杯等物体，知道形状不同滚动路线也不同。

2）能利用提供的材料积极探索让弧线滚动的物体变为直线滚动的方法。

6. 活动目标的陈述要简洁、明了、统一、规范

活动目标是整个科学教育活动方案的起始部分，亦是点睛之处。从表述语言上说，只需说明要达到的要求，语言要简短、概括、明确，不可拖泥带水。从表述的方式上说，幼儿园科学教育的目标通常采用“行为目标”的方式来表达。行为目标是具体的可操作的教育活动目标，它指向活动后幼儿所发生的行为变化，常以“学习”“知道”“理解”“发展”“体验”等方式表述。从表述称谓上说，拟定的每条目标应指向幼儿。例如，“发展幼儿什么能力”“促进幼儿什么情感”等，不要一会儿“幼儿”，一会儿“教师”。

教师还应意识到，活动目标不是一个固定不变的框架，而是可以随着活动的开展而变化和调整的。目标是科学活动的行动指南，但不能成为对活动的束缚，所以目标也要具有一定的开放性。这是活动目标设计的一个基本指导思想。

（二）导入环节的设计

导入环节的作用主要体现“导”，导出幼儿的学习积极性，将幼儿的注意力导入活

动课题，意在激发兴趣，明确任务。教师在设计导入活动时，可以考虑以下几种方式。

1. 由材料导入

材料导入适合于通过操作、探索物质材料获得科学发现为主的活动，教师可以直接让幼儿自由地探索这些材料，发现材料的特征，再进一步引导幼儿深入地探索。例如，在“各种各样的木头”这一活动中，可以摆放很多不同形状、不同材质、不同颜色的木头，幼儿见了便忍不住要去摆弄，由对材料的感知自然地就进入了探索的过程。

2. 由指令导入

有些活动对材料的操作有一定的程序和规范，需要有明确的目的和要求，教师可以发出简短的指令或提示，然后幼儿自己操作。例如，在“沉与浮”的活动中，教师可以发出将所提供的材料依次放入水中，看看哪些材料浮起来，哪些沉下去。

3. 由经验导入

有的活动内容是和幼儿的日常生活密切联系的，幼儿已经积累了某些方面的经验知识，教师可以从幼儿的生活经验出发，通过提出问题导入活动，引发兴趣。如在组织“水的三态变化”这一活动中，可以让幼儿回忆生活中的自然现象：雨后地面上的水为什么会变干？水壶里的水开了，你会发现什么？冬天的雪融化后变成了什么？由这些发生在幼儿身边的现象导入活动。

4. 由环境导入

根据活动的内容，教师可以设置相应的环境。可以是自然的环境，例如探索“秋天树木的变化”，可以跟幼儿一起观察幼儿园院子里的树木进行导入。也可以是教师提前预设的环境，然后带领幼儿进入这个环境，由此导入活动。例如，在一个门窗紧闭的屋子内，放入一锅冒着热气的肉汤，幼儿进入这间屋子，纷纷说“好香！好香！”，教师就问大家：“有什么气味，你们怎么知道的？”由此引出用鼻子闻到香味，导入“认识五官”这个主题。

5. 由演示导入

有的探索活动，因为存在一定难度，幼儿自行操作不易发现其中奥妙，可由教师先行演示，发现幼儿的兴趣和探究欲望。例如制作“小小降落伞”，教师可以先演示一个制作的成品的降落过程，以使幼儿感到新奇，激发幼儿对制作小小降落伞的兴趣，从而导入主题。

6. 由文学艺术作品导入

文学艺术作品为幼儿所喜爱，活动的导入阶段也可根据需要利用儿歌、谜语、歌曲等文学艺术作品作为导入的方法。例如，利用谜语“远看像只鸟，近看像只猫，晚上捉老鼠，白天睡大觉”，来导入认识猫头鹰的活动。再如在开展“有趣的磁铁”这一活动时，可以先给小朋友讲一个自编的故事《明明帮奶奶找针》，然后提出问题，启发幼儿思考：光线暗时和针掉到地板缝里时，明明用什么办法把针找到了？通过故事，幼儿都想来玩一玩磁铁，对磁铁的特性产生了很强的好奇心，有了进一步探究的欲望。

（三）展开环节的设计

展开环节是整个活动过程的核心环节，教师要围绕目标如何达成，重点难点如何突破进行整体构思，具体参考如下。

1）整个活动过程大体分为几个环节？（一般为3～5个环节组成，可根据活动达成目标的难易程度，进行适当增减。）

2）围绕目标，每个环节须完成哪些任务？（简要列出纲目性任务内容。）

3）前后环节之间如何过渡？（多以问题导向过渡。）

4）哪个或哪些环节是活动重点，各环节时间应如何分配？（对重点环节从时间分配及安排上应有所侧重。）

5）关注每个环节的问题导向（每个环节提出的问题往往就是要完成的任务）。

6）依据每个环节须完成的任务设计若干步骤。

7）对每个步骤的表述都必须具体、详细、可操作。

（四）结束与延伸环节的设计

幼儿科学教育活动应该在幼儿还未疲劳的时候结束，形式可以是多种多样的。无论是采用哪种形式，教师都应该鼓励幼儿在集体活结束后，继续在科学角、科学活动室或家里进行探究活动。因为集体教学活动是要受时间限制的，一般小班不超过 20 分钟，中班、大班不超过 30～35 分钟。幼儿的探究欲望是无止境的，所以集体性活动的结束应该是开放式的，一般多采用交代任务、鼓励幼儿继续发现的方式结束。以下一些结束方式可以作为参考。

1. 讨论、总结式结束

教师与幼儿一起总结并评价活动以后结束，这是一种最常用的方式。

2. 要求、建议式结束

围绕活动探索的情况，提出进一步的要求或建议，让幼儿在活动结束后继续探索，这样的结束可以使活动继续延伸。

3. 展示作品式结束

制作活动可以以幼儿相互展示自己的制作成品结束，这样没有完成的幼儿也可以在轻松的气氛中得以继续完成。

4. 艺术表达式结束

这一结束方式可以让幼儿充分、自由地表现自己在活动中的发现和感受，体现了科学教育与艺术教育的融合。如科学教育活动“美丽的蝴蝶”的结束环节，可以设计让幼儿自由创作绘画蝴蝶，也可以让幼儿随音乐学蝴蝶翩然起舞。

5. 迁移式结束

教师可以提出一个类似的问题情境，让幼儿用已有的经验去解决，以检验幼儿对新知识的认知水平。

（五）提问的设计

1. 问题的设计原则

在集体科学教育活动过程中，教师主要依靠提出问题来引导幼儿探索。

第一，问题要有针对性，围绕目标和要解决的问题，设在疑问处和关键处。

第二，问题要难易适度，充分考虑幼儿的年龄特点和已有经验。

第三，问题要具有导向性，问题要层层递进，能引导幼儿进一步探索。

第四，问题要具有开放性，问题的答案不是固定的、唯一的，避免限制幼儿的思维。

2. 提问的类型

幼儿园集体教育活动中，教师设计的问题多以开放型问题为主，鉴于问题设计的复杂性，这里将问题设计归结为两大类，即开放型问题和封闭型问题。

开放型问题有着激发幼儿主动探索的作用，其表现形式多种多样，一般来说，比较典型的有以下几种表现形式。

（1）探索性提问

“请你试一试、玩一玩，等一会儿告诉大家，你发现了什么？”“你也来试试，看看会有什么发现？”等，这类问题能够引导幼儿进一步探索、发现。

（2）选择性提问

这类提问就是针对某一个教学内容提出若干解释，让幼儿进行分析鉴别，做出肯定或否定的判断。例如，在讲读本《沙滩上的大鳄鱼》时设计了这样的问题：在小鸟、鲸鱼、青蛙中你觉得鳄鱼会吃了谁？理由是什么？这个提问迅速集中了幼儿的注意力，激发了幼儿的学习兴趣，调动幼儿参与学习活动的积极性。

（3）扩展性提问

“还有什么？”“你还见过什么？”等，这样的问题意在扩展幼儿的经验，把活动的内容与幼儿日常生活中的经验联系起来，引发幼儿回忆并交流各自的经验。

（4）描述性提问

“它是什么样的？”“它像什么？”等，这样的问题能引起幼儿对认识对象、探索对象的特征的描述，每个幼儿都可以从自己的角度描述对象。

（5）比较性提问

“它们一样吗？”“有什么不一样？”等，这类问题能启发幼儿比较不同探索对象或同一探索对象变化前后的异同。例如，在装饰手套中，老师在让孩子观察过装饰前的手套和装饰后的手套后提问：“你能看出这两种手套有什么不同吗？”

（6）假设性提问

假设性提问即启发幼儿想象的提问，如：“如果地球上没有了水，人们怎么办？”“你遇到这种事情，你会怎么办？”等。

有些问题不属于开放型问题，但在特定的场合下也是必需的，如“它是什么？”“它叫什么？”“它们有一个共同的名字叫什么？”等，这类问题属于封闭式问题。如教师需要幼儿认识某一事物或某一类事物的名称时，教师可以提出这样的问题。

范例 5.6

以上所列仅是比较典型的几种类型，总之，问题的设计存在着诸多技巧，尚需在具体实践中探索、挖掘并归类。值得注意的是，在同一个活动过程中，围绕目标的达成，问题的设计要注意其层次性和递进性。

范例 5-6

小班科学活动：会“唱歌”的罐罐

活动目标：

1）乐于探索尝试，知道不同的物品装在罐罐里可能发出不同的声音。

2）会利用不同的材料制作响罐。

活动准备：

糖豆、黄豆、回形针、硬币、红枣、纸、棉花、口香糖罐。

活动过程：

1. 初次玩，产生玩罐罐的兴趣

1）教师出示装了糖豆的口香糖罐，请幼儿摇一摇、玩一玩。

2）教师提问：“有声音吗？什么声音？为什么会有声音呢？”“罐罐里装了一颗糖豆，快倒出来尝尝甜不甜。”“现在还有声音吗？为什么没有声音了？”

小结：原来罐罐里装了东西才可能会有声音。

2. 再次玩，探索罐罐里声音的秘密

1）猜一猜。教师出示 3 个不同颜色的封闭的口香糖罐，向幼儿介绍罐罐里 3 种不同的东西：红枣、黄豆、回形针。然后，教师提出“猜一猜”的任务：先来听听，声音一样吗？猜一猜，里面分别装的是什么？

幼儿操作后，教师梳理并小结：原来罐罐里装了不同的东西发出的声音就可能会不同。

2）做一做。提供黄豆、红枣、回形针、硬币、纸、棉花等辅助材料，请幼儿自选材料制作罐罐。

① 会“唱歌”的罐罐。教师提问那些拿着能够发出声音的罐罐的幼儿：“这是什么声音？里面装的是什么呢？一起看看！”

② 不会“唱歌”的罐罐。教师提问那些拿着不能够发出声音的罐罐的幼儿：“你的罐罐会‘唱歌’吗？为什么不会呢？你往里面装了东西吗？为什么装着棉花就没有声音呢？”（鼓励幼儿大胆说出自己的想法）

小结：棉花很软、很轻，所以我们没听到声音。原来有的东西装在罐罐里能听到声音，有的东西装在罐罐里听不到声音。

3. 进一步玩，激发继续制作响罐的兴趣

1）鼓励幼儿说一说还可以在罐罐里放入什么东西，让它们变成会“唱歌”的罐罐。

2）鼓励幼儿到活动区域中继续尝试把石头、花生、小米、布片、餐巾纸、钥匙等分别放在罐罐里，看是否能制作成会“唱歌”的罐罐。

活动延伸：

教师呈现两个都装了黄豆的罐子，但量不相同。

教师提问：听听它们的声音，一样吗？想不想知道里面是什么？为什么都是黄豆，声音却不同呢？

范例 5-7

中班科学活动：动物气象台

活动目标：

1）了解小花蛇、燕子等动物在下雨前是怎么预报天气的。

2）知道根据动物的特殊表现来判断并预报天气。

3）对动物预报天气产生兴趣，萌发探索天气奥秘的好奇心。

活动准备：

《动物怎样预报天气》视频；搜集有关动物预报天气的资料照片。

活动过程：

1. 谈话导入

提问：今天天气怎样呢?明天的天气怎么样？怎么提前知道天气呢?

小结：天气预报可以提前预报天气情况。

2. 观看视频故事《动物气象台》，了解动物如何预报天气

提问：人有气象员，动物也有气象员。它们是谁呢?它们是怎么预报天气的呢？请小朋友认真听故事《动物气象台》。故事中有哪些小动物？它们是怎样预报天气的？

小结：生活中，有很多的小动物在不同的天气，就会有不同的表现，如果你细心观察，就会发现这些小动物能够早早地给我们预报天气。

3. 游戏“我是小小气象预报员”

游戏玩法：教师戴乌云头饰，表示天要下雨，小朋友自由选择头饰扮演小动物并用肢体语言预报天气。

游戏规则：认清动物头饰，表演时要注意安全；听清老师的要求，快速用正确的方式预报天气。

引导、鼓励幼儿用肢体语言表演小动物预报天气的方法。

4. 拓展幼儿经验，开阔幼儿的视野

1）引导幼儿自由讨论自己知道的动物预报天气的方式。

2）教师出示各种资料照片，请幼儿欣赏并讲述。

范例 5-8

范例 5-8

大班科学活动：好玩的长方体和立方体

活动目标：

1）学习从物体各方位进行观察、寻找线索，发现长方体和正方体的特征及关系。

2）尝试拼搭立体作品，提高三维空间意识。

3）感受生活中的长方体和立方体。

活动准备：

1）教师准备：课件、长方形板、图纸和操作方块。

2）幼儿准备：幼儿携带书包，6人一组。

活动过程：

1. 故事导入，引起幼儿兴趣

讲述故事《消失的爸爸》，帮助故事的主人公根据线索寻找爸爸。

明天是星期天，晚上爸爸很晚时也不知道在给谁打电话，他和我约好了明天要去公园的，难道要去别的地方吗？不行，爸爸无论去哪里我都要跟着一起去。快点睡着吧，这样才能比爸爸起得更早，要他带我去玩。

教师提问：你觉得接下来会发生什么事情？你是怎么知道的？

早上睁开眼睛的瞬间，有一种不好的预感。哦，确实没有看到爸爸，只有桌子上的一张纸条。一定是爸爸在考验我！你们愿意帮我找到爸爸吗？

2. 根据线索寻找答案

1）认识线索图。

① 教师提问：要如何寻找？爸爸留下了一张线索图，图上写着目的地，你知道什么是目的地吗？

② 小结并介绍线索图：目的地就是爸爸要去的地方，而爸爸要去的地方，有三条线索：第一条线索是从上面和下面看到的样子是一个灰色的长方形；第二条线索是从左面和右面看到的样子是一个蓝色的长方形；第三条线索是从前面和后面看到的样子是一个红色的长方形。

教师提问：孩子们，根据这三条线索，你能想象出爸爸到底去了一个什么样子的地方吗？

2）幼儿操作：用平面图形组合成立体图形，发现平面与立体的关系。

① 寻找书包中的第四条线索。

幼儿翻书包找线索，引导幼儿发现手中长方形之间的关系，以及和线索图中长方形的关系。

教师提问：藏在你书包里的线索是什么？请小朋友们相互看一看，你发现你们的长方形之间有什么小秘密吗？它们是做什么用的？

你们发现这些长方形的板子和前3条线索有什么联系吗？

小结并介绍组合要求：你们都发现了秘密，原来这些长方形和前面三条线索里出现的是一样的，并且每种颜色的长方形有两个，这两个长方形一样大。爸爸说，根据前面3条线索，把这些长方形组合起来就是爸爸目的地的样子。开动小脑筋想一想，板子组合到一起是什么样子的？

请幼儿6个人一组，把这些长方形的板子按照前3条线索组合起来，会变成什么呢？快去试试吧。

② 幼儿操作完成长方体搭建。

③ 通过验证初步认识长方体。

根据前面的3个线索来验证一下。

教师提问：它们都由几块长方形板子组成？

小结：像这样由6个长方形围成的封闭立体图形叫作长方体，并且长方体相对的两个面是一样的。

3）在地图中寻找到爸爸所在的建筑。

① 结合生活，找出像长方体的物体。

教师提问：爸爸为什么要把这个长方体作为线索给我们？生活中你还见过哪些物体像长方形？爸爸到底在哪里呢？

小结：爸爸可能是去了一座像是长方体的房子里，可是这里有太多的楼房建筑了，小朋友们你能帮我找到爸爸在的那座建筑吗？

② 打开3D图，教师根据孩子的回答操作。

3. 爸爸的考验

1）爸爸在设计一张图纸，需要用6个相同的正方形来变成一个大的图形，应该怎么办呢？

2）幼儿分组完成正方体的搭建。

小结：像这样由6个正方形围成的封闭立体图形叫作正方体，并且正方体的每个面是一样的。

3）猜猜这个图纸是用来做什么的？

生活中你还见过哪些物体像正方体？爸爸要设计一件什么样的物品呢？

4. 装饰儿童乐园

爸爸的图纸是一座新的儿童乐园，想让小朋友们帮着装饰一下这个儿童乐园。这个儿童乐园还需要有一些长方体和正方体的玩具，请小朋友们自己来设计一下，跟别人说一说。

第二节　集体教育活动的指导

前面我们对集体科学教育活动的结构进行了分析，从选题到目标、材料、过程、结

5.2.1

束及延伸部分的整个过程设计都做了详细介绍。要完成好一个集体科学教育活动的教学任务，完成设计固然重要，但这仅仅是整个实施过程的一部分，而更重要的是如何具体实施好活动过程，达成预期的目标。具体可参照以下几点指导要求。

一、创设宽松、和谐的活动环境

宽松、和谐的活动环境是幼儿学科学的必备条件之一。幼儿在这样的人际氛围中，没有任何压力，愿意尝试各种活动，活动更容易取得成功。创设良好的活动环境可以从以下几方面着手。

1. 信任幼儿，放手让幼儿自主操作、探究

教师要给予幼儿应有的信任，教师的信任对幼儿尤为重要，是培养幼儿自信心的基础，要提供一切可能的机会，放手让幼儿自主操作、自主探究，这样才能使幼儿真正成为活动的主体，有利于幼儿积极性、主动性、创造性的发挥。

2. 减少不必要的规定

在活动中，应尊重幼儿，允许自由表达、自由探究。过多过细的限制，会使幼儿因为害怕违反各种规定而紧张、焦虑，甚至压抑。

3. 包容幼儿的“错误”

受年龄特点的影响和认知水平的限制，幼儿在操作探究过程中，常会出现在成人看来是“错误”的东西，教师要认识到，幼儿当前的“错误”代表幼儿当前的认知水平，是幼儿知识建构的必然过程，教师要学会接纳幼儿的“错误”。

4. 适当参与幼儿活动

在观察的基础上，教师适当参与幼儿活动，能使幼儿感受到亲切感，有利于形成共同学习的气氛。教师通过参与活动，了解幼儿学习状况，与幼儿共同探究问题，共同分享成功的乐趣。

二、观察、分析幼儿的行为

教师的任何指导行为都是建立在对幼儿的观察、分析基础之上的，尤其是集体教育活动，教师面对的幼儿群体人数多，更应细心仔细观察，只有这样，才能获取有关幼儿学习的信息，理解、分析幼儿的行为，具体可参照以下要求。

1. 幼儿的学习情况

幼儿获得了什么经验？通过什么方法、途径获得的？幼儿对材料的操作、运用是否充分？是在自己操作还是与他人合作或等待教师指导？有没有创造性的表现？幼儿在活动过程中有没有遇到困难？

2. 幼儿的情绪表现

幼儿在活动过程中的积极性、主动性如何？情绪表现如何？是兴奋、焦虑、平静，还是得意忘形？以此来推测幼儿的心理活动过程，实施指导策略。

三、合理把握活动环节、时间

一般集体教育活动把握在3～5个环节，时间在15～30分钟之间，具体依据小、中、大不同年龄班而定，超出相应的时间，幼儿学习注意力将得不到保证。如何在有限的时间内实现教育活动目标，具体参考如下。

1. 合理把握各个环节

在先期活动设计的基础上，教师要合理把握重点环节和次要环节，合理分配各环节用时，如遇幼儿兴趣未尽可适当延时，但整个过程尽量不超出整个活动规定时间。

2. 给予幼儿足够的思考时间

教师提问时要给予幼儿足够的等待时间，幼儿表达时要给予充分的思考时间，幼儿讨论时要给予充分的交流时间等。

3. 给予幼儿足够的操作时间

幼儿对材料的感知、操作是一个由表及里、由无目的到有目的的过程，因此教师要给予幼儿充分的操作时间和次数。值得注意的是，重复的操作是必要的，但要在问题导向下为进一步探索奠定基础，避免简单重复。

四、合理运用评价手段

评价贯穿于整个活动过程中，合理评价对完成活动具有一定促进作用，尤其是集体教育活动，更能激发幼儿兴趣，增强自信心。严格来说，评价也是一种指导方式，且评价的方法、内容多种多样。

1. 评价的方法

评价有语言性评价和非语言性评价，教师要多以鼓励性语言、鼓励性的眼神、动作及语气开展积极评价，以增强幼儿的自信心和探究兴趣。

2. 评价的内容

评价的内容包括对幼儿在活动过程中主动参与、专心探究、积极思考、勇于表达以及创造性等良好行为给予充分肯定和鼓励，让幼儿体验到发现和成功的快乐。

五、集体、小组及个别指导相结合

由于幼儿发展的差异性，在开展集体教育活动时必须兼顾不同幼儿的需要。

1. 采取不同的活动形式

教师可根据活动内容需要兼顾不同群体，采取集体、小组、个别活动相结合的形式，目的是促进幼儿达成学习目标，提高学习效果。

2. 实施不同的教学策略

教师可以通过提问等方式实现对全体幼儿的指导，对小组及个人采取具体操作指导，这样既可以多接触了解幼儿，又能实现因材施教。

总之，开展集体教育活动，幼儿是主体，教师是主导，关键在指导。教师要相信幼儿，大胆放手，鼓励幼儿自己多看、多说、多做，教师要多提开放性问题，让幼儿积极思考、探索、发现，切忌代劳代言。

同步训练

一、思考训练

1．幼儿园集体教育活动设计的基本环节包括哪些方面？

2．活动目标的“三维性”是指哪 3 个方面？为什么要体现“三维性”？

3．过程设计一般体现哪几个环节？进行过程设计时总体要注意哪几个方面？

4．如何把握导入设计？列举 1～2 例进行说明。

5．如何把握提问设计？列举 1～2 例进行说明。

6．活动过程中如何对幼儿行为进行观察？

7．结合见习经历，谈谈你所见习的幼儿园科学集体教育活动的开展状况。

二、实践训练

1．观摩幼儿园一个年龄班的集体科学教育活动，并在与执教教师讨论交流的基础上，尝试写出活动教案。

2．选择本章课后案例分析中的其中一例，进行仿讲后，到幼儿园试讲，并写出活动反思。

3．请以“水的秘密”为主题，结合《指南》，分别就小、中、大班进行目标设计，并以中班为例进行完整的活动设计。

第六章

几种典型的集体教育活动设计与指导

学习与能力目标

1. 掌握观察认识型、实验操作型、技术制作型集体科学教育活动的设计方法。
2. 能灵活运用各种方法设计具体的不同类型的集体科学教育活动。
3. 能针对不同的活动进行灵活指导。

知识结构图

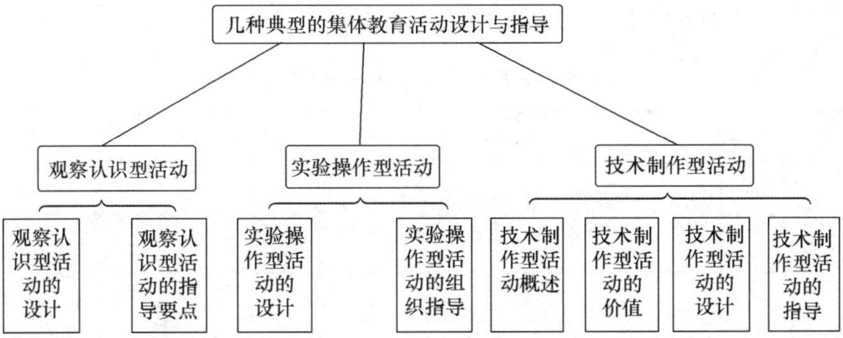

对应第四章中我们介绍的观察法、实验操作法、技术制作法等几种主要的幼儿学习科学的方法，我们区分了观察认识型、实验操作型和技术制作型 3 种类型的科学教育活动。

第五章综合介绍了集体科学教育活动的设计与指导，需要说明的是，幼儿科学教育的内容非常广泛，对于不同的活动内容，其具体方法、过程及指导策略也有很大差别。前述集体科学教育活动的设计与指导适用于各类集体活动，是设计各类集体科学教育活动的基础和重要参照，但因为各种类型的活动各具特点，因此，需要在前述内容的基础上，充分把握各种典型活动的特点，方能做好各种典型活动的设计。下面我们将重点从

6.1.1

目标设计、过程设计、活动指导3个方面做详细介绍。

第一节 观察认识型活动的设计与指导

观察是幼儿学习科学最基础、最主要的方法，也是一切其他科学教育活动的基础，观察与其他活动是密不可分的，实验、制作、分类、测量等都离不开观察。有关观察的基本知识已经在第三章中重点介绍。本章所学习的观察认识型活动，是建立在观察之上的典型的幼儿科学教育活动。

一、观察认识型活动的设计

（一）活动目标的设计

观察认识型活动主要是借助于感知观察的方法来认识事物的特征。通过对单一事物的观察、不同事物的观察，以达到幼儿掌握观察方法、提高观察能力、形成对事物的基本特征及前后变化规律以及不同事物的比较和辨别的感性经验。之前对学前儿童科学教育活动的目标设计已做了详细介绍，在贯彻前述目标要求的基础上，我们结合《指南》科学领域目标及幼儿各年龄段观察的典型性表现，对观察认识型活动的目标设计做进一步剖析，《指南》对幼儿观察活动的目标规定了三方面的要求：观察能力、表达能力、对周围事物和现象的科学认识。

综合《指南》各年龄段幼儿的典型表现及南京师范大学张俊老师的有关观点，将从以上3个方面提出具体目标，如表6-1所示。

表6-1　不同年龄段幼儿观察目标及表现

目标		典型表现	年龄段	案例
观察能力	个别观察（或一般性观察）	对感兴趣的事物能仔细观察，发现其明显特征；能用多种感官或动作去探索物体	小班或以上	利用看、摸、听、闻、尝等方法感知西红柿的特征（小班“认识西红柿”）
	比较性观察	能对两种或两种以上的事物或现象进行观察比较，发现其相同与不同；能根据观察结果提出问题，并大胆猜测答案	中班或以上	通过观察认识常绿树与落叶树、自行车与摩托车的不同（大班“认识常绿树与落叶树”、中班“认识自行车与摩托车”）
	长期系统性观察	能在教师的引导下制定简单的观察计划；能对某个事物进行连续的、长期的观察	大班	大班“观察小蝌蚪”“观察一周气温变化”等
表达能力	语言表达能力	能运用语言大胆讲述自己在观察中的发现；能运用完整的语言讲述并与同伴交流自己在观察中的发现；能有序、连贯、清楚地表达自己在观察中的发现	小班或以上	乐意与他人交流自己的发现和感觉（小班“认识西红柿”）

续表

目标		典型表现	年龄段	案例
表达能力	肢体表达能力	能配以动作手势表达；语言与肢体协调表达	小班或以上	用多种方式表达自己对妈妈的爱（大班“脐带的秘密”）
	其他表达方式的能力	能有选择地利用图画、数字、图表、符号等多种方式记录并表达自己观察的结果	中班或以上	学习用图画观察记录透过瓶子观察到的变化（如大班“好玩的瓶子”）
对周围事物和现象的科学认识	认识常见动植物	认识常见动植物的基本特征及其多样性，感知和发现其生长变化及其与人和环境的关系	小班或以上	观察迎春花的颜色、花瓣、枝条等基本特征（小班“观察迎春花”）
	感知和发现常见物体物理特性及现象	感知、发现常见物体和材料的物理特性。如软硬、光滑、粗糙、溶解、传热等；感知和发现简单或常见的物理现象及产生条件。如物体位置或形态变化、影子或沉浮等产生的条件	小班或以上	感知积木和橡皮泥的软硬、光滑、粗糙等。在观察的基础上知道水果是多种多样的（中班“各种各样的水果”）、观察不同材料在水中的沉浮现象（大班“沉与浮”）
	感知、发现天气及季节变化与人们生活的关系	能感知和体验天气对自己生活或活动的影响；能感知和发现不同季节的特点，体验季节对动植物和人的影响；感知并了解季节变化的周期性，知道变化的顺序	小班或以上	感知秋天树木的变化（大班“秋天的树”）

范例 6-1

小班科学活动：认识西红柿（活动目标）

活动目标：

1）了解西红柿的主要特征和简单食用方法。

2）能运用多种方法寻找观察物，提高观察感知能力。

3）乐意与他人交流自己的发现和感觉。

范例 6-2

大班科学活动：常绿树与落叶树（活动目标）

活动目标：

1）运用观察、触摸等方法比较常绿树和落叶树叶子的基本特征，能初步鉴别两种树。

2）探索香樟树的归类，尝试积极地思辨。

3）体验规律排序，感受树给生活带来的美好。

6.1.2　范例 6-4　6.1.2（1）

范例 6-3

大班科学活动：好玩的瓶子（活动目标）

活动目标：

1）通过瓶子游戏，让幼儿尝试发现用水瓶看物体的有趣现象，并乐意探索影像变化的秘密。

2）能用语言较清楚地表述自己的发现和经验。

3）学习用图画记录透过瓶子观察到的变化。

（二）活动过程的设计

一般科学教育活动过程由三部分构成：导入，即开始部分；进行，即目标落实、活动展开部分；结束及延伸，即活动小结部分及目标进一步延展，活动扩展到集中教育活动之外。关于导入及结束部分前面已做了详细介绍，除参照前述内容外，这里重点结合观察认识型活动的特点，从设计要点和设计思路两方面对该类型的活动过程设计加以介绍（见表 6-2）。

表 6-2　观察认识型活动过程的设计

活动类别	设计要点	设计思路	活动举例
个别观察活动	引导幼儿运用各种感官从不同侧面感知观察物体的各种属性，并教会幼儿按照一定顺序进行观察	出示观察对象—幼儿自由观察—表达交流—教师引导观察—表达交流—教师总结	小班：“水果的种子” 小班：“认识西红柿”
比较观察活动	比较性观察是对两种或两种以上物体或现象进行观察活动，教师应引导幼儿以问题为导向进行观察，找出它们之间的不同点与相同点	出示观察对象—幼儿自由观察—表达交流—教师引导观察—表达交流—教师总结	中班：“观察鸡与鸭” 大班：“种子的旅行” 中班：“各种各样的纸”
系统观察活动	系统观察活动一般用于动植物的生长变化及天气变化过程，故观察周期较长，需在教师的指导下，有计划、有步骤、按要求定点、定时进行观察，并结合主题活动或日常区域活动进行记录、参与管理等	拟定观察计划—了解观察对象—教师与幼儿共同观察—做好观察记录—交流新发现—展示观察结果	中班：“黄豆发芽” 大班：“小蝌蚪变青蛙”
现象观察活动	现象观察活动重点在于观察变化的发生，教师可将观察、指导和交流相结合。根据实际情况，可在观察之后引导幼儿对观察到的现象加以讨论	引出对象或问题—观察现象—观察中的交流与个别指导—教师组织讨论和交流—教师总结	小班：“糖怎么不见了” 大班：“冰中取物”

范例 6-4

小班科学活动：认识西红柿

活动目标：

1）了解西红柿的主要特征和简单食用方法。

2）能运用多种方法寻找观察物，提高观察感知能力。

3）乐意与他人交流自己的发现和感觉。

范例 6-5

活动准备：

教具：神秘盒 1 个（内装有西红柿）关于西红柿的课件。

学具：幼儿每人 1 个盘子（盘上覆有盖布），内装西红柿、黄瓜、荔枝、红苹果 4 种实物各 1 个。

活动过程：

1. 创设游戏情境，引出观察任务

1）教师出示有盖布的盘子（幼儿人均一盘），引起幼儿参与活动的兴趣。

2）请幼儿掀开面前盘子上的盖布，说出盘中食物的名称。

2. 根据线索去选择、感知和操作，初步把握观察物的特征

1）线索一：它又红又圆。

2）线索二：它的身体是滑滑的。

3）线索三：它没有明显的气味。

师幼共同请躲在神秘盒里的神秘宝物“西红柿”出来。

3. 运用多种感官，进一步感知西红柿的主要特征

1）提供给幼儿每人 1 个洗干净的西红柿。请幼儿再仔细看看西红柿是什么样子的：它是什么颜色的？什么形状的？

幼儿仔细观察西红柿的外形，边看边自由表达观察所得。

提升经验：西红柿是圆圆的，它有红红的身体，头上还有一项绿色的小帽子。

2）请幼儿轻轻用手触摸感知西红柿的特征，并大胆说出自己的发现与感受。

提升经验：西红柿是滑滑的，它的身体软软的，摸起来凉凉的。

3）你们想尝尝西红柿吗?我们一起用小嘴巴来跟西红柿做游戏吧。

幼儿品尝西红柿，自由表述吃到嘴里的感觉。

提升经验：西红柿有许多汁，它酸酸的、甜甜的，真好吃。

4. 拓展生活经验，了解西红柿的多种食用方法

1）提问：“西红柿除了可以生吃，还可以怎么吃呢?”

2）师幼共同观看课件，了解西红柿的其他吃法。（炒、煮、榨汁、做酱等）

范例 6-5

中班科学活动：寻找空气

活动目标：

1）感知、探索空气，发现空气无处不在，无孔不入。

2）知道我们的生活离不开空气，懂得保护大气的重要性。

活动准备：

塑料袋、矿泉水瓶、吸管、玻璃杯等。

教学过程：

1. 感知空气的特点

1）出示一只瘪瘪的塑料袋，通过魔术激发幼儿兴趣。师：刚才老师是怎么让

范例 6-6

塑料袋变得圆滚滚的？（让幼儿大胆猜测）然后给予准确的答案：空气。

2）引导幼儿运用各种感官来感知空气的特点。

教师出示课件，让幼儿通过比较，知道空气是无色的。

2. 找空气，初步感知空气到处都有

1）教师先示范，用塑料袋在教室的不同地方装空气，幼儿初步感知空气到处都有。（先张开塑料袋口，然后再捏紧袋口）

2）教师分发给幼儿人手一只空塑料袋，让幼儿亲自探寻空气。

① 询问幼儿都是在哪里捉到的空气。（无处不在的）

② 让幼儿用鼻子闻一闻空气有什么气味。（没有味道）

③ 让幼儿用手抓一抓，看能否抓住空气。（抓不住）

小结：空气是无色、无味的气体，看不见，摸不着。空气就在我们周围，到处都有。

3. 做实验，进一步理解空气无孔不入

1）把小空瓶放进水里。

① 请幼儿把矿泉水瓶放进水里，仔细观察发现了什么？（水里冒泡泡）

② 提问：为什么水里冒泡泡？

③ 引导幼儿分析、判断，得出结论：矿泉水瓶里面有空气，把它放进水里时，水就把瓶子里面的空气给挤出来了，那泡泡就是瓶子里的空气从水里跑出来。

2）用吸管在水里吹泡泡

① 提问：空瓶子里有空气，那我们的身体里面有空气吗？

② 幼儿分组吹泡泡实验。引导幼儿得出：身体里面也有空气。

3）拓展知识：告诉幼儿其实我们吃的馒头里面也有空气，土块里面也有空气，哪里有空隙，哪里就有空气。

小结：我们的周围到处都是空气，空气无处不在，无孔不入。

4. 简单了解空气的作用，树立环保意识

让幼儿捏住鼻子，闭上嘴巴，感受片刻。（不舒服、难受）得出：人离不开空气。

小结：人和动物、植物都离不开空气，没有空气人和动物都不能生存。所以我们要保护空气，爱护花草树木。

范例 6-6

大班科学活动：种子的旅行

活动目标：

1）了解几种常见的种子传播方式。

2）初步了解种子的外部形态特征与其传播方式的关系。

活动准备：

1）收集各种带毛的、长刺的、带钩的种子或者图片放在自然角中进行展览。

2）蒲公英、莲子、苍耳、豌豆、榆树、槭树、黄豆、红豆、绿豆等种子图片，传播方式背景图。

活动过程：

1. 引导幼儿观察种子的外部形态，猜测、讨论它们的传播方式

1）请幼儿在小组内交流看到的种子的外形特征。

2）小组讨论种子为什么长成这样，猜一猜它们的传播方式。

2. 观看视频

请幼儿观看视频《种子的旅行》（或挂图），了解蒲公英、莲子、苍耳和豌豆的传播方式。

（1）播放蒲公英旅行的视频或挂图

看完后请幼儿说一说：蒲公英种子是什么样子的？它是怎样传播的？

小结：因为蒲公英的种子很轻，并且有绒毛，像一把降落伞，所以蒲公英就是靠风来帮它传播种子的。

请幼儿说说还知道哪些种子是靠风来传播的，借助图片让幼儿了解榆树和槭树的种子长着果翅的特点，它们也是靠风传播种子的。

小结：借助风力传播的种子都有轻飘的特点，有些还有适合飞翔的绒毛或果翅等。

（2）播放苍耳旅行的视频或挂图

看完后请幼儿说一说：苍耳种子是什么样子的？它是怎样传播的？

小结：苍耳浑身长刺，容易粘到动物和人身上，动物和人走到哪里，就把它带到哪里去旅行。

（3）播放莲子旅行的视频或挂图

看完后请幼儿说一说：为什么莲子会随着水流去旅行？

小结：莲子生活在水中，就顺着水流到远方去。

（4）播放豌豆旅行的视频或挂图

小结：豌豆成熟后在太阳的照射下果壳炸裂开，把自己弹出去，还有许多植物也是靠自己来传播的，像常见的黄豆、红豆和绿豆等。

3. 师幼利用图片共同小结几种常见种子的传播方式

原来种子们有许多种传播的方法，由于它们的外形不同、生长的环境不同，所以传播的方法也不同，像蒲公英一样很轻的种子，可以借助风的力量旅行；像苍耳一样身上长满了刺的种子，可以借助粘在人或动物的身上去旅行；像莲子一样生活在有水的地方的种子，可以借助水的力量去旅行；像豌豆一样的种子可以通过太阳的暴晒，用自己的力量迸射出来去旅行。

4. 游戏："我帮种子去旅行"

出示背景图，让幼儿把自己喜欢的种子图片粘到相应的背景图上，贴好后说一说为什么要这样贴。

5. 幼儿讨论：种子为什么要去旅行

引导幼儿了解种子旅行是为了繁殖后代。

二、观察认识型活动的指导要点

（一）激发幼儿观察兴趣

幼儿的天生好奇心使幼儿对于新奇事物容易产生观察和探究的欲望，教师可以利用被观察对象的显著特征吸引幼儿的注意力，激发幼儿的观察兴趣，引导幼儿进行观察。

（二）以启发性问题引导幼儿观察

在给予幼儿充分自由观察空间的前提下，教师也要把握观察方向，要以问题为导向启发引导幼儿全面、系统、有序地观察。为保证观察的全面性，要教会幼儿按一定顺序观察。例如，观察植物可按根—茎—叶—花—果实的顺序观察，也可反向观察；观察动物可按头—身—尾—四肢的顺序观察；观察水果可由外及里等。

（三）引导幼儿运用多种感官进行观察

观察不仅是用眼睛看，教师要引导幼儿综合运用各种感觉器官，通过看、摸、听、闻、尝等观察方法，全面感知事物的特征。例如，“神奇的中草药”活动中，教师引导幼儿通过眼睛看、用手拿、鼻子闻、嘴巴尝等多种感官认识不同中草药的神奇特性。

（四）引导幼儿充分操作、摆弄，以促进观察

将观察与操作相结合，以全面的观察事物，并了解观察对象的变化。要尽可能地让幼儿有自己动手和操作的机会。

（五）鼓励幼儿用语言表达观察中的发现

语言的表达过程也是幼儿理顺观察思路的过程，它可以帮助幼儿明晰观察结果，促进幼儿同伴间的交流。教师既要鼓励幼儿用自己的语言尽可能地表达观察结果，对于不能完整、连贯进行语言表达的幼儿，教师要给予足够的时间并引导幼儿尽可能表达完整。同时还要注意纠正其语言表达与观察不符的地方。

（六）指导幼儿用各种方法记录观察结果

除了语言表达之外，幼儿通过绘画、数字、图表、符号等记录对事物和现象的观察结果，也是很重要的一种表达方式。一方面可以使幼儿反省、评价自己获得的信息，另一方面也是教师对幼儿观察水平、观察结果的重要评价资料。

案例分析

案例 6.1　小班科学活动：了不起的轮子

活动目标

1）知道轮子是圆的，会滚动，了解轮子的功能。

2）能够与同伴合作玩“运玩具”，知道使用轮子会使生活更便捷。

活动准备

1）在环境中布置各种有轮和无轮物体的实物或图片（溜冰鞋、滑板、旅行箱、转椅、自行车、摩托车、汽车等）。

2）各种有轮和无轮物体的图片，轮子彩卡。

3）《了不起的轮子》课件、《了不起的轮子》挂图。

活动过程

1．导入活动，激发兴趣

蜗牛走路很慢，溜冰鞋来帮助它；乌龟走路很慢，滑板来帮助它。有了溜冰鞋和滑板的帮助，蜗牛和乌龟走路会怎么样?

2．观看课件，倾听轮子的自述

轮子可以帮助蜗牛和乌龟“走”得很快。听一听轮子自己讲的话，看看它是怎么帮助我们的。

1）结合课件，讲述《了不起的轮子》。

2）说说轮子是什么样子的，它是怎样帮助我们的。

3）你还知道哪些东西上也有了不起的轮子?

3．尝试分类，感知轮子的作用

1）请幼儿按照有轮和无轮将准备的图片分成两类。

2）说一说它们的不同，知道轮子的作用。

4．通过游戏，感受轮子给人们生活带来的方便

游戏“运玩具”：把幼儿分成两组，一组幼儿用手把玩具搬运到室外；另一组幼儿用旅行箱运玩具。比一比，看哪组运得又快又多。

活动延伸

找一找生活中的“骨碌碌”。

附故事

了不起的轮子

我是了不起的轮子。你瞧，溜冰鞋上有圆圆的轮子，自行车上有圆圆的轮子，摩托车上有圆圆的轮子，汽车上有圆圆的轮子，火车上也有圆圆的轮子，它们都因为有了我，才跑得很快很快，把大家带到想去的地方。

案例评析

《指南》指出幼儿的科学学习是在探究具体事物和解决实际问题中尝试发现新事物间的异同和联系的过程。幼儿在对自然事物进行探究和运用数学解决实际生活问题的过程中，不仅能够获得丰富的感性经验，发展幼儿的形象思维，而且能够初步尝试归类、排序、判断、推理，逐步发展幼儿的逻辑思维能力，同时也为其他领域的学习奠定坚实的基础。

轮子来源于生活，运用于生活。轮子这个内容是孩子们非常感兴趣的事物，内容灵活丰富，符合幼儿的年龄特点和现有的生活经验。这些认知光靠教师枯燥无味的讲解，幼儿是不感兴趣的，那如何来引导幼儿轻松学习呢？利用幼儿的好奇心与探究欲望，用

案例 6.2

情境及游戏的形式，将“轮子工程师"作为活动内容，让幼儿在轻松愉快的活动中自主探索学习。

这个活动通过一系列的游戏，给幼儿提供更多探究表现的机会，体现的理念主要有：

第一，幼儿是主体。遵循幼儿学习的规律和幼儿的年龄特点，在《纲要》新理念的指导下，整个学习活动，始终以幼儿为主体，变过去的“要我学”为现在的“我要学”。遵循由浅入深的教学原则，幼儿在一系列的操作活动中掌握活动的重点、难点。

第二，教师是主导。教师是活动的主导，是幼儿学习的支持者、引导者、合作者，活动中教师积极投入到与幼儿的互动中去，把更多的时间留给孩子。

第三，价值是导向。价值是活动的导向，活动中教师打破重知识教学的活动常规，以关注幼儿能力素养的高度来关注幼儿的学习活动。以提升幼儿的探究和运用能力来作为本次活动的价值点和出发点。

案例 6.2　中班科学活动：捉迷藏的昆虫

活动目标

1）了解兰花螳螂、枯叶蝶、竹节虫等昆虫利用“保护色”进行自我保护的本领。

2）产生探究动物自我保护本领的兴趣。

活动准备

1）藏有螳螂、蝴蝶、蚂蚱等昆虫的花草丛。

2）“昆虫躲猫猫”图片。

3）《春天》的音乐，昆虫头饰若干，小鸟头饰一个。

活动过程

1．玩“捉迷藏”游戏，理解“隐藏”与“发现”之间的关系

教师带领幼儿玩“捉迷藏”的游戏，让幼儿亲身感受：如果想不容易被别人发现，必须要隐藏好。

2．探究、了解昆虫利用“保护色”进行自我保护的本领

（1）找找、说说

1）教师带领幼儿寻找藏在花草丛中的昆虫。

2）请幼儿说说是在什么地方找到的，讨论为什么这些昆虫藏在和身体颜色一样的地方。引导幼儿观察昆虫以及与所处的外部环境之间的关系，鼓励幼儿大胆表达自己的看法。

（2）看看、听听

教师播放课件，让幼儿了解枯叶蝶、竹节虫、兰花螳螂等昆虫是利用“保护色”进行自我保护的。

（3）找找、认认

1）教师出示“昆虫躲猫猫”大图片，请幼儿寻找图中已经认识的兰花螳螂、枯叶蝶、竹节虫。

2）请幼儿找出图片中的其他昆虫，拓展幼儿关于昆虫利用保护色进行自我保护的经验。

3．游戏“小鸟和小虫”，复习巩固昆虫利用保护色进行自我保护的知识经验

教师带领幼儿玩“小鸟和小虫”的游戏，鼓励幼儿将掌握的知识经验运用到游戏中。

活动延伸

激发幼儿继续探究动物自我保护本领的兴趣。

1）鼓励幼儿和家长收集关于动物利用“保护色”自我保护的图片、图书、影像等资料。

2）鼓励幼儿通过向家长、教师请教或观看图书、影像等途径了解现实生活中人们对“动物保护色原理”的应用。

3）带领幼儿到大自然中观察各种昆虫。

案例评析

草地上的蚂蚱、花丛中的蝴蝶……神秘的昆虫世界深深地吸引着孩子们。他们能蹲在地上看一上午的蚂蚁搬家，喜欢追着蜻蜓飞舞，想捉一只瓢虫数数它到底有几颗星星……他们玩着、说着、画着、问着，乐此不疲。但是，螳螂有几种颜色？竹节虫长什么样？生活在城市中的孩子无从得知，他们离大自然越来越远了。因此选择“捉迷藏的昆虫”这个教学内容正是遵循了《纲要》中关于教学内容选择的 3 个原则：既适合幼儿的现有水平，又有一定的挑战性；既符合幼儿的现实需要，又有利于其长远发展；既贴近幼儿的生活、是幼儿所感兴趣的，又有助于拓展幼儿的经验和视野。

《纲要》指出幼儿的科学教育是科学启蒙教育，重在激发幼儿的认识兴趣和探究欲望。瑞士心理学家皮亚杰认为“正确的教育能够加速儿童的发展。教师只是儿童学习的促进者，要尊重儿童学习的愿望，不能强加给幼儿。教师的作用是间接的，教师不应该企图将知识硬塞给儿童，而要介绍问题和对策，让儿童自己主动地、自发地学习。”在“捉迷藏的昆虫”活动中，教师始终坚持幼儿想、说、做在前，教师指导、小结在后的原则。皮亚杰还认为“游戏是儿童认识新的复杂客体和事件的方法，是巩固和扩大概念、技能的方法，是使思维和行动结合起来的方法。”因此，本次活动将探索过程与游戏结合起来，既满足幼儿的游戏需要，又能维持幼儿对科学探究活动的兴趣，从而达到科学探究活动的目标。

整个活动的组织以游戏贯穿始终。

1）师幼游戏，打好铺垫。通过游戏“捉迷藏”，理解“隐藏”与“发现”之间的关系，为了解动物利用“保护色”进行自我保护做铺垫。

2）趣味寻找，探索发现。寻找花草丛中、图片中利用保护色隐藏自己的小昆虫，探寻昆虫保护自己的奥秘，体验发现、探究的乐趣。

3）角色扮演，知识拓展。通过扮演角色，复习巩固昆虫利用保护色进行自我保护的知识经验。

案例 6.3　大班科学活动：神奇的中草药

活动目标

1）知道菊花、枸杞、胖大海等几种生活中常见中草药的名称和特征，简单了解它

们的保健、治病作用。

2）观察并说出中草药的神奇，尝试根据药方简单配药、泡药、尝药。

3）感受中草药的神奇，以及与人们健康生活的关系，萌发幼儿对中草药的兴趣。

活动准备

1）经验准备：提前请家长与幼儿交流，了解有关常见中草药的知识。

2）物质准备：视频《鹿茸救母》《神奇的中草药》《走进大药房》；课件《常见的中草药》《老中医互动》《这些药材哪里来》；药材搭配图；幼儿操作材料：杯子、勺子每人一份；常见的中草药菊花、枸杞、胖大海、炒山楂、莲子心、陈皮若干。

活动过程

1）观看《鹿茸救母》的视频，感受鹿茸的神奇，产生对中药的兴趣。

① 教师引出故事视频，幼儿观看并感受鹿茸的神奇作用。

② 引导幼儿回忆《鹿茸救母》的故事，教师提问：故事中发生了一件什么事情？是什么治好了母亲的病？

教师小结：七彩鹿的鹿茸熬制的中药把奄奄一息的母亲治好了，鹿茸真神奇。

2）运用多种感官探究操作，认识菊花、枸杞、胖大海等几种生活中常见中草药的名称、特征及来源。

① 请幼儿运用看、捏、闻、尝等方法观察中草药，引导幼儿说出中草药的名称、外形、味道等特征。

② 结合课件《常见的中草药》相互交流自己的发现，讲述菊花、枸杞、胖大海等中草药的简单特征。教师提问：你发现了哪些中草药？它是什么样子的？有什么味道？

教师小结：中草药中有红有绿；有的捏上去软软的，有的是硬硬的；味道有甜的也有酸的，有的闻起来还有清香味呢。

③ 演示课件《这些药材哪里来》，感受普通的植物经过加工能变成中草药的神奇性。教师提问：你发现它们是用什么做的？

教师小结：生活中一些普通植物的花、果实等，经过加工居然可以做成中药，真神奇。

3）观看课件《老中医互动》知道中草药的保健、治病作用，感受中草药与人们健康生活的关系。

① 请幼儿咨询“老中医”，结合课件介绍枸杞、胖大海等常见中草药的作用。

② 幼儿回忆自己生病、治病的经历，观看药材搭配图，知道药材相互搭配能治病的作用。

教师小结：身体不舒服的时候，配几付中药，就可以治好病，中草药真神奇。

③ 出示“老中医的药方”，引导幼儿感受中草药与人们健康生活的关系。

要求：让幼儿懂得中药需要根据药方准确配药；泡药时，把握好水的位置；泡好后，可仔细观察中草药在水里的变化。

④ 幼儿观察、品尝、相互交流中草药在水中的变化，了解中草药的保健作用。

教师小结：有些中草药可以直接泡饮，是保健药，但有些中草药不能随便泡饮，更不能乱吃。

4）观看视频《神奇的中草药》，了解几种奇特的中草药，感受中草药的神奇，萌发对中草药的兴趣。

① 观看视频《神奇的中草药》，了解几种中草药的奇特之处。

② 引导幼儿说出人参、蜈蚣、蝉衣等几种中草药在外形、毒性、蜕皮等方面的特点。

教师小结：中草药不仅有植物药、动物药，还有一些石头矿物也是珍贵的中草药，因为植物药最多，所以中药也叫中草药。

5）观看视频《走进大药房》，进一步萌发对中草药的兴趣。

① 观看视频《走进大药房》，了解存药、抓药、配药、包药、熬药等情节，萌发对中医药文化的兴趣。

② 简单了解中医药文化的悠久历史，进一步感受神奇的中草药与人们健康生活的关系。

案例评析

中草药是我国医学的宝贵财富，是我们健康的守护神，也是幼儿从小感受中华医药博大精深的好教材。幼儿在生活中接触过中草药，如喝过枸杞熬的粥、菊花茶、胖大海等；生病时吃过中药，幼儿有一定的感性经验。《纲要》指出：“引导幼儿对身边常见事物和现象的特点产生兴趣和探究欲望。”本节活动根据幼儿直觉形象思维的学习特点，运用视频，选取生活中常见的中草药，引导幼儿感知观察、探索体验，从幼儿感兴趣的中草药入手，让幼儿了解中草药的神奇，萌发对中草药的兴趣。

本活动主要运用以下教学策略。

1．巧用多媒体，丰富幼儿对中草药的认知

视频课件以其丰富多样、形象直观的表现形式，满足了幼儿兴趣广泛、思维具体形象的特点。通过视频《鹿茸救母》《神奇的中草药》以及课件《老中医互动》等引导幼儿感受中草药的奇特，同时知道中草药包括植物药、动物药及矿物药等。

2．实践体验，培养幼儿对中草药的观察和主动探究能力

皮亚杰认为：“知识的产生有赖于儿童对材料的探索、操作和摆弄。”为此，活动中为充分让幼儿主动探索，为幼儿提供了菊花、枸杞、胖大海等几种生活中常见的中草药，让幼儿运用多种感官看、摸、捏、闻、尝，在探索中了解中草药的名称、特征和作用。幼儿园教学中强调孩子的体验式学习，通过让幼儿看药方、配药、泡药、尝药等形式，引导幼儿观察中草药在水中变化的神奇，培养幼儿主动探究的能力。

3．联系生活，感受中草药与人们健康生活的关系

在选取药材上，选取贴近幼儿生活中常见的枸杞、菊花、胖大海等；在讲解治病的作用时，与幼儿已有生活经验相结合，感受中草药在生活中的作用；通过视频《走进大药房》拉近现实，了解存药、抓药、配药、包药、熬药等中医知识，萌发对中医药文化的兴趣。

4．整合课程，融健康、社会、语言、科学于活动中

《纲要》中指出，幼儿园“各领域的内容相互渗透，从不同的角度促进幼儿情感、态度、能力、知识、技能等方面发展”。本活动在引导幼儿对中草药的探究过程中，运

6.2.1

用故事向幼儿渗透了爱的教育；在与老中医互动、幼儿自主配药活动中，渗透了健康教育经验；在整个活动中重视了幼儿探究过程中的自主表达。

第二节 实验操作型活动的设计与指导

实验操作型活动是指幼儿在教师指导下通过自己动手操作仪器和材料，以发现客观事物的变化及其关系的科学活动。它强调的是，幼儿自己动手操作、自主探索的过程。《指南》中指出："幼儿科学学习是在探究具体事物和解决实际问题中，尝试发现事物间的异同和联系的过程"；"幼儿的思维特点是以具体形象思维为主，应注重引导幼儿通过直接感知、亲身体验和实际操作进行科学学习"；"幼儿科学学习的核心是激发探究兴趣，体验探究过程，发展初步的探究能力"。

实验操作型活动就是引导幼儿亲身感知和体验探究过程与方法，最大限度地调动幼儿学习科学的积极性、主动性，使幼儿在探究过程中发现问题、提出问题、解决问题，满足探究欲望，为幼儿以后学习和探索科学知识打下了良好的基础。

一、实验操作型活动的设计

（一）活动目标的设计

实验操作型科学教育活动通过幼儿自己动手操作实验对象，以发现事物的变化及其相互联系。对于幼儿来说，科学素养的培养至关重要，但科学素养的培养基础首先是科学精神和态度的培养以及科学方法的掌握。为此，结合《指南》中科学领域的目标要求，在进行实验操作型科学教育活动目标设计时要重点体现两个方面的目标：喜欢探究、科学探究能力。

在进行具体活动设计时，我们可以参照《指南》及南京师范大学张俊《幼儿园科学教育》对各年龄段的幼儿提出的更为具体的目标，如表 6-3 所示。

表 6-3 不同年龄段幼儿探究能力目标及表现

教学目标		典型表现	适用年龄	案例
喜欢探究	注意新异事物和现象	对周围的很多事物和现象感兴趣；经常问各种问题，或好奇地摆弄物品	小班或以上	注意到有些东西放到水里总是会浮起来（小班："沉浮"）
	愿意探究新异事物和现象	喜欢接触新事物，经常问一些与新事物有关的问题；常常动手动脑探索物体和材料，并乐在其中	中班或以上	发现物体在水里会出现沉浮现象，愿意用不同的物体来进行试验（中班："沉浮"）
	对新异事物和现象提出问题并进行探究	对自己感兴趣的问题总是刨根问底；能经常动手动脑寻找问题的答案；探索中有所发现时感到兴奋和满足	大班	提出有关沉浮现象的问题或自己尝试解决有关沉浮的问题，如"怎样改变物体的沉浮状态"等（大班："沉浮"）

续表

教学目标		典型表现	适用年龄	案例
科学探究能力	能通过自己的观察操作获得发现	能用多种感官或动作——看、听、闻、尝、摸、摆弄等去探索物体，关注动作所产生的结果	小班或以上	通过观察发现不同物体在水中的沉浮状况（小班：“沉浮”）
	能对问题做出假设并用自己的经验来加以验证	能根据观察结果提出问题，并大胆猜测答案；能用一定的方法验证自己的猜测	中班或以上	能根据自己的经验对不同物体在水中的沉浮变化提出假设，并通过实验加以检验（中班：“沉浮”）
	能根据已经获得的资料进行归纳、推断、得出结论		中班或以上	在实验的基础上总结出哪些物体在水中是沉的、哪些是浮的（中班：“沉浮”）
	能根据已有的经验和逻辑推断对现象进行解释和预测		大班	能根据过去已有的经验来解释小“潜水艇”的沉浮变化（大班：“潜水艇的秘密”）

范例 6-7

小班科学活动：沉与浮（活动目标）

活动目标：

1）能发现有的东西沉在水底，有的东西浮在水面。

2）愿意在操作中进行探究。

范例 6-8

中班科学活动：沉与浮（活动目标）

活动目标：

1）能通过观察发现几种不同材质的物体在水中的沉浮状态，发展比较观察能力。

2）学会使用符号做观察记录。

3）体验沉浮游戏的乐趣，愿意积极表达自己的发现。

范例 6-9

大班科学活动：让硬币浮起来（活动目标）

活动目标：

1）尝试用多种辅助材料让硬币浮起来，对物体的沉浮现象有探究兴趣。

2）能大胆猜想，学习记录实验结果。

（二）活动过程的设计

活动过程的设计是活动设计的主要环节，它的科学性、合理性、可操作性直接关系到教育目标的达成。一般来说，教师在活动之前进行的预设性设计包括活动的引发与导入、活动的展开、活动结束和延伸，但不同的实验类型其设计思路差异较大，这将直接影响活动过程的设计。因此，在进行活动过程设计之前，首先要明确不同类型活动的设计思路。

1. 设计思路

（1）演示操作式

第一步，教师对实验内容进行演示，幼儿进行仔细观察，掌握操作方法。

第二步，幼儿按照教师演示的方法进行实验操作，并进一步观察，获得发现。

这一设计思路优点是便于教师组织活动，幼儿实验操作的目的性比较明确，但教师的演示不可避免地会限制幼儿自己的想法，不能充分体现幼儿的自主探究学习。一般来说，适用于因幼儿年龄小无法独立进行探究，或者实验材料的操作方式方法难度较大的情况。例如，教师要设计一个“物体怎样下落”的实验活动，为幼儿提供了很多材料，但幼儿自己对这些材料的自由探究是很难联系到“自由下落”这一科学现象的，此时，教师可以先演示给幼儿看，以激发幼儿的兴趣，传授幼儿方法。

（2）自由引导式

第一步，瞎忙阶段——通过材料激发兴趣，让幼儿自行探究（表现为无目的地摆弄物体）。

第二步，尝试探究——教师在组织幼儿交流各自经验的基础上，引导其进行有目的、有计划的探究（表现为尝试性地摆弄物体）。

第三步，验证探究——在前面经验的基础上，幼儿对实验过程做进一步验证（表现为验证性地摆弄物体）。

在这 3 个阶段中，瞎忙阶段的活动尽管是一种无定向、无目的的活动，却具有独特的价值。因为它不仅让幼儿尽享“动手做”的乐趣，还可能孕育着真正的问题和发现。自由引导式的设计思路正是体现了在教师指导下幼儿从“瞎忙”到“领悟”的探究过程。

这一设计思路在幼儿科学实验活动中应用较为广泛，优点是能较好地将幼儿的自主探究和教师的引导结合起来，并将教师的指导建立在幼儿自由发现的基础之上。但是，这种设计方式对教师的自身科学素养及课堂的驾驭能力都要求较高。

（3）猜想验证式

第一步，针对某一问题，教师先让幼儿利用已有经验进行猜想。

第二步，幼儿针对猜想进行实际探究活动，以验证猜想是否正确。

猜想验证式实验操作活动是当前幼儿园科学教育活动中较受推崇的一种活动方式，是针对幼儿操作盲目性大的特点而设计的，是一种先动脑思考、后动手操作的教学模式，它体现了一种尊重事实的崭新的科学观，是对科学内涵的最好的诠释，即科学不仅是知识，也是获取知识的过程和方法。任何科学知识都要经得住事实验证，这对于幼儿真正理解科学、形成科学态度具有重要意义。

第一，有利于教会幼儿科学探究的基本过程和方法。科学发现的过程就是发现问题—做出假设—实验验证—得出结论。鼓励幼儿进行猜想，让幼儿亲历获取知识的实验过程，是培养幼儿科学价值观的有效途径。

第二，有助于培养幼儿学习做科学记录的习惯和能力。《指南》中要求幼儿“能用数字、图画、图表或其他符号记录”“鼓励幼儿用绘画、照相、做标本等办法记录观察和探究的过程与结果”。教师要让幼儿用自己的方式方法把猜想和实验的结果记录下来，以此来表达他们的想法和发现，这样既便于幼儿之间的交流和教师的评价，也锻炼了幼儿科学记录的能力。

第三，有助于幼儿形成实事求是的科学态度。幼儿特殊的思维常常使得幼儿在假想和真实之间辨别不清，他们常常脱离事实而“顽固”地坚持自己的想法，如果幼儿通过亲自做实验来检验自己的猜想，就容易使幼儿意识到假想和事实之间存在的差别，这样更容易使幼儿形成实事求是的科学态度。

猜想验证式的设计，适合于幼儿已有的类似生活经验的，同时答案又不是很明确的问题。因为幼儿的猜想是以自身的生活经验为基础的，用自己的思维方式对问题进行自主思考。如果探究的内容是幼儿生活中没有经历过的不熟悉的，甚至是超越幼儿理解能力的，幼儿的猜想也就失去了意义。

2. 过程设计

关于过程设计的几个环节在前面虽已做过介绍，但鉴于实验操作型科学教育活动的特殊性，现结合其特点做进一步介绍。

（1）导入环节的设计

活动的导入是活动开始的引子，将幼儿活动的内容亲切地、自然地、趣味性地引发出来，以激发幼儿的学习兴趣和求知欲望，将幼儿注意力引导到活动中来，明确活动的目的和要求。导入活动的形式多种多样，一般地讲，可以通过如下方法导入实验操作活动。

1）通过摆放在幼儿面前的操作材料导入。

2）以教师的演示实验导入。

3）以创设问题情境导入。

4）通过幼儿生活中的某一常见的科学现象导入。

5）通过谜语、魔术、儿歌、故事、影像资料导入。

活动导入环节应简洁明了，注意控制时间。

（2）展开环节的设计

活动展开的设计是活动过程设计的主要部分，也是最主要的部分，整个活动大部分内容都集中在这一环节。这一部分的设计可以从以下几个方面考虑。

1）条理清楚、层次分明。通过教师缜密思考，要求教师把握活动过程中的各个环节的逻辑关系，明白知识点，清楚重点、难点。从科学性和幼儿特点出发引导幼儿在操作过程中先做什么，后做什么。遵循事物发展变化的科学规律，层层递进。

2）组织形式、活动方法。实验操作类活动多采用小组活动的组织形式，有时也利用集体、小组和个人相结合的方式进行。实验操作活动有时需要两个或几个幼儿同时动

范例 6-10

手配合完成，教师要积极倡导和鼓励合作探索，培养幼儿的合作精神。在活动方法设计上应最大限度地让幼儿都积极参与实验操作。

3）材料的投放。实验操作类活动是通过幼儿与材料的相互作用来实现的，用什么方式把材料投放到活动中，需要我们认真思考。幼儿实验操作所需的材料可一次投放也可分次投放，根据活动需要来设计。分次投放可突出教师的引导意图，使活动由浅入深，由表及里，层层展开，对幼儿逻辑思维的培养和科学方法的训练都大有好处。

4）问题的设计。亚里士多德说过："人的思想是从疑问开始的"，教师要通过启发性、诱导性、开放性等多种问题来引导幼儿探究活动。问题要有针对性，设在有疑处；问题难易适度，充分考虑幼儿的心理特征、智力水平和现有的经验；问题要具有导向性，所谓导向性，是指教师所提的问题要起到引导、帮助幼儿主动探索的作用，从而引起幼儿的探索兴趣，引发幼儿的探索欲望；同时应注意到所设计问题的启蒙性与科学性。

3. 活动的结束和延伸

活动结束是整个活动过程的最后环节，教师通过这一环节使活动圆满结束，同时使得幼儿在活动中所经历的过程、掌握的方法、了解的知识经验在活动后得以延伸。活动结束环节应紧扣教学内容，是整个活动的有机组成部分，它对实现整个教学目标有着重要作用。活动结束没有固定格式和规定，应根据教学内容与过程的具体情况来进行设计。

1）通过幼儿的讨论交流后，对活动进行自我小结和评价，并有对过程、方法和现象观察的小结评价。

2）提出要求。让幼儿将活动中获得的经验应用于生活，或提出生活中某种相关联的现象，让幼儿去继续探索，使活动得到延伸。

3）提出类似的问题情景，让幼儿使用所获得的经验去解决，以检验和巩固幼儿新学的知识经验。

4）采用互动游戏或合作游戏的方式结束。例如，在"有趣的磁铁"活动过程中，教师设计合作游戏"搭火车"（将所有小朋友装有条形磁铁的小车靠磁力连接在一起，变成一列长长的小火车）来结束活动。也可用互动游戏"磁铁娃娃来跳舞"作为活动的结束。

在活动结束环节中，教师切忌用成人的眼光去评价幼儿，过高地要求实验操作过程的完整性和严密性、知识的科学性和准确性。一些教师在总结时，一方面追求过程的严密和知识的准确，一方面要面对幼儿，把自己推向两难的境地。活动结束后如果教师要进行总结评价，一定要有策略和技巧，给每个幼儿正面积极的影响。

范例 6-10

小班科学活动：沉与浮

活动目标：

1）能发现有的东西沉在水底，有的东西浮在水面。

2）愿意在操作中进行探索。

活动准备：

1）水、透明的桶、若干盆。

2）各种实验材料（如塑料小鸭、乒乓球、积木、塑料袋、空瓶子、钥匙、橡皮泥、小石头、毛巾、树叶、泡沫塑料等）。

活动过程：

1. 开始部分

小朋友你们长大了想不想做科学家呢？今天老师就让你们当一次科学家（出示准备好的材料）。

2. 基本部分

1）教师出示透明桶。

小朋友看今天老师给你们拿来了好多东西，那如果我们把这些东西放到水里会怎样呢？我们来试一下。小朋友们发现了什么？

① 把塑料小鸭放在水里，观察小鸭在水里会怎样。

② 把小石头、钥匙放入水里，观察它们会怎样。

教师小结：有的东西浮在水面上，有的东西沉到水底。

2）教师出示操作材料，引导幼儿认识操作材料，并提出猜想。

3）让幼儿实际操作材料，验证假设，发现沉浮现象。将各种实验材料一一放入水中，看看哪些东西能浮在水面，哪些东西是沉在水里的。

4）让幼儿说说这些材料能沉还是能浮？让幼儿互相交流发现的秘密。

5）让幼儿从盆中取出物体并分类。

3. 结束部分

我们通过做实验知道了有的东西是浮在水面的，有的东西是沉到水底的。那现在我们到教室外面找一找，还有哪些东西能浮在水面上，哪些东西能沉到水底。

范例 6-11

中班科学活动：沉与浮

活动目标：

1）能通过观察发现几种不同材质的物体在水中的沉浮状态，发展比较观察能力。

2）学会使用符号做观察记录。

3）体验沉浮游戏的乐趣，愿意积极表达自己的发现。

活动准备：

积木、泡沫、小石头、小纸片、珠子、橡皮泥、抹布、装有水的盆子等；笔、记录单。

活动过程：

1. 情境导入，激发幼儿的探究兴趣

1）教师：今天过节，小蚂蚁要到河对面运粮食准备过冬，老师准备了积木、泡沫、小石头、小纸片、珠子、橡皮泥等物品，请小朋友们帮忙看看这些材料有哪些适合当小船帮助蚂蚁过河。

2）幼儿集体讨论。

教师：现在请小朋友们说说哪些材料适合当小船帮助蚂蚁过河。

3）教师请个别幼儿讲述。

① 教师：现在请小朋友说说哪些材料适合当小船帮助蚂蚁过河（请个别幼儿回答）。

② 教师小结：有的小朋友说纸张可以当小蚂蚁的船，有的说珠子可以当小船。

2. 引导幼儿探索不同材质的物体在水中的沉浮状态并且记录结果

1）教师出示记录单，讲解记录方法。

2）介绍材料，讲解要求。

要求：等一下我们分组进行试验，老师给每组小朋友准备了实验材料。小朋友可以将这些材料放入水中，看看哪些东西会沉下去，哪些东西会浮起来，并在记录单上做记录。小朋友们要轻轻地把材料放入水中，如果桌子、衣服湿了要及时用抹布擦干。

3）幼儿分组探索原先的想法，鼓励幼儿玩多种材料，观察不同材质的物体在水中的沉浮状态并集中记录结果。

幼儿自主探索，教师观察指导。

4）集中分享探索结果。

① 教师：刚才小朋友们都进行了试验，现在请小朋友们讨论一下你们刚才在实验中发现了哪些东西会沉下去，哪些会浮起来。

② 幼儿讨论。

③ 教师：现在请小朋友说说哪些物品会沉下去，哪些物品会浮起来（请个别幼儿回答）。

④ 教师小结：小纸片、泡沫会浮起来，积木、珠子、橡皮泥、小石子会沉下去。

3. 引导幼儿探索让沉下去的物体浮上来的方法

（1）探究一：借助辅助材料让沉下去的物体浮上来

1）教师：现在请小朋友帮助小蚂蚁想想办法，让沉下去的物品也能浮上来给小蚂蚁当小船，并在记录单上记录。

2）鼓励幼儿分组探究如何借助辅助物，让沉下去的物体浮上来，并且将实验结果记录下来。

（2）探究二：不借助辅助物，让沉下去的物体浮上来

1）教师：刚才我们用能浮的物品帮助，让沉下去的东西浮上来，现在再请小朋友们动脑筋想一想，我们怎样能不借助任何物品的帮助，让这些沉下去的东西浮上来呢？

2）幼儿分组操作，教师引导幼儿通过改变重量让沉下去的物体浮起来，如倒掉塑料瓶中的物体。

3）引导幼儿通过改变物体的形状让沉下去的物体浮上来，如将一团橡皮泥捏成小船的形状。

4）集中分享实验结果，请个别幼儿讲述实验发现。

教师小结：刚才小朋友们通过自己的探索，我们知道了改变物体的形状和重量能让物体浮起来。小朋友回家后可以和家人一起玩沉浮的游戏，想办法让沉下去的东西浮上来，让浮上来的东西沉下去。

范例 6-12

大班科学活动：让硬币浮起来

活动目标：

1）尝试用多种辅助材料让硬币浮起来，对物体的沉浮现象有探究兴趣。

2）能大胆猜想，学习记录实验结果。

活动准备：

1）一元硬币，装有清水的大盆 4 个，干抹布 8 块，记录表（与幼儿人数相同）。

2）第一组材料：泡沫盘子、积木块、塑料瓶盖、瓷盘等。

3）第二组材料：大树叶、薄纸板、纸船、橡皮泥等。

活动过程：

1. 谈话引起幼儿操作的兴趣，了解物体的沉浮现象

1）出示一元硬币，询问：这是什么？如果把这枚硬币放进水盆里，它会沉下去还是会浮起来？

2）幼儿自由交流猜想结果，并验证。

小结：硬币会沉到水下。

2. 尝试探索让硬币浮起来的各种方法

1）提出问题，请幼儿讨论。

教师：你有什么办法能让硬币浮在水面上呢？

2）幼儿初次探索，感受应用辅助材料可以帮助硬币浮起来。

① 出示第一组材料并让幼儿了解其名称。

② 猜想与记录：哪些材料会使硬币浮在水面上？在你觉得会使硬币浮在水面上的材料下面打“√”。（教师出示下面的记录表，讲解记录方法。）

材料	猜想	结果
积木块		
泡沫盘子		
塑料瓶盖		
瓷盘		

6.2.4

③ 幼儿动手操作，验证猜想。

④ 展示记录表，交流实验结果。

问题：哪些材料能使硬币浮在水面上？你是怎么操作的？

小结：能让硬币浮起来的材料首先自己必须能浮在水面上。

3）再次探索一些沉浮可能有变化的材料。

① 出示第二组材料，请幼儿猜想与记录：哪些材料会使硬币浮在水面上？在你觉得会使硬币浮在水面上的材料下面打“√”。（教师出示下面的记录表。）

材料	猜想	结果
大树叶		
薄纸板		
纸船		

② 幼儿自主操作验证，然后交流实验结果。

小结：有些树叶能使硬币浮起来，有些不能；有些材料，像纸板、纸船，开始的时候会帮助硬币浮起来，吸水后就会慢慢沉下去，很难再浮起来。

3. 操作感知有些物体本身形状改变后，沉浮的特性也会改变

1）请幼儿使用大树叶或纸板再次实验，逐步撕掉一部分，让面积越来越小，看浮起来的硬币是否有变化。

小结：使用大树叶和纸板会帮助硬币浮起来，但当树叶和纸板越来越小时，硬币就会沉下去。

2）请幼儿尝试用橡皮泥帮助硬币浮起来。

小结：橡皮泥团成球状时不能让硬币浮起来，但若把橡皮泥变成薄薄的小船形状就能使硬币浮起来。

4. 回归生活，迁移经验

教师：在我们的生活中，类似的现象还有很多，比如不会游泳的人借助游泳圈，就能浮在水面上；把铁块放入水中会沉下去，但造成了船以后船会浮在水面上……你们还知道哪些类似的现象呢？

二、实验操作型活动的组织指导

实验操作型科学教育活动有其自身活动特点，组织指导该类活动除参照集体教育活动的组织指导要点外，还应注意以下问题。

（一）提供充足多样的实验材料

充足多样的实验材料能保证幼儿反复操作，充分与仪器材料相互作用，使幼儿在实验过程中去探索、发现、判断，自己找出问题的答案。幼儿的探索发现来自自己的摆弄和操作，因此，提供充足多样的实验材料非常重要，只有多样性的材料才能使幼儿获得丰富的科学经验。

（二）引导幼儿积极主动参与活动

教师应注意激发幼儿探究欲望，鼓励幼儿大胆尝试，按照自己的想法去探究发现问题、解决问题。在活动过程中，教师要尽可能为幼儿提供充分的操作时间，让幼儿有更多的时间去自主探索。

（三）引导幼儿仔细观察并做好记录

教师既要注意引导幼儿观察操作过程中的变化，也要引导幼儿学习记录实验中的发现，必要时对幼儿的实验操作方法给予适当指导。

（四）组织幼儿对实验现象和结果展开交流讨论

教师应引导幼儿分析实验中观察到的现象，鼓励幼儿解释实验的结果，体验合作探究与发现的快乐。鼓励幼儿提出问题。教师要和幼儿展开平等的讨论，共同探究问题，切不可急于将问题的答案交给幼儿，以避免超越幼儿的理解能力而形成变相灌输。

案例分析

案例 6.4　小班科学活动：好玩的磁铁

活动目标

1）初步了解磁铁能够吸引铁及铁制品的特性。

2）积极寻找并发现生活中能被磁铁吸起来的物品。

3）对磁铁吸铁现象感到好奇，在操作中体验发现的快乐。

活动准备

跳舞小动物（用纸卡制作，反面贴上回形针），纸板，磁铁，操作材料若干（钥匙、硬币、回形针、瓶盖、雪糕棒、石头），PPT。

活动过程

1．魔术：会自己跳舞的纸卡小动物

小动物来活动室做游戏，请小朋友观察，小动物是纸卡做成的。教师手握磁铁，置于纸板后，移动磁铁，操纵纸板上的小动物跳舞。看完表演让幼儿想一想，猜一猜，为什么纸卡做成的小动物会跳舞呢？

2．认识磁铁，了解磁铁吸铁的特性

1）揭秘小动物自己跳舞的秘密——磁铁。给幼儿提供各种各样的磁铁，请幼儿看一看，摸一摸，感受磁铁，知道磁铁有各种各样的形状和各种各样的颜色。

2）操作游戏：磁铁找朋友。

介绍操作材料，分组操作。

3）分享交流操作结果。

小结：磁铁能吸住铁制的东西，不能够被磁铁吸起来的东西就不是铁做的。

案例 6.5

3．发现生活中的铁制品

幼儿拿磁铁在活动室寻找能够被磁铁吸住的物品。

活动延伸

将“会跳舞的小动物”投放到益智区。

案例分析

幼儿园教育内容的选择应是孩子们感兴趣的事物和问题，还要有助于拓展孩子的经验和兴趣。本次活动中教师以幼儿熟悉并喜欢的游戏导入，通过自由探索激发兴趣以操作突出重点，让幼儿在玩中探索、玩中发现、玩中感知、玩中提升。

1．活动设置游戏化、情景化

这一设计符合小班幼儿的年龄特点，以幼儿熟悉并喜欢的游戏为切入点激发了幼儿的探究兴趣，实现了让幼儿在游戏中学习，在游戏中探索，在游戏中发现。

2．层次分明，层层递进

在探究磁铁特性的过程中，分别从自由操作发现磁铁可以吸铁到用磁铁分类解决疑惑，得出磁铁可以吸住东西中含铁的部分，层层递进。

3．迁移应用，巩固理解

在活动的最后，通过在生活中寻找能够被磁铁吸住的物品这一环节，让幼儿大胆猜测，同时将磁铁吸铁这一特性联系生活运用于实际，巩固了幼儿对这一知识的理解。

案例 6.5　中班科学活动：纸花开放

活动目标

1）了解纸有吸水性的特点，感知不同材质的纸，吸水性不同。

2）愿意动手操作，对做实验感兴趣。

活动准备

1）用彩纸、报纸制作花苞的图示一张；用彩纸、报纸剪成的小花若干。

2）将适量的毛巾和装有水的水盆分组摆放。

活动过程

1．实验导入，激发幼儿的探索兴趣

1）教师用一张彩纸剪出小花，再出示用彩纸制作花苞的步骤图，请幼儿想想怎样用小花做成花苞。

2）教师讲解并示范花苞的制作方法：将每朵小花的花瓣都向中心折，再压平，即做成花苞。

3）幼儿思考：将花苞放在水里会怎么样？

4）幼儿观看实验规则的图示，明确操作步骤。

实验规则：①每名幼儿拿一朵纸花；②将纸花制作成花苞，放在水里；③花苞放进水里后，不能用手碰。

2．幼儿操作、感知，并交流讨论

1）幼儿操作实验，教师巡回指导。

2）师幼交流实验情况。

3）教师引发幼儿思考为什么花苞放在水里，花苞会慢慢撑开。请幼儿大胆发表自己的观点。教师将水里的纸花捞起，请幼儿将其与之前制作的花苞对比，说说有何不同。

小结：原来是水跑到纸宝宝的身体里了，所以花瓣就撑开了。之所以这样，是因为纸有吸水性。

3．对比实验，提升幼儿的经验和认知

1）教师出示报纸制作的花瓣的图示，请幼儿看一看、说一说怎样制作花苞。

2）教师提出问题，让幼儿猜想用报纸制作的花苞和用彩纸制作的花苞，同时放在水里，哪个会先开。请幼儿大胆猜测，并将预测结果进行记录。

3）教师和幼儿一起商定修改实验规则，可修改为：①每名幼儿拿一朵彩纸花和一朵报纸纸花；②将两朵纸花制作成花苞，同时放进水里；③纸花放进水中后，不能用手碰。

4）幼儿操作，教师巡回指导。

5）验证实验结果，修正部分幼儿错误的预测结果。

4．教师提出新问题，激发幼儿继续探索的兴趣

提问：如果用其他不同材质的纸制作成花苞，放到水里，它们的开花速度会怎样呢？请幼儿在区域活动中继续实验。

活动延伸

将水盆和各种材质的纸花放置于科学区，供幼儿继续实验，感知不同材质的纸吸水性不同。

案例评析

“纸花开放”这个活动是典型的实验操作类科学教育活动，活动的延展性非常强。它通过集体教学活动将孩子的好奇心和探究欲望充分激发起来，可以结合区域活动进行进一步的科学探索。例如，将水里加颜色，看看带颜色的水在不同的纸上爬的速度。还可以增加纸的种类，让孩子感受更多不同的纸的吸水性的不同。作为中班的一个科学活动，实验过程虽不复杂，但体现了典型的实验操作类活动的特点。

1．条理清楚、层次分明

先让孩子了解纸具有吸水的特性，然后再对比不同的纸的吸水速度不同。在实验的过程中，充分调动幼儿的自主性，让幼儿充分操作，自己动手得出结论。

2．多种组织形式灵活运用

这一活动既有集体的分享讨论又有幼儿的分组操作实验，孩子们在分组操作中可以边讨论边分享自己的经验，边不断地尝试错误边在合作中寻找答案。

3．材料的投放

这一活动并没有提前将花苞制作好投放，而是将制作花苞作为其中的一个环节。一方面花苞的制作非常简单，对于中班孩子属于已有经验；另一方面，幼儿可以从源头发现问题，知道花苞本身是没有问题的，将探索的注意力集中到纸的吸水性上。每一步的实验投放的纸又是不一样的，使活动由浅入深，由表及里，层层展开。

案例 6.6

案例 6.6　大班科学活动：熄灭的蜡烛

活动目标

1）初步了解蜡烛与空气助燃的关系。

2）学习做科学小实验的方法，萌发对周围事物的兴趣和求知欲。

活动准备

PPT 课件、玻璃杯、蜡烛若干、记录表人手一份。

活动过程

1．导入：猜谜语

教师让幼儿猜谜语：心细如线，胸怀大志，燃尽自己，照亮别人。（蜡烛）

请幼儿说一说小火苗像什么呢?（星星、太阳、萤火虫）

2．感受空气对燃烧的作用

1）请幼儿说一说蜡烛在日常生活中的用途。

请幼儿说一说如何点燃蜡烛（火柴、打火机）。

引导幼儿用不同方法将蜡烛熄灭（用手扇，用嘴巴吹）。

2）第一次实验：如果我们点燃一根蜡烛，然后用一个玻璃杯罩在蜡烛上，猜猜会怎样？做实验验证猜想。

小结：在燃烧的蜡烛上罩上玻璃杯，蜡烛燃烧一会儿就会熄灭，这是因为燃烧的蜡烛把瓶子里的空气用完了，这说明蜡烛燃烧需要空气。

3．感受空气量对燃烧时间长短的影响

引导幼儿探索蜡烛燃烧时间与蜡烛大小、玻璃杯大小的关系，激发进一步探究的欲望。

1）第二次实验：点燃两根相同的蜡烛，分别罩上大小不同的玻璃杯，猜猜会有什么现象发生？分组实验，验证猜想。

小结：通过实验我们发现，小瓶中的蜡烛先熄灭。这是因为大瓶子里的空气多，所以蜡烛燃烧的时间长；而小瓶子里面空气较少，所以蜡烛燃烧的时间较短，就先熄灭了。

2）第三次实验：点燃两根大小不一的蜡烛，罩上大小相同的玻璃杯，会发生什么现象呢？幼儿实验，验证猜想。

小结：大的蜡烛燃烧用掉的空气多先熄灭。

4．让幼儿了解火的便利和危害

教师给幼儿播放关于火的便利和危害的 PPT，请幼儿注意用火安全。

活动延伸

回家跟爸爸妈妈一起分享今天我们发现的蜡烛的秘密。

案例评析

大班幼儿对生活中的一些现象产生了探究的欲望，什么事情都想问个为什么，也愿意用自己学到的知识解决生活中的问题。“熄灭的蜡烛”这一活动顺应了幼儿的发展需求，通过提问提高幼儿的探究欲望，通过实验验证自己猜想，寻找问题的答案，激发了幼儿的兴趣，幼儿学习的主动性较高。随着家长对幼儿安全意识的提高，幼儿在家很少能接触到火，很多幼儿对火还存在一些恐惧心理，本次活动通过实验，让幼儿操作熄灭燃烧的蜡烛，克服了恐惧心理，树立勇敢的自强自立精神，同时也了解了燃烧与空气的关系，从而运用到实际生活中，解决生活中的问题，实现了理想目标。

第三节　技术制作型活动的设计与指导

一、技术制作型活动概述

技术制作型活动是指学习制作产品、使用科技产品或掌握某些工具的操作方法、技能的科学活动。它是幼儿了解技术、体验技术的重要手段。

随着时代的发展和科学技术的进步，技术创新和产品应用与人们的生活息息相关，越来越受到人们的重视。与社会及人们的生活相适应，技术教育在幼儿园也越来越受到重视，技术操作型活动的开展也越来越普遍。

幼儿园开展技术制作型活动主要涉及两种类型：一种为设计技术，即针对幼儿开展的科技小制作活动；一种为使用技术，即幼儿对科技产品及常用工具的认知及使用。

二、技术制作型活动的价值

（一）使幼儿获得对技术的直接体验

在技术制作型活动中，幼儿直接感知和操作技术制作或使用的过程。例如，让幼儿尝试用工具和材料制作科技小玩具小风车、不倒翁等，或者设计制作日常生活中经常用到的喷水壶、小篮子等，这些可以让幼儿亲历“技术设计”的过程，对技术设计或制作的本质获得初步的体验，为将来进一步的发展奠定基础。

（二）加深幼儿对有关科学现象的理解

幼儿通过自己制作“不倒翁”，亲历制作过程并思考“不倒翁怎样才不会倒”的问题，比起在单纯的科学探索活动中“玩不倒翁”所获得的经验显然要丰富真实得多。

（三）使幼儿获得制作及操作技巧

技术制作型活动为幼儿提供大量的物体和材料，使幼儿在材料的选择、摆弄及制作过程中得到肢体上的协调和发展，提高了操作技能技巧，培养了善于动手操作的好习惯。

三、技术制作型活动的设计

技术制作型活动是一种侧重设计与制作的科学教育活动，与其他类型活动相比，更加注重幼儿操作技能的培养。由于幼儿要亲历设计与制作过程，为了增强活动的实效性，在设计活动过程各个环节时，教师要充分考虑幼儿的实际能力，才能设计出适合幼儿的活动内容。

6.3.2　6.3.2（1）

（一）活动目标的设计

技术制作型活动的核心目标主要是：设计制作能力；使用产品及工具的能力。具体分析主要包含以下 4 个方面：一是掌握简单工具使用方法的能力；二是感受和操作科技产品的能力；三是根据设计要求按顺序模仿制作的能力；四是自行设计并动手开展科技小制作的能力。不同年龄段幼儿技术制作能力目标如表 6-4 所示。

表 6-4　不同年龄段幼儿技术制作能力目标

教学目标		适用年龄段	活动举例
使用产品及工具的能力	掌握使用日常简单工具的方法	中班或以上	中班：“厨房小用具” 大胆尝试使用榨汁机、削皮器等，探索它们的结构、功能和正确使用方法
	感受、了解或操作日常科技产品，并知道其用途	小班或以上	小班：“我让手电筒亮起来” 学习用推、按、拧等不同方法使用手电筒。 大班：“通信工具真方便” 了解生活中常用的通信工具，知道这些通信工具的使用方法，尝试使用通信工具
设计制作能力	按照程序进行模仿制作	中班或以上	大班：“可爱的不倒翁” 能按要求选择合适的材料，并在教师指导下按顺序模仿完成制作
	设计并开展科技小制作	中班或以上	中班：“自制喷水壶” 自行设计并选择合适的材料制作简易喷水壶

范例 6-13

小班科学活动：手电筒亮起来（活动目标）

活动目标：

1）了解手电筒是多种多样的，能帮助人们照亮。

2）探究用推、按、拧等不同方法让手电筒亮起来。

范例 6-14

大班科学活动：不倒翁（活动目标）

活动目标：

1）在自制不倒翁的过程中能发现问题并探索如何解决问题。

2）通过操作，感知不倒翁不倒的秘密。

3）能与同伴合作制作不倒翁，体验成功的快乐。

范例 6-15

中班科学活动：我家的电器（活动目标）

活动目标：

1）认识冰箱、空调、洗衣机、电视机等几种常见的家用电器，初步了解家用电器的特点和用途。

2）增强使用电器的安全意识。

（二）活动过程的设计

根据技术制作型活动的特点，对应以上技术制作型活动目标要求，我们把技术制作型活动细分为 4 种类型，即感受—操作式，运用—操作式，模仿—制作式，设计—制作式。具体设计思路如下。

1. 感受—操作式

重点在于让幼儿充分接触和感受运用技术新产品。例如，认识并正确操作各类玩具、家用电器等。满足他们渴望了解技术的愿望，培养幼儿关注科技的兴趣。此类活动通常先由教师或家长演示，讲解新产品的用途并演示其操作步骤，幼儿在观察的基础上动手尝试，最后经共同讨论完成正确的操作。

2. 运用—操作式

重点在于让幼儿学习工具操作并能正确运用工具解决问题。例如，正确使用小剪刀、订书机、测量工具、生活工具等。让幼儿了解工具的用处，掌握工具的使用方法，获得技术使用的体会，并能在生活学习中正确运用。此类活动可以是独立的活动内容，也可以是技术制作类科学教育活动中的一个部分。通常由教师或家长启发、引导幼儿操作使用，幼儿在不断的失误中总结，最终掌握正确的使用方法。

3. 模仿—制作式

通过开展小制作活动让幼儿按固定步骤学习制作简单的科技产品。例如，制作降落伞、潜望镜、万花筒等。幼儿运用工具和材料开展小制作是对技术的一种非常直接的体验，此类活动通常由教师或家长演示操作过程，幼儿动手实践，师幼共同交流，最后制作完成作品。

4. 设计—制作式

让幼儿在已有的制作经验基础上进行扩展和创新。例如，设计并制作石膏玩具，做一个和别的小朋友不一样的不倒翁等。此类活动通常是在教师和家长的支持帮助下通过幼儿自主设计、动手动脑，个性化地完成作品的创作和制作过程。

总之，活动过程的设计理念应体现技术制作类科学教育活动的本质，让幼儿通过实际操作去获取知识，通过实践去解决问题。操作并不仅仅是动手去做，它也是一种研究，要引导孩子们动脑筋、想办法去创造。设计过程包括提出问题→研究问题→解决问题→交流感想→完善提高→展示分享 6 个程序，这 6 个程序并非有序排列，而是相互交织、

范例 6-16

相互结合。

范例 6-16

大班科学活动："好玩的传声筒"

活动目标：

1）探究声音在管状物体里传播的现象，感受声音传播这一科学现象的神奇。

2）与同伴一起组合拼装传声筒，体验合作探索的快乐。

活动准备：

1）多段 PVC 管子，多个 PVC 管道弯头，可以塞进管子的布条若干。

2）教学挂图《好玩的传声筒》。

活动过程：

1. 儿歌导入，激发幼儿兴趣，引出活动内容

"两个小娃娃呀，正在打电话呀。喂喂喂你在哪里呀？哎哎哎我在幼儿园。"提问：小朋友们，我们刚刚在干什么呀？引出打电话可以传递声音。如果今天不用电话，想跟小朋友们说悄悄话，该怎么办呢？

2. 教师出示管子，引导幼儿初步做实验

1）两位小朋友一组领一根管子，找一个碰不到别人的地方站好。和你的好朋友互相说一说悄悄话，试试能听到吗？（教师在实验过程中及时指导解决问题）小朋友们要小一点声音，保护好我们的耳朵。

小结：原来管子也可以传递声音，它也是一种传声筒。

2）教师出示管道弯头，进一步引导幼儿做实验。

小朋友们试试能不能用弯管把你们的管子变成不同形状，不同长短。小朋友们分享自己的管子形状和长短。接下来再试试这样还能传递声音吗？

小结：声音不仅能从直管里传递，还能从弯管里传出来。

3）引导幼儿制作三人传声筒。

讲解游戏注意事项：拿材料的时候要在一个宽敞的地方，不能碰到其他小朋友。说话的时候要避免大吼大叫同时也要保护好自己的耳朵。在管子松动时可以拧紧一点。说话的口叫说话口，能听到声音的口叫作听筒口。注意：两个听筒口的大小要一样。

幼儿分享实验作品。

4）教师制作传声筒（塞布条）与幼儿游戏，讨论传声筒听不见声音的原因，结合挂图分析传声筒的原理。

5）出示教学挂图，了解生活中通过传声筒原理制作出来的物品。例如，用扩音喇叭喊话，用听诊器听心脏的跳动，用耳机听歌曲。

活动延伸：

和爸爸妈妈一起观察生活中还有哪些用传声筒原理制作的物品。老师在外面墙壁上放置了很多管道，小朋友们可以跟好伙伴一块儿去玩耍。

范例 6-17

中班科学活动：降落伞

活动目标：

1）喜欢参与科学活动，体验玩降落伞的乐趣。

2）运用观察比较的方法，探索降落伞降落速度快慢与垂吊物重量之间的关系，大胆用完整的语言来表达自己的发现并记录结果。

3）提高观察和动手操作的能力。

活动准备：

经验准备：幼儿有玩降落伞的经验、了解降落伞的组成。

物质准备：自制降落伞一个，梳理图示两张，塑料带若干，重量不同的 3 种铁夹子若干，画有“√”和“×”的记录标志若干，记号笔若干。

活动过程：

1. 观察“降落伞”，激发幼儿参加活动的兴趣

教师：小朋友你们喜欢玩降落伞吗？看！降落伞下来啦。

2. 第一次探索“落的一样快的降落伞”

引导幼儿学习运用正确的比较方法，感知相同材料制作的降落伞，降落速度相同。

1）教师介绍实验材料，提出活动要求。

① 教师：今天老师准备了塑料袋和夹子，想一想怎么做降落伞？

② 提出活动要求：

A. 每个人制作一个降落伞。

B. 找一个好朋友比一比，看一看两个降落伞是不是落得一样快，想想怎么样比才公平。

2）幼儿自主开展探索活动。

3）集中交流，梳理小结。

① 幼儿大胆说出实验过程和实验结果。

教师：两个降落伞落得一样快吗？你们刚才是怎么比的？

② 讨论：怎么比才公平。

③ 教师结合图示梳理。

④ 幼儿再次游戏，进一步感知同样材料的降落伞下降速度一样。

⑤ 梳理小结：一样的降落伞，它们落得一样快。

3. 第二次探索“降落伞比赛”

引导幼儿感知降落伞降落速度快慢与垂吊物重量之间的关系。

1）教师介绍实验操作材料，引导幼儿进行猜想。

教师：今天老师还给小朋友们准备了一样的塑料袋，蓝色的夹子和黑色的夹子，请你们来猜猜看哪个降落伞落得快，哪个降落伞落得慢。

2）介绍实验及观察要求。

① 两个人一盘材料，每个人制作一个降落伞。

② 运用正确的方法进行比较。

③ 根据比较的结果，给最快的降落伞贴上✓，给最慢的降落伞打×。

3）幼儿自主探究，教师指导。

4）结合记录表进行梳理、小结。

① 鼓励幼儿大胆表达实验过程和结果。

教师：谁来说一说你发现了什么？

② 引导幼儿讨论：为什么有的降落伞落得快，有的降落伞落得慢呢？

③ 教师小结。

教师：一样伞面的降落伞，蓝色夹子轻，降落伞落得慢，黑色夹子重，降落伞落得快。

活动延伸：

伞面大小不一样的两个降落伞，它们谁落得快，谁落得慢呢？

四、技术制作型活动的指导

（一）组织活动时应使幼儿明确活动的目标

在技术制作型活动中，教师可以通过出示、演示已制作好的成品，让幼儿明确制作的目标，知道自己要做什么；教师也可以向幼儿讲解或演示制作的步骤和方法，让幼儿知道怎样做。不过，应注意不能以教师的演示替代幼儿的操作，活动过程应该以幼儿自己的操作为主。

（二）要让幼儿自己探索制作的方法和技巧

在技术制作过程中，也要给幼儿主动探索的空间，即要让幼儿自己去尝试，通过个人的经验（即使是失败的经验）来学习，而不是向幼儿灌输技能技巧，否则，幼儿的学习也就变成了机械的训练。

（三）为幼儿提供适当的制作材料

这里的材料既指制作的原材料，也指制作中必需的或可能需要的工具。提供材料时应考虑以下两点。

1）制作的原材料应尽量是半成品。由于幼儿的制作能力相对较弱，一般来说，他们还不能独立完成一个制作的任务。教师可根据不同年龄幼儿的特点，为幼儿提供相应的半成品供其制作，既保证幼儿能有一个成功的结果，又要让其拥有制作的经验。

2）制作的材料应具有选择性。例如在“做不倒翁”的活动中，教师提供不同的材料，让幼儿探索用哪一种材料填充是最好的，这样就激发了幼儿的探究。有的材料看似没有用处，但是它也许能激发幼儿的创造性运用，也应该适当提供。

（四）在分享、交流中体验快乐，完善作品

在活动结束的阶段让幼儿相互交流，可以使幼儿根据自己的想法和做法梳理强化自己所获得的新经验。分享、交流是技术制作型活动不可缺少的重要环节，同时，幼儿可以在玩作品时与同伴交流，思考自己作品的不足之处，在教师引导式的评价中，完善调整自己的作品。

教师在组织指导这类活动时还要注意以下几点。

1）可将技术制作活动与区域活动结合起来开展。例如，集体时间不够，可延伸到区角活动中继续进行。

2）技术制作型活动最好结合展示活动开展，使幼儿的每项制作活动都有始有终，并能在与同伴的交流中提高制作技能。

3）可以请家长参与技术制作型活动，特别是年龄较小的幼儿可以请家长带着一起制作，效果会更好。

案例分析

案例 6.7　大班科学活动：不倒翁

活动目标

1）在自制不倒翁的过程中能发现问题并探索如何解决问题。

2）通过操作，感知不倒翁不倒的秘密。

3）能与同伴合作制作不倒翁，体验成功的快乐。

活动准备

1）不倒翁玩具和自制的“不倒翁”（底部为平底的和底部为球体的）若干。

2）幼儿操作材料：小石子、橡皮泥、海洋球（提前剪去三分之一）人手一个，半圆形彩纸、彩笔。

3）自制的大型“纸浆不倒翁”（高约 80 厘米）玩具 4 个，透明胶带，塑料袋，小石块等。

活动过程

1．谜语导入，引出活动主题

教师说出谜语：“一个老头，不跑不走；请他睡觉，他就摇头。”请幼儿大胆猜测，激发幼儿探索的兴趣。

2．幼儿自由玩不倒翁玩具，探索不倒翁底部的秘密

1）出示不倒翁，请幼儿每人选取一个玩一玩。

教师提出要求：玩时仔细看一看、比一比，看看谁的不倒翁能来回摇摆，谁的放倒后不能站起来。

2）请幼儿按照不倒翁倒下去后是否能站起来分成两组，并演示自己的不倒翁。

3）引导幼儿观察比较，发现两组不倒翁的异同：底部为半球体的不倒翁能来回摇

摆，底部是平底的不能来回摇摆。

3．幼儿制作不倒翁，并寻找不倒翁能来回摇摆的原因

1）出示半圆形彩纸及海洋球，教师讲解制作方法。

① 将半圆形彩纸折叠后粘成圆锥形作为不倒翁的头部。

② 将圆锥形粘贴在海洋球上，并添画上眼睛、嘴巴。

2）幼儿制作，教师巡回指导。

3）自由玩不倒翁，发现不倒翁不能来回摇摆的原因。

小结：需要在海洋球中装一些东西，才能做成真正的不倒翁。

4．师幼共同探究不倒翁不倒的秘密

1）出示实验记录表，教师讲解实验及记录方法。

① 请幼儿将小石子、橡皮泥依次装进不倒翁的身体后试一试，看它倒下后能不能站起来。

② 一次放入一种材料，在记录纸上用不同的标志画在不倒翁的身体处，如果能来回摇摆用“√”表示，不成功用“×”表示。实验完一种材料后，把它倒出来，再装另一种材料。

2）幼儿操作并记录，教师巡回指导。

3）交流讨论结果，教师通过演示验证实验结果。

① 教师依次演示放入小石子、橡皮泥的不倒翁，请幼儿说一说自己的操作结果并验证。

② 讨论：怎样放入橡皮泥，才能使不倒翁不倒。

小结：把橡皮泥固定在不倒翁底部就可以做成真正的不倒翁了。

幼儿再次操作，把橡皮泥固定在底部，做成一个可以来回摇摆的不倒翁，注意让每个幼儿都要体验到成功的喜悦。

5．合作制作大型不倒翁，探究如何用颗粒状的物体制作不倒翁

1）教师出示大型“不倒翁”（预先用纸浆做成），提出制作任务：使用胶带、小石块、塑料袋等材料，4 人一组，合作制作不倒翁。

2）请幼儿互相介绍实验结果，玩自制的不倒翁（可以把石块装进塑料袋，再用胶带把塑料袋固定在不倒翁底部，就可以做成来回摇摆的不倒翁了）。

案例评析

科学领域强调幼儿的科学学习应注重激发幼儿的探究兴趣，体验探究过程，培养初步的探究能力；教师要善于发现和保护幼儿的好奇心、求知欲，注重探究过程，引导幼儿通过观察、比较、操作、实验等方法，学习发现问题、分析问题和解决问题。

大班的孩子大多都在 6 岁左右，对周围世界充满了探究的欲望，对新鲜事物具有强烈好奇心和求知欲，喜欢提出各种各样的问题，对科学活动有着浓厚的兴趣。幼儿对不倒翁玩具是有一定的生活经验和认知基础，但幼儿的知识和经验都是零散的，需要老师引导他们进行规整和梳理，帮助孩子们形成一个比较完整的概念。因此在教学过程中，以《指南》为指导有效整合各领域目标，引领幼儿从兴趣入手，利用大班幼儿好竞争、

愿比拼的年龄特点通过闯关游戏，让幼儿在游戏中，感知观察不倒翁“不倒”的秘密，通过动手制作不倒翁，发现不倒翁“不倒”的原理，从而激发幼儿对科学活动的兴趣。

同步训练

一、思考训练

1．结合《指南》简述各年龄段幼儿观察能力的主要特点及典型表现，并举例说明。

2．结合《指南》简述各年龄段幼儿探究能力的主要特点及典型表现，并举例说明。

3．结合《指南》简述各年龄段幼儿表达能力的主要特点及典型表现，并举例说明。

4．《指南》科学领域“具有初步的探究能力”的教育建议中提出“鼓励和引导幼儿学习做简单的计划和记录，并与他人交流分享”。结合科学活动“沉与浮”，谈谈你的理解。

二、实践训练

1．以“我的动物朋友”为内容，设计一个小班观察认识型科学教育活动，并谈谈如何在组织实施过程中开展指导。

2．以“空气的秘密”为主题，设计一个中班实验操作型科学教育活动，并指出在实施过程中的指导要点。

3．以“自制喷水壶”为内容，设计一个大班技术制作型科学教育活动。

4．仿讲“神奇的中草药”，并写出活动反思。

第七章

区域活动的设计与指导

学习与能力目标

1. 具备初步设计与组织自然角的科学教育活动的能力，并能进行灵活的指导。

2. 设计与组织科学角的教育活动，并能进行灵活指导。

3. 对科学区域活动有正确的认识，重视幼儿园科学区域活动的开展。

知识结构图

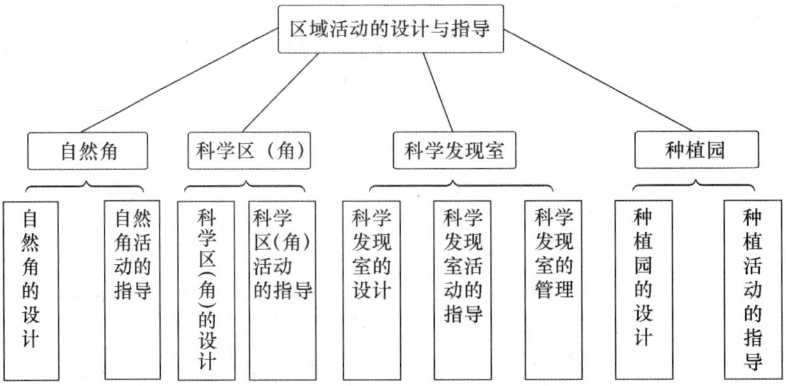

区域活动，作为学前儿童科学教育的一种专门的教育途径，在第三章中已经有了概括的介绍。幼儿园区域科学教育活动，因为投放材料的不同、空间环境的不同，所起的作用也有所不同。这里将要介绍的区域科学教育活动分为两种类型：一种是以班级为单位设立的活动区（角），一般为自然角、科学活动区（角）；另一种是全园共用的活动场所，如科学发现室、种植园地等。本章将重点学习自然角、科学区（角）、科学发现室及种植园地的设计与指导。

第一节 自然角的设计与指导

所谓自然角，是指在幼儿园班级的阳台、走廊或者活动室有阳光的一角，栽培植物、饲养小动物、陈列生物样本的场所。自然角是幼儿的主要活动区域之一，是他们观察和研究动植物的重要场所。自然角是幼儿认识自然的一个窗口，自然角的设计要考虑内容的丰富性，符合幼儿的认知水平，激发幼儿的兴趣，遵循季节变化规律。特别需要指出的是，自然角的设计要更多地与教育活动主题和活动内容相适应、相配合。在创设自然角的时候，教师可让幼儿共同参与，以充分调动幼儿的积极性，激发幼儿的兴趣。

一、自然角的设计

（一）自然角内容的设计

自然角的内容设计要符合《指南》的具体要求，主要体现为让幼儿了解动植物的生长变化，感受自然之美，体验探究乐趣。一般可以设置以下内容。

1. 植物

自然角植物选择的要求：无毒，无刺，易成活，生命力强，无刺鼻或浓重气味，不开花或无花粉传播。常见的品种如下。

1）观叶植物：吊兰、文竹、绿萝、含羞草、青菜等。

2）观花植物：瓜叶菊、菊花、一串红、玻璃海棠等。

3）观果植物：金橘、五色椒、盆栽石榴、佛手等。

4）观根植物（一般水养）：大蒜、洋葱、萝卜等。

5）观察生长过程的植物：黄豆芽、绿豆芽等，各种种子发芽的过程都可以观察（见图 7-1）。

图 7-1 自然角植物

2. 小动物

自然角小动物选择的要求：体型较小、无危险、便于喂养、方便管理、无异味，活动过程中便于幼儿观察外形特征、成长过程、生活习性等。比较适合在自然角喂养的小动物如下（见图 7-2）。

图 7-2 自然角动物

1）金鱼：选择颜色鲜艳、生命力强的普通品种，喂养过程操作简单，管理方便，但要根据情况适时换水。

2）乌龟：选择体型较小的小乌龟，喂养、管理特别方便，观赏性、安全性都很好。

3）桑蚕：能观察到桑蚕变化的过程，喂养方法简单且有趣，易于掌握，是区域科学活动极具价值的内容，但具有季节性，要便于采集到桑叶。

4）蝌蚪：能明显观察到蝌蚪变青蛙的全过程，但具有季节性，一般在春季池塘或水湾中可捞取。

以上是常见的自然角喂养的小动物，还可以结合地域条件喂养河蚌、泥鳅、蜗牛等，如有条件甚至可以让幼儿观察鸡蛋孵出小鸡的过程。

3. 非生物及工具

自然角中除了生物，还有许许多多的非生物，它们共同构成了美丽的大自然。在自然角中可以投放的非生物及工具如下。

1）非生物：土、沙子、石头、贝壳等。

2）工具：放大镜、喷壶、小铲子、抹布等。

3）标本类：植物的根、茎、叶、花、果实、种子的标本，蝴蝶等昆虫标本，海洋生物贝壳、海星等标本（见图 7-3）。

4. 自然材料小制作

自然材料小制作包括用秸秆、芦苇、草梗插编的小动物及工艺品，用树叶、种子制作的粘贴画，用植物根、茎、叶、果实雕刻的工艺品等（见图 7-4）。

图 7-3　自然角非生物

图 7-4　自然材料小制作

（二）自然角的设计要求

1. 内容要丰富

自然角投放的材料内容一要符合幼儿科学教育内容选择范围，二要符合自然材料范围。教师可以根据季节和活动主题的变化，选择并及时变换材料内容，让幼儿能够通过自然角更多地认识大自然，使自然角真正成为幼儿了解大自然的“窗口”。例如，上述提到的有关植物、小动物、非生物及工具、自然材料小制作等都可以列入该范畴，以丰富自然角的内容。

2. 符合幼儿的认知水平

自然角的设置一方面是让幼儿通过自然角了解自然，另一方面是激发幼儿对大自然的热爱和探究兴趣，培养幼儿对自然的科学探究能力。自然角内容的选择要尊重幼儿的年龄特征。

1）小班幼儿观察力较差，为他们提供的观察物，应以具有明显特征的物体为主。例如，可提供兔子、乌龟、大蜗牛、鱼等特征明显的动物；体大且色彩鲜艳的蝴蝶、蜻蜓等标本；孩子们在生活中常见的苹果、梨、香蕉等水果；金橘、含羞草等极富特点的植物。

2）中班幼儿观察力、思维能力都有所提高，在尽可能保证物品完整性的同时，可

7.1.3

提供一些外观上具有相似之处的物品，并注意其多样性的特点，以发展幼儿的求异和求同思维能力。例如，可提供金鱼与鲤鱼、黄瓜与丝瓜、橘子与橙子等供幼儿比较异同。

3）大班幼儿好奇心强，求知欲旺盛，独立活动能力强，可以提供能引起他们深入研究或细致观察的物品。例如，引导幼儿观察常青树和落叶树，深入探究其生长条件和特征；饲养小蝌蚪、蚕（见图 7-5）、蚯蚓等小动物，对小蝌蚪变青蛙的过程进行长期观察，发现蚕宝宝吃了什么颜色的食物，身体就会相应变成哪种颜色；了解蚯蚓身体的再生功能等。

图 7-5　自然角蚕饲养

3. 遵循季节变化规律

教师应针对幼儿发展的实际，结合四季的变化，精心制定自然角科学教育计划，发动幼儿及家长认真选择自然物品，相对集中地布置一些内容。比如，春天是生机勃勃的季节，可以与孩子一起播下种子，观察种子的发芽和生长过程；可以饲养可爱的小蝌蚪，引导孩子观察小蝌蚪变青蛙的过程。秋天是硕果累累的季节，可以投放各种植物的果实如石榴、橘子、柿子、梨等应季的水果和核桃、杏仁、葵花子等干果……总之，自然角的内容一定要随季节常更新，这样才能使自然角充满活力，保持和发展幼儿关注自然的情感。

二、自然角活动的指导

《指南》中指出，幼儿科学学习的核心是激发探究兴趣，体验探究过程，发展初步的探究能力。在自然角活动中，教师要善于发现和保护幼儿的好奇心，充分利用自然和实际生活机会，引导幼儿通过观察、比较、操作等方法，学习发现问题、分析问题和解决问题；帮助幼儿不断积累经验，并运用于新的学习活动，形成受益终身的学习态度和能力。具体而言，应该做到以下几个方面。

（一）物品的摆放要做到安全、整洁、美观

自然角的物品是幼儿园隐性教育环境的组成部分，因此各种物品应分类摆放，力求做到整洁、美观。教育幼儿观察、摆弄后归放原处。注意在自然角中不要安放易使幼儿

发生意外伤害的物品，如有尖锐棱角的铁架、带刺的植物等，以免发生磕碰甚至划伤。

（二）教师要善于随机地捕捉幼儿的兴趣，引导幼儿活动

教师及时关注孩子的兴趣热点，将孩子转瞬即逝的观察热情和探究欲望尽可能保持下去，进行某一阶段、主题性的创设，帮助幼儿聚焦研究兴趣，形成研究氛围。从幼儿兴趣出发的自然角内容设置，可以更有效地支持儿童深入探究。活动中教师不断跟进的指导策略，也让孩子们保持兴趣，进一步激发幼儿的探究欲望。

（三）让幼儿做自然角日常管理的主人

教师要将自然角变成幼儿喜欢的活动场所，就必须让他们参与自然角的设计和管理工作。为此，在布置自然角时，教师可以组织幼儿进行讨论，充分听取他们的意见，鼓励他们参与自然角物品的搜集与安排，支持他们参与力所能及的管理活动，轮流照料和看管自然角的物品。例如，小班幼儿可以做一些简单的清理工作，中、大班幼儿可以建立值日生制度，轮流负责对动植物的照料、记录。如此一来，自然角就成了他们长期关注的重点。这样不仅可以培养幼儿的良好习惯，还能加深幼儿对自然角的兴趣及责任感。

（四）鼓励支持形式多样的观察记录

在自然角的观察中，引导幼儿用自己的方式做观察记录，设计富有童趣的观察记录表，学习真实、科学地记录幼儿在自然角中的观察、发现（见图 7-6），鼓励幼儿用相机捕捉有意思的养花、养动物的镜头。教师还可以以画展、宣传海报和制作照片书的方式，帮助孩子展示他们的观察发现和记录，使其在事物变化现象与个人知识经验之间建立强有力的联系。

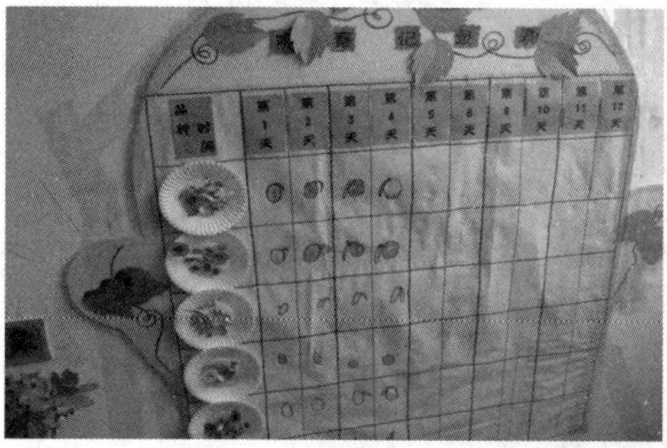

图 7-6　自然角观察记录表

第二节　科学区（角）的设计与指导

科学区（角）是指幼儿园活动室内划出一定的区域或角落，为幼儿提供科学探究的材料，让幼儿在其中进行操作、实验、探索等活动的教育场所。它占地不大，但内容丰

富多样，幼儿自主选择活动，是最直接便利的科学教育活动的场所。在科学区幼儿可以尽情享受探究过程所带来的乐趣，有利于培养幼儿对科学活动的兴趣，发展思维能力，提高动手操作技能。科学区对幼儿学习科学具有特殊的作用。

一、科学区（角）的设计

科学区（角）活动是一种非正规的、开放性的科学教育活动，它是在一定材料的基础上为幼儿提供的操作、实验、探索的场所，因此，科学区（角）的设计应该“以材料为中心”展开，活动目标和过程的设计应该蕴含于材料之中。

（一）科学区（角）材料的投放要求

材料的投放至关重要，也是目前幼儿园教师最为困惑和头疼的问题。投放什么材料？如何投放材料？投放多少材料？以何种方式投放？如何设计和投放材料才能激发幼儿兴趣、实现多层次探究目标？这些都是需要思考和解决的问题。

1．材料的多样性

材料的多样性不仅体现在涉及不同类型的材料种类多，还体现在同一类材料也要数量充足，方便幼儿探究和相关经验的积累。

投放的材料一般可分为以下 4 大类。

1）科学认知类：包括模型（如飞机模型、地球仪等）、挂图（如磁悬浮列车、蒸汽机车等的图片）、画册、音像资料等。

2）科学实验类：这类材料是科学区的主要内容，主要包括光学材料、磁性材料、力学材料、电学材料及相关的非生物材料等（见图 7-7）。

图 7-7　科学区材料

3）科学玩具类：主要包括电动玩具、遥控玩具、简单的机械玩具、益智类玩具等。

4）科技制作类：包括利用废旧物品自制的玩具（如利用薯片盒子、可乐瓶和笔杆制作的天平，利用塑料积木、笔杆、小雪花插片和冰糕棒制作的小水车，利用泡沫板、水彩笔后堵头制作的齿轮咬合玩具等）和幼儿的科技小制作（如风车、降落伞等）。

除此之外，还应该在科学区为幼儿准备必要的工具，如放大镜、螺丝、铲子、锤子等。

2. 材料的层次性

材料的层次性是指要为幼儿提供符合不同层次需要的材料，以便于不同水平的幼儿按照自己的需要进行选择。主要根据幼儿的认知、经验和能力的不同，提供难度不同的材料。例如，在科学区“有趣的泡泡”活动中可以投放3个层次的材料：第一层次的材料有现成的泡泡水、清水、洗涤剂，可以满足第一层次幼儿的发展水平，学习吹泡泡，区分清水和洗涤剂；第二层次的材料有各种粗细、长短、质地不同的工具（铅网、纱网、吸管等），可以满足达到第二层次的幼儿的发展水平，用不同的工具吹泡泡，比较泡泡的不同；第三层次的材料是有刻度的透明容器、小印章等，可以满足达到第三层次幼儿的发展水平，探究泡泡水的配制方法，体验浓度关系，并用印章进行简单的记录。

3. 材料的开放性

所谓材料的开放性，指的是教师对材料的投放只做一个大致的规划，不需要制定具体玩法，幼儿完全可以根据自己的需要决定如何玩，而实际玩法会因幼儿的个体差异多种多样。所谓开放性的材料，是指非结构化或低结构化的材料。非结构化的材料是指教师在投放材料时既没有设定目标，也没有设计玩法。例如，有的教师在活动区投放了各种绳子、盒子、废纸、瓶瓶罐罐等，幼儿可以用这些材料玩出很多花样来。一个废旧纸箱幼儿有时当山洞钻，有时把它作为小房子，用来躲猫猫，有时钻在里面推着纸箱走……低结构化的材料是指教师依据一定的教学目标对材料进行简单设计，但不设定玩法，由于目标非常隐蔽，对幼儿来说自主的空间仍然很大。例如，积木就是一种低结构化的材料。幼儿在搭建积木时，不同幼儿、同一幼儿不同阶段所搭建的难度有所不同，今天能搭建一个小房子，几天后就可能搭建城堡或立交桥等，但这些都蕴含在教师的隐性期望目标之中。实践证明，材料的结构化越高，目标性越强，规则越具体，幼儿受材料控制就越大，就会失去兴趣；反之就会使幼儿控制材料，激发幼儿对材料的操作兴趣。

范例 7-1

在主题活动“有趣的滚动”中，教师在科学区中投放了“玩斜坡”的活动材料，主要包括各种高度不同的盒子(用来垫高斜坡的一端)以及大小一样的长方形KT板、纸板和地毯若干块。幼儿既可以根据斜坡陡的程度探究物体下滑的速度，又可以根据斜坡面的光滑程度探究物体下滑的程度等。这些操作都需要幼儿改变材料的方向、高度、表面的粗糙度来进行，对幼儿的操作有着一定的挑战性与可能性。

（二）科学区（角）的创设及管理要求

1. 科学区（角）要符合主题内容，配合集体教育活动设置

科学区（角）活动是主题活动内容下的科学教育活动方式之一，也是集体教育活动

的有益补充，与集体教育活动相辅相成，为共同完成主题活动任务而服务。配合集体教育活动，围绕集体教育活动主题，在集体教育活动以外的时间，让幼儿在科学区（角）操作、摆弄材料，以满足幼儿的探究欲望。相较于集体活动，这种组织形式更加灵活，幼儿更加自主，更加适合不同年龄、不同层次幼儿的需求，是近年来幼儿教育组织形式上的一种创新。

2. 摆放要科学合理，方便幼儿取放、操作

由于材料的多样性和幼儿活动的随机性，材料要分类摆放，放在开放性的桌子上或低矮的橱柜里，同时要用文字或图案标识清楚物品摆放的位置，以便幼儿取放或归纳，便于教师管理。

3. 引导幼儿参与科学区（角）的布置与管理

教师应鼓励幼儿积极参与科学区（角）的布置与管理，引导幼儿每天轮流负责整理或摆放，以培养幼儿的责任感。同时教师应善于观察和听从幼儿的意见，根据幼儿的需求，及时调整活动材料，以更适合幼儿进一步探究。

4. 确保材料的安全性和可操作性

材料的选择必须要考虑到材料的安全性。材料的安全性要辩证地看待：一方面要为孩子提供安全的材料，应选择无毒、无刺激、无味的材料，边缘光滑、重量轻巧的材料，废旧材料要有必要的消毒措施等，并做好监管使用；另一方面，要教会孩子安全使用工具的方法，如锤子、螺丝、剪子、铲子等的使用。

二、科学区（角）活动的指导

科学区（角）活动的指导和集体教学有所不同，二者具有明显差别。相较于集体活动，科学区（角）活动更倾向于隐性指导或个别指导。具体而言，教师在科学区（角）的指导应符合以下要求。

（一）创设宽松、自由的心理环境

宽松的心理环境是幼儿主动进行科学探究活动的重要前提，所以营造一个宽松和谐、自由民主的心理环境非常重要。没有一个宽松的心理环境，主动学习和探究就不可能发生。具体来说，教师应该做到以下几点。

1. 鼓励、支持幼儿的探究行为

幼儿的科学探索活动（见图 7-8）需要教师的支持，如果教师对幼儿的行为加以鼓励，幼儿就能够毫无疑虑地进行探索和尝试。相反，幼儿的行为由于得不到教师的及时强化，就不能充分认识自己科学探索行为的价值所在，从而熄灭自己对世界的探索欲望。因此，教师对幼儿的科学探索行为要给予鼓励和支持。而且这种支持应该自始至终贯穿于幼儿探究的全部过程。值得注意的是，教师在激励幼儿时，语言不要过于空洞，使幼儿无法从中获得具体的关于探究本身的信息，而应表扬幼儿的探究和操作，肯定幼儿的发现和独创性，而不是表扬幼儿自身。

图 7-8　科学区幼儿的探究活动

2. 处理好规则与自主探究的关系

教师要给幼儿充分的探索自由，在不影响其他人的情况下，尽量不要制定太多的行为规则；但是可以有一些适宜的规则，如材料取放、使用的规则，进区人数的规则等。我们可以鼓励幼儿一起参与规则的制定，这些规则的根本出发点和归宿必须是促进幼儿在活动区中自由、自主和顺利地开展活动，而不是任何其他外在的目的。

3. 正确对待幼儿探索中的“错误”

教师要意识到幼儿的“错误”代表着幼儿当前的认识水平。那些在成人看来是错误的认识，在幼儿的认知结构和水平上，却可能是合理和“正确”的。教师要给予幼儿出错的权利，尽量采取一种宽容和理解的态度。教师如果不接纳幼儿的“错误”，往往使幼儿不敢做出诚实的回答，幼儿永远也不会显露出他们真实的思想，教师也永远接触不到幼儿的真实水平，也就无法有效地促进幼儿的发展。而对于幼儿来说，他很快就会怀疑自己的能力，相信正确的答案只存在于教师的头脑中，而不是从探索结果和事实中寻找答案，这不利于幼儿养成尊重事实，依据事实得出结论的科学精神和品质。

（二）幼儿自主探究，教师隐性指导

1. 选择恰当的时机介入幼儿的活动

教师应该先对幼儿的活动进行观察，再决定是否介入、何时介入。在科学区（角）活动中，教师应观察每个孩子的操作情况，针对出现的问题，选择恰当的时机参与到幼儿的活动中去，与幼儿一起探索、操作、发现、讨论、解决问题，成为幼儿科学探索中的支持者、合作者、引导者。值得注意的是，不是所有的活动都有介入的必要，仔细观察、综合掌握幼儿活动情况，为今后活动设计提供经验，也是一种指导。

2. 选择恰当的方式方法介入幼儿的活动

当幼儿出现探索困难或者游离于活动之外等情况时，教师介入指导的方式方法显得尤为重要。

（1）语言指导

教师可以运用提问的方法了解幼儿活动的现状及幼儿的具体想法，以进行启发引导。当幼儿遇到困难或不知所措、缺乏目的时，教师还可以用一两句简单的建议性提示，帮助幼儿明确想法，促进游戏顺利开展。

（2）行为指导

教师在指导幼儿活动时，利用动作、表情、眼神等对幼儿的行为做出反馈。例如，幼儿在探究中所表现出的创造性行为，教师应该用点头、赞许的目光、欣喜的表情，甚至拍手等表示肯定，对幼儿不遵守规则，或一些需要制止的行为，教师可用手势、摇头或面部表情等表示否定。

（三）建立必要的活动规则，培养幼儿良好的行为习惯

科学区（角）是幼儿自主活动的场所，难免会出现幼儿随意乱放操作材料，带着玩具到处走动等现象。为了保证幼儿科学地进行操作探索，在区域活动中建立一定的活动规则是非常重要的。这些规则不是用来限制和约束幼儿活动的，而是为了规范幼儿的自律行为，培养幼儿的责任感，保证操作活动的顺利开展。我们可以组织幼儿一起讨论，共同制定区域活动中应该遵守的规则，规范自己的行为，比如区域中最多可以容纳的人数，活动时不争抢材料、不大声说话等。

（四）多元评价幼儿的探索行为

在科学区（角）活动结束后，多元评价对于幼儿探究兴趣的培养，问题的解决和经验的提升都有着不容忽视的作用。

1. 评价过程重于评价结果

在评价时，不要过于看重活动结果的对错，而应该特别关注幼儿在探索互动中表现出的科学品质、参与活动的态度、解决问题的能力、创造性的发挥以及所获得的经验、教训等。

2. 评价要具有艺术性

评价要以肯定和鼓励为主，看到幼儿身上的闪光点和进步，使幼儿体验被肯定以及成功的喜悦，形成良好的自我意识和积极向上的心理状态。

范例 7-2

小班科学活动：弹珠宝宝找家

活动目标：

尝试通过晃动瓶子控制弹珠的滚动和下落，提高手眼协调能力和动作的控制力，体验游戏的快乐。

活动准备：

1）教师将每个饮料瓶裁切成 3 段，并把切好的饮料瓶放置在卡纸上，用铅笔

描绘出瓶子的边缘。

2）沿线将卡纸剪下，用卡纸做出几个放在瓶子之间的隔板，并在隔板上裁切出一个能够让弹珠通过的小洞。注意：小洞的大小要比弹珠稍微大一点。

3）在瓶子底部放入几个弹珠，将做好的隔板安装在饮料瓶的切口处。放隔板时尽量让每个小洞的位置与下面一层不一样。

4）用即时贴将饮料瓶的每一段都粘贴固定。

操作要点：

1）通过左右晃动瓶子控制小球滚动，让小球从隔板的小洞层层落下。

2）当小球到达瓶盖时，可以将瓶子倒置，让小球再次回到底部反复玩。

观察要点：

注意观察幼儿能否通过晃动让所有小球都回到底部，是有意识控制还是随意晃动。

活动建议：

1）开始时可以投放一些隔断少的、孔大一些的瓶子，也可以少放弹珠，这样操作起来比较容易，幼儿能尽快体验成功的乐趣，激发游戏的兴趣。

2）当幼儿操作熟练后，可以在隔断上做两个或几个小洞，有的小洞是比弹珠小的，弹珠无法通过，以增加游戏的难度。

3）在幼儿玩一段时间后，可以请两名或多名幼儿进行比赛，看看谁的弹珠落得快，增加游戏的趣味性。

（案例选自：董旭花，2014．幼儿园自主性学习区域活动指导．北京：中国轻工业出版社．）

范例 7-3

中班科学活动：吸起来

活动目标：

尝试让磁铁吸起非铁制品，提高动手动脑解决问题的能力；尝试让磁铁吸起更多的铁钉，感知磁化现象。

活动准备：

磁铁、硬币、钥匙、铁钉、曲别针等铁制品；塑料小瓶、纸片、小雪花片、皮筋、毛线绳等非铁制品。

操作要点：

1）自主选取材料，探索磁铁能吸哪些材料，然后把所有材料按照能否被磁铁吸引分成两部分。

2）尝试利用各种方法让磁铁吸起刚才吸不起来的那部分材料。比如把纸片别在曲别针上，就能被一起吸起来。

3）尝试用一块磁铁吸起更多的铁钉，比比谁的磁铁吸得更多。（磁铁吸起铁钉时，铁钉会被磁化而具有一定的磁性，所以也会吸起其他的铁钉来。）

观察要点：

观察幼儿对磁铁操作是否感兴趣；关注幼儿的操作探索方法；观察幼儿是否具

有解决问题的多种思路。

活动建议：

1）鼓励幼儿尽可能尝试各种物品，感知磁铁具有能吸起铁制品的特性。

2）鼓励幼儿动脑筋想办法，让磁铁吸起各种不能被吸起来的物品。如果幼儿开始时感觉有难度，教师可以示范一种方法，也可以组织幼儿共同讨论。

3）让磁铁吸起更多的铁钉，教师可以设计成比赛活动，也可以设计一个记录表放在科学区，让每个幼儿把自己吸起来的铁钉数量记下来，其他人可以来进行擂台赛。

（案例选自：董旭花，2014．幼儿园自主性学习区域活动指导．北京：中国轻工业出版社．）

范例 7-4

大班科学活动：好玩的镜子

活动目标：

用镜子照一照、比一比，探索镜子成像的规律；观察物体在两面镜子中成像的变化，感知镜子折射的神奇。

活动准备：

镜子若干、小玩具等。

操作要点：

1）幼儿自由摆弄镜子，感知镜子中的自己。

2）在单面镜子前放一个小玩具，比较观察镜子中的图像与真实图像的区别：上下不变，左右互换。

3）将小玩具放在呈一定角度摆放的两面镜子前，观察镜子中的成像；继续改变两面镜子的角度，观察镜子中成像的变化。

观察要点：

观察幼儿对镜子的探究兴趣以及对镜子成像现象的理解。

活动建议：

1）如果班级有比较大的镜子，可以请幼儿经常照照自己，观察镜子中的自己。

2）先让两面镜子呈一字形摆放，再变化其位置成不同角度，引导幼儿观察中间小玩具成像的变化。

（案例选自：董旭花，2014．幼儿园自主性学习区域活动指导．北京：中国轻工业出版社．）

第三节 科学发现室的设计与指导

科学发现室是幼儿园全园共用的科学教育活动资源，它是班级科学区（角）活动及主题活动的继续或延伸。相对于班级科学区（角），科学发现室具有空间大（一般在 30 平方米左右）、材料全等特点。

一、科学发现室的设计

（一）科学发现室材料的设计

在本章上一节中，我们对科学区（角）材料的选择提出了多样性、层次性、开放性的要求，科学发现室的材料选择除符合以上要求外，由于科学发现室的空间更大、材料更多、幼儿活动自主性更强等特点，为了进一步拓宽幼儿科学经验、激发幼儿活动兴趣、便于幼儿操作，在进行材料设计和选择时还应注意以下几点。

1. 材料新颖，能引起探究兴趣

好奇是幼儿的天性，《指南》指出：幼儿喜欢接触新事物；对自己感兴趣的问题总是刨根问底；经常好奇地摆弄物品；经常动手动脑探索物体和材料，并乐在其中。新颖有趣的材料能使幼儿产生好奇，容易引起幼儿的注意，吸引他们去探索。如何做到新颖有趣？实践证明，在自然角、科学区（角）或科学发现室，凡是新增加的材料幼儿多会感兴趣，这就要求老师要根据幼儿需求和主题内容的变换，不断更换材料。此外，能产生有趣现象的材料也能激发幼儿兴趣。比如，能产生有趣的磁现象的磁铁是科学发现室的首选材料。

2. 材料结构简单易操作

幼儿对操作材料感兴趣只是开展活动的前提，要想使幼儿进行愉快的有效探究还必须符合以下两点：一是材料操作方式要简单易行。幼儿对材料的操作方式是否理解，直接影响到活动的探究过程，简单易行的操作材料，幼儿很容易掌握其玩法，且很快被其中有趣的科学现象所吸引，如奇妙的万花筒、神奇的望远镜、好听的音叉、有趣的哈哈镜等，都能使幼儿产生兴趣且深入探究。二是材料结构要简单可探索。一般来说，结构越复杂、构建越多的材料其结构性越强，蕴含的可探索的内容就越多，但探索的难度也越大，这种情况很容易使幼儿对材料失去兴趣，使探索活动无法进行，或者成为一种盲目的摆弄，失去活动的意义。比如，构造比较复杂的电动玩具、机器人等，其结构比较复杂，如果离开教师引导，幼儿很难驾驭此类材料的玩法。

3. 材料种类和数量充足、结构合理

科学发现室是全园共用的科学活动场所，承担着全园所有班级和幼儿的活动任务，要想满足不同年龄层次、不同兴趣爱好幼儿的需求，在材料设计与投放时，必须做到材料种类齐全、数量充足、结构合理，这样可以给幼儿提供较多的选择机会，避免有的幼儿盲从或无所事事，即使同一种材料也要同时提供几个，以使幼儿探究时能互相借鉴，同时也能避免因数量少发生争执现象。

在具体创设科学发现室时，以下提供的材料可供参考。

（1）供幼儿探索的材料

1）光学材料：各种透镜、棱镜、平面镜，如凹透镜、凸透镜、三棱镜、多棱镜、万花筒、潜望镜、平面镜等。

2）电学材料：让幼儿探索电路的材料，如电池、电线、小灯泡、小电珠、小电扇等；让幼儿探索摩擦生电的材料，如塑料棒、玻璃棒、皮毛、丝绸、纸屑、木屑等；让幼儿探索电的功用的材料，如手电筒、遥控汽车、电池小狗等。

3）磁性材料：各种形状大小的磁铁，如条形磁铁、圆形磁铁、环形磁铁、马蹄形磁铁等；各种可以被磁化的物体和不被磁化的物体；指南针等。

4）声学材料：让幼儿体验发声、传声、声控等作用的材料，如音叉、锣鼓等打击发声玩具；传声筒等传声玩具；声控小台灯、声控小鸟等声控玩具。

5）力学材料：让幼儿体验重力、浮力、弹力等的材料。重力材料如沙漏、斜面板、可滚动的各种物体等；浮力材料如容器、水、可沉浮的各种材料等；弹力材料如弹簧秤、气球、皮筋等。

6）让幼儿了解空气的作用和风的形成及作用的材料，如气球、风筝、小风车等。

7）让幼儿了解水的特性、水的三态变化等现象的材料，如小杯子、底部有孔的容器、冻冰块的器皿等。

（2）供幼儿进行科技小制作等操作活动的材料

1）进行各种小制作所需要的材料，如不倒翁、传声筒、风车等各种小制作所需的材料。

2）可供幼儿摆弄、操作的各种工具，如已采取安全措施的剪子、锤子、钳子、钉子、螺丝等。

3）各种测量工具，如温度计、尺子等。

4）其他可能用到的工具，如纸、胶水等。

5）各种废旧物品，如纸盒、纸杯、饮料瓶等。

（3）供幼儿进行感知的材料

1）触摸材料，如各种质地（粗糙和光滑）的物体，用不同质地纺织面料缝制的娃娃，让幼儿通过触摸分辨物体的“魔箱”等。

2）训练嗅觉的材料，如各种气味瓶等。

3）训练听觉的材料，可结合声学材料提供一些能发出不同声音的物体供幼儿听辨。

（4）供幼儿用肉眼或放大镜观察的材料

1）各种生物和非生物的标本，如鸟类标本、昆虫标本、岩石标本、化石标本等。

2）幼儿自己收集的物品，如树叶、种子、贝壳、羽毛、动物骨骼等。

3）活的生物，如大型水族箱里面养殖的水生生物、昆虫、无土栽培的植物等。

科学发现室还可以放置一些买来的科学玩具，如各种电动玩具等，也可以是教师自制的小玩具，或幼儿自己的小制作等。此外，还可设计一个科学图书角供幼儿阅读，尤其是要提供一些科学工具书供幼儿随时查阅。另外，科学发现室还需要一些辅助的设备，如桌椅、橱柜、水池等，以便存储暂时不用的材料，方便幼儿进行活动。

以上所述的材料仅供建立科学发现室时参考之用，教师可以根据本地区、本幼儿

7.3.3

园的实际情况加以增减。在科学发现室建立以后，也可以根据情况随时改变所提供的材料。

（二）科学发现室的空间设计

除了为幼儿提供种类齐全、数量充足、结构合理的材料外，科学发现室的空间布置也很重要。空间布置得当，不仅可以使科学发现室的空间得到充分利用，而且可以使每个幼儿都能不受干扰或者尽量减少干扰地进行自己的探究。在进行空间布置时，要注意考虑以下几点。

1. 区域设置合理

科学发现室中的活动，有“动”和“静”之分，一般来说，阅读类或桌面操作类相对安静，在进行空间布置时，要进行合理分区，可以把安静的桌面操作区和科学图书区放在一起，而避免和容易发出噪声的其他活动区靠近。

2. 材料分类摆放

不同材料分类摆放，同种材料集中摆放。比如有关光学的材料、声学材料、磁性材料等可以分类摆放在一起。这不仅便于幼儿有目的地选择材料，也便于他们认识这些材料之间的关系。同种材料有若干份，要放置在一起，这样可以便于选择同样材料的幼儿进行相互交流。此外，还要注意特殊性质的材料对其他材料的影响，如磁性材料容易对铁类材料进行磁化等。

3. 确保幼儿有各自操作探究的空间

不同材料支撑不同活动，各自的操作活动方式也有较大差别，这就要求在进行空间设计时，要充分考虑到进入科学发现室的幼儿数以及支撑桌面操作活动、其他区域活动的需求，达到满足需要，避免互相干扰的要求。

4. 室内、室外有机结合，充分利用

有些材料可以不放在科学发现室内，比如那些可能会干扰别人的活动材料，可以放置在门边，在活动时可以扩展到科学发现室的门外进行，以免影响他人。

5. 要保证一定的存储空间，存放暂时不用的材料

很多材料可以反复使用，在不同的探索活动中有不同的价值，可以分类进行存储，尤其是低结构的操作材料，随时可以被幼儿创造性地利用，如木块、石块、海绵等。

二、科学发现室活动的指导

科学发现室由于是全园共用，一般都有专人管理。在组织指导方面管理人员与主班教师共同配合，主要为幼儿创设宽松的活动环境和心理环境，支持幼儿最大限度地、自由自主地、操作探究，教师的任务主要是观察、记录幼儿的活动情况，一般不对幼儿的探究做直接指导。相较于班级科学活动，科学发现室活动需要更加突出以下几个方面。

（一）最大限度地为幼儿创设宽松的探究环境

在活动进行中，教师应牢记尽量不参与、也不干预幼儿的探究活动，教师更多的是以观察者、规则的维护者、探究过程的记录者、过程安全的监管者的身份出现。通过观察、记录，对于“无所事事”的幼儿，要及时加以引导寻找其感兴趣的活动；对于频繁更换活动的“三心二意”的幼儿，教师可与其一起参与活动，帮助其养成良好的探究习惯；对于因“屡试屡败”而表现出不耐烦情绪的幼儿，要及时给予鼓励和支持；对于因有所发现而“得意洋洋”者，也要加以鼓励。总之，要仔细观察，针对情况，关注差异，及时引导。

（二）允许幼儿自主选择材料和活动方式

科学发现室作为班级活动的延伸区域，面对较为复杂的材料和活动内容，幼儿不免产生更多好奇，在选择材料和活动内容上有的往往要经过几个反复，教师要允许幼儿根据自己的兴趣和意愿，自主选择活动材料、活动方式以及活动伙伴，让幼儿自己决定玩什么、怎么玩，让幼儿真正成为探究活动的主人。

（三）适时提醒幼儿遵守必要的活动规则

教师作为活动规则的维护者、引导者，在必要的时候为了保持探究活动的正常进行，可以对幼儿做适当引导。如针对不同情况，提醒幼儿轻拿轻放、物归原位、不能大声喧哗等。

三、科学发现室的管理

科学发现室由于是全园共用，具有循环活动次数多、活动人数多、活动材料多等特点，必然会出现诸多遗留问题，因此，进行必要的日常管理对于活动的正常开展是必不可少的。

（一）材料的布置和整理

每次活动结束后，都会有材料损坏、损耗、弄脏、归位不规范等情况，为了保持后续活动的正常开展，就要把损坏的材料进行修复，损耗的材料进行补充，弄脏的材料进行清洗，凌乱的材料进行归位。能让幼儿参与布置整理的尽量让幼儿参与，以培养其责任意识。

（二）材料的更新和变换

科学发现室是一个扩大化的科学区（角），其材料的投放也要随着幼儿园课程内容的变化而更新或补充，只有这样才能满足课程变化的需要。此外，幼儿的年龄特点决定着幼儿对新奇事物感兴趣，如果科学发现室的材料长时间一成不变，幼儿就会失去兴趣和探究的欲望，因此，科学发现室要随着课程和主题的变化不断充实材料内容，以满足幼儿的探究需要。

（三）建立必要的活动规则

过多的活动规则会限制幼儿的活动和思维，但科学发现室作为全园共用区域，没有必要的活动规则和管理制度就很难维持其正常运转。但制定活动规则不是为了限制幼儿自主、自由的探究活动，主要是为了帮助幼儿规范行为，帮助幼儿形成良好的行为意识和责任意识。

延伸阅读

山东省城市幼儿园科学发现室配备基本标准

教育内容		材料配备标准	
		观察认知类	操作探究类
生命科学	动物	动物标本 10～20 个（昆虫、家禽、飞禽、野兽等） 动物图片 5～8 种（每种不少于 10 张）动物仿真玩具不少于 30 个	动物生长过程图片 2～3 套（如青蛙、蝴蝶、蚕等） 食物链拼摆图片或仿真玩具 2～3 套 动物分类卡片 5～8 套（不少于 80 张） 恐龙玩具*
	植物	植物标本 10～20 个（种子、花卉、叶子等） 植物生长过程标本 1～2 套（小麦、玉米等） 显示年轮的树墩*	植物图片（根、茎、叶、花、果实等）不少于 50 张 果实仿真玩具*
	人类	人体孕育及生长过程图片或影像资料 人类进化过程图片或影像资料 人体主要器官模型 1～3 种（头、耳、牙齿等）	人类进化过程拼摆图片 指纹操作材料（放大镜、印泥等）*
物理科学	沙和水		玩沙工具 3～5 种不少于 10 个（铲子、瓶子、盒子、漏斗、筛子、模具等） 配色实验材料 5～10 套（透明容器、三原色颜料） 沉浮实验材料若干（木质、塑料、铁质等物品） 吸水性实验材料若干（不同质地的纸、布、海绵等） 吹泡泡工具和材料 5～10 套 量水工具不少于 10 个（不同形状、不同容量的量杯） 喷水壶 3～5 个 自制潜水玩具、手摇抽水井、水车玩具 水的三态变化实验材料、水温计、浮水印画材料（墨汁、宣纸）*
	空气和风	风的作用和危害图片或影像资料 人类预防风沙灾害的图片或影像资料* 风向仪*	空气实验材料：气球、大小饮料瓶、蜡烛、小皮球、塑料袋若干 充气筒 2～5 个、充气玩具 6～10 个、玻璃广口瓶 6～8 个 风的实验材料：小电扇 1～5 个、扇子、小旗、各种风车玩具、风筝若干 小吹风机、玩具帆船*
	声音		打击乐器 3～5 种（鼓、锣等）不少于 15 件 自制乐器材料 3～5 种不少于 10 件（瓶子、盒子、皮筋等） 传话筒（粗细长短不同的管子）、自制电话材料若干（纸杯、毛线等） 声控玩具*

续表

教育内容		材料配备标准	
		观察认知类	操作探究类
物理科学	电和磁		电实验材料：电池 3 种（干电池、锂电池、纽扣电池等），不少于 20 个 导电实验材料 10～20 套（电线、小灯泡、干电池等） 摩擦生电实验材料 5 套（尼龙布、塑料棒、纸屑等） 磁性实验材料：各种磁铁不少于 20 块：曲别针、厚度不一的纸板、塑料板等若干 电动玩具*、指南针*、司南*、磁性玩具*
	运动和力		平衡玩具不少于 10 个（如不倒翁等） 陀螺 10～20 个 弹性实验材料（弹簧、海绵、皮筋、松紧带等）若干 弹性玩具 5～10 件（弹力球、弹簧小人等） 斜坡实验材料（可调节高度、不同质地的坡面、各种球、测量长度的工具等） 桥承重实验材料（纸、塑料板、小块积木等） 自制降落伞材料（手绢、长绳等） 多米诺骨牌、弹跳类运动玩具（小蹦床、羊角球、跳跳球等）*、离心玩具*、省力工具（杠杆、滑轮、独轮车等）*、沙漏*
	光和影		小镜子 20 个（可用铝塑板代替）、放大镜 5 个、万花筒、手电筒各 10 个、望远镜 3～5 个、各色透明塑料纸或塑料片若干 可拆装的万花筒*、三棱镜*、潜望镜*、凹（凸）透镜*、哈哈镜*、三面镜*、显微镜*、数码相机*、便携式应急灯*
地理科学	宇宙概貌与宇宙探索	太阳系八大行星相关图片或影像资料 宇宙飞船、人类探月、宇航员图片或影像资料 火箭模型*、天文望远镜*	模拟火箭上天实验材料（卷筒、塑料袋、饮料瓶、纸杯等）*
	太阳、月亮、地球	地图、地球仪 1～3 个、月相图*	三球仪*
科学技术	四大发明	火药、指南针、印刷术、造纸术图片或影像资料	造纸实验材料（纸、胶水、滤网等）* 活字模具（可用图章代替）*
	交通工具	各种交通工具及发展史图片或影像资料	各种交通工具玩具不少于 30 件 轨道模型玩具*
	通信	各种通信工具及发展史图片或影像资料	各种通信工具实物、模型或玩具不少于 10 件

说明：1．本表中带*的为选配设备，供有条件的幼儿园结合实际选配。

山东省乡镇中心幼儿园科学发现室配备基本标准

教育内容		材料配备标准	
		观察认知类	操作探究类
生命科学	动物	动物图片3～5种（不少于30张） 动物标本3～5张（可自制）动物仿真玩具*	动物分类卡片3～5套（不少于50张）
	植物	植物标本8～10个（可自制）	植物图片（根、茎、叶、花、果实等）不少于50张
	人类	人体主要器官图片 人体主要器官模型*	
物理科学	沙和水		玩沙工具3～5种不少于10个（铲子、瓶子、盒子、漏斗、筛子、模具等） 配色实验材料5～10套（透明容器、三原色颜料） 沉浮实验材料若干（木质、塑料、铁质等物品） 吸水性实验材料若干（不同质地的纸、布、海绵等） 吹泡泡工具和材料5～8套 量杯*、喷水壶*、自制水车玩具*
	空气和风	风的作用和危害图片或影像资料 自制风向标一个	空气实验材料：气球、大小饮料瓶、蜡烛、小皮球、塑料袋若干 充气筒1～3个、充气玩具5～8个、玻璃广口瓶6～8个 风的实验材料：扇子、小旗、各种风车玩具、风筝若干
	声音		打击乐器1～3种（鼓、锣等）不少于10件 自制乐器材料3种不少于10件（瓶子、盒子、皮筋等） 自制电话材料若干（纸盒、毛线等） 传声筒*
	电和磁		电实验材料：各种型号的干电池不少于10个 导电实验材料10套（电线、小灯泡、电池等） 摩擦生电实验材料2套（尼龙布、塑料棒、纸屑等） 磁性实验材料：各种磁铁不少于10块 磁性实验材料若干（曲别针、厚度不一的纸板、塑料板等） 电动玩具*、磁性玩具*
	运动和力		陀螺10个、平衡玩具不少于5个（如不倒翁、平衡鸟等） 弹性实验材料（弹簧、海绵、皮筋、松紧带等）若干 弹性玩具3～5件（弹力球、弹簧小人等） 斜坡实验材料（可调节高度、不同质地的坡面、各种球、测量长度的工具等） 桥承重实验材料（纸、塑料板、小块积木等） 自制降落伞材料（手绢、长绳等）* 弹跳类运动玩具（小蹦床、羊角球、弹跳球等）*
	光和影		小镜子20个（可用铝塑板代替）、放大镜3～5个、万花筒3～5个、手电筒10个 各色透明塑料纸或塑料片若干 望远镜*、哈哈镜*

续表

教育内容		材料配备标准	
		观察认知类	操作探究类
地理科学	宇宙概貌	宇宙星空图片	
	宇宙探索	宇宙飞船、人类探月、宇航员图片	
	太阳、月亮与地球	地图、地球仪	
科学技术	四大发明	火药、指南针、印刷术、造纸术图片或影像资料	
	交通工具	各种交通工具及发展史图片	各种交通工具玩具不少于 15 件
	通信	各种通信工具图片	各种通信工具实物、模型或玩具 5 件

说明：1. 本表中带*的为选配设备，供有条件的幼儿园选配。

第四节 种植园的设计与指导

种植园是指在幼儿园室外专门种植蔬菜、瓜果、粮食作物的场所。幼儿在这个场所中参与从播种到收获的一系列活动。种植行为是指幼儿在种植园地中参与播种、管理和收获过程中所出现的行为。种植园与自然角，从室内到户外，打开了幼儿亲近自然、探索生命奥秘的窗口。

幼儿在种植园参加的很多活动，如翻土、整地、施肥和使用工具的过程中锻炼了身体，还有助于培养幼儿健康的心理和精神；幼儿经常参与种植园的活动可以使他们感觉到生命间的联系，还能唤醒幼儿的多种感官，为幼儿提供观察的机会；在把一粒种子种到土壤里到种子发芽、开花、结果的过程中能够培养幼儿的耐心和责任心，这种品格有助于幼儿心理健康的发展；种植活动能够让幼儿体验照顾植物的感受，感受到植物成长的奇迹，激起爱护环境、热爱自然的情感。

一、种植园的设计

（一）种植内容的选择

适合幼儿园种植的品种很多，选择时主要依据各地区的特点和各幼儿园的实际情况而定。一般以经常食用的蔬菜和一年常生草本花卉为主。蔬菜宜选择管理方便，幼儿熟悉的品种；花卉应选择无毒、无刺、无刺激性气味、花朵艳丽或芳香的种类。开展种植活动还应考虑各年龄班幼儿的特点。

小班幼儿年龄小，各方面能力较差，需要在老师的帮助下才能进行种植活动。应该选择几种种子大、生长快的植物，种类不宜过多，两三种即可，如太阳花、凤仙花、大蒜、大豆、向日葵等。

中班幼儿还不能完全独立管理所种植物，所以种植的品种仍选择容易栽培的植物，但品种可以比小班丰富些，如牵牛花、辣椒、茄子、青菜、胡萝卜等。

大班幼儿有较强的活动力，种植品种可更加全面，如花卉类可种鸡冠花、四季海棠等，蔬菜类可种瓜果类、叶菜类、根茎类，有条件的幼儿园还可以种些粮食作物、经济作物，如玉米、小麦、棉花、花生等。

幼儿园适宜种植的植物可参考表 7-1。

表 7-1　幼儿园中适宜种植的植物列举

植物种类	植物名称	播种时间	播种形式	生长时间	收获
蔬菜类	大蒜	9～10 月	蒜瓣点播	南方四季种植，北方除冬季外，均可种植	秋、冬食叶，第二年 4～5 月收获蒜头
	青菜	春、秋季	撒播、移栽	生长期短	数天即可食用
	辣椒	4 月	育苗移植	4～8 月、9 月	6～9 月结果，果期较长
	苋菜	4 月	撒播	4～8 月、9 月	生长期短，20 多天能食用
	黄瓜	3～4 月	育苗移栽	3～6 月、7 月	瓜长大即可品尝
	番茄	4 月的中、上旬	育苗移栽	4～8 月、9 月	果实变红即可食用
	葫芦	4 月	温室育苗移栽	4～7 月、8 月	嫩果食用，老果做玩具或用具
经济作物	大豆	4 月	点播或条播	4～7 月、8 月	6 月摘嫩豆，8 月收种子
	向日葵	3 月中、下旬	穴播	4～7 月、8 月	秋季收获
	棉花	4 月中、下旬	育苗移栽	4～9 月、10 月	生长 200 天左右可摘棉花
粮食作物	玉米	3～4 月	点播	3～4 月、7 月、8 月	嫩玉米可煮食，老玉米做粮食
花卉类	太阳花	4 月	种子撒播、育苗移栽	5 月、7 月、8 月	花坛或盆花 6～8 月采种
	鸡冠花	3～5 月	种子撒播、育苗移栽	6～11 月	花坛 8～11 月采种
	牵牛花	3～4 月	种子撒播、育苗移栽	6～10 月	绿化竹篱 8～11 月采种
	一串红	3 月上旬～4 月上旬	种子撒播、育苗移栽	8～11 月	花坛或盆花 9～11 月采种
	茑萝	3～4 月	种子撒播、育苗移栽	6～10 月	绿化竹篱 9～11 月采种
	三色堇	9～10 月	种子撒播、育苗移栽或扦插	3～5 月	花坛或盆花 4～6 月采种
	金盏菊	春、秋	种子撒播、育苗移栽	4～6 月	花坛或盆花 5～7 月采种
	四季海棠	3～4 月	扦插	3～12 月	花坛或盆花 4～11 月采种

（二）种植的准备

活动准备包括 3 个方面：经验准备、工具准备和场地准备。

1. 经验准备

教师要注重幼儿的经验准备，即教师要了解幼儿的已有经验，并根据对种植活动所需经验的分析，在幼儿没有相应经验的情况下，为幼儿补充相关经验。教师了解幼儿的已有经验有助于组织适宜于幼儿经验的种植活动。幼儿已有经验的提取过程也是幼儿同伴间经验分享的过程，幼儿同伴间的沟通和交流具有重要的教育意义。另外，教师要注重为幼儿补充相关的经验。例如，在大班种蚕豆的活动中，如果幼儿没有在区域活动中获得有关测量的经验，则如何使用相应的测量工具以确定播种的位置呢？再如，在大班扎稻草人的活动中，如果幼儿没有有关平衡的经验以及使物体达到平衡的经验，则怎样才能成功地扎出稻草人呢？

2. 工具准备

工具的种类和数量影响幼儿的种植行为。教师需要为幼儿准备一些必备的劳动工具，如小铲子、小耙子、小筐子、小水桶、喷壶等，这些工具必须适合幼儿使用，小巧、安全。

教师在提供工具时要考虑到幼儿的年龄特点，教师还要提供适宜于活动类型的工具。例如，在幼儿参与松土的活动时，教师可以提供小耙子或小铁锹；在幼儿参与挖坑时，教师可以提供小铲子；在幼儿参与浇水的活动时，教师可以提供小喷水壶或洒水枪。

教师要提供数量适宜的工具。例如，在拔草活动中，教师要提供数量适宜的塑料袋或小篓子来装杂草，而不能因为材料的缺乏而降低拔草的效率。

3. 场地准备

此处的场地是指种植园地，这里尤其是指播种活动中的场地准备。教师在组织播种活动之前要自己在种植园地试一试，比如，教师要让幼儿参与松土挖坑，可以先感受一下土地的松软程度是不是适宜于幼儿。

（三）种植的方法

幼儿园开展种植活动，关键在老师。教师必须了解植物的特点，掌握植物的生长规律，并学会种植的基本方法，才能正确指导幼儿开展活动。

一般种植活动在春、秋季进行，主要是春季。春季于清明前后播种，秋季一般在9～10月进行。种植前必须将园地进行整地、作畦后，才能开始种植，并进行管理，最后收获。

1. 整地、作畦

任何植物种植前必须整地、松土。小班这项工作主要由教师完成，教师可组织幼儿观看。中、大班的幼儿可以与教师一起用小铁铲将土块敲碎，并去除石块、碎砖瓦，然后耙细，将地分成几小块。地的宽度以幼儿能在两侧操作为宜，地边应留出让幼儿行走站立的田埂。

2. 播种

播种前幼儿在老师带领下选出颗粒饱满、无虫害的种子。播种方法有撒播、条播和点播几种方法。

1）撒播一般适用于种子较小、播种量大的种类，如青菜、苋菜、萝卜。撒播的方法是将细小的种子混以细沙或干泥土均匀地撒于土中。

2）条播一般适用于稍大点的种子，如大豆、瓜类、辣椒。条播的方法是在整理好的地上每隔 6～10 厘米用竹签划深 1.5 厘米的沟（间距、行距根据植株的大小而定），然后将种子均匀地播于沟内，轻轻地盖上一层薄薄的土，浇点水。出苗后要及时间苗（除去茂密处多余的苗）。

3）点播一般用于较大的种子或植株较大的植物，如蚕豆、向日葵、茄子等。点播的方法是按一定的株距、行距用小锹或竹签在地面上挖个小洞，每穴播种 2～4 粒种子，出苗后再间苗，每洞留下一株健壮的幼苗。

播种时，小班幼儿由教师带领将种子放入土中，然后教师给种子盖上土，浇点水。中班、大班的幼儿可在教师的指导下自己进行，先听教师讲播种的方法，然后看老师示范，再由幼儿分组进行。播种过程中教师要全面巡视，及时帮助幼儿种好。

3. 管理

植物的管理工作是一项需要较长时间而且经常性的工作，教师应教育幼儿做到持之以恒。

1）浇水。种子播下后就需要浇水，因为种子的萌发需要足够的水分。出苗后应视天气情况浇水。浇水应掌握“干透浇透”的原则，即土呈灰色发硬时需浇水，浇时必须使水渗透土层。

2）除草。自出苗后，植物周围会不断长出杂草，必须进行拔除，否则将影响植物的生长。除草工作可随时进行，小、中、大班幼儿均可在教师的带领下用手拔除杂草。大班幼儿还可以结合除草给植物松土，以使植物能更好地生长。

3）施肥。幼儿园种植的植物施肥一般由教师进行。如在种植前下足底肥，在生长过程中就可以不施或少施。可以带领幼儿观察施肥的过程。

4）其他。如种植藤本植物黄瓜、丝瓜、番茄等生长到一定时期需要搭架子，这些工作一般由教师和大班幼儿一起进行。

4. 收获

收获是一项既富有乐趣又有意义的劳动。教师必须组织、指导幼儿进行，使幼儿体会到丰收的喜悦、劳动的愉快。中、大班幼儿将收获下来的果实进行分类，每一种类选择粒大饱满的种子将其晒干、储藏。可食用的果实可给幼儿分享、品尝。

除了上面介绍的种植内容，还可尝试无土栽培。无土栽培又称水培、营养液栽培，在温室等保护地栽培，改变了传统的土壤栽培的方法，实现了植物栽培的现代化。有条件的幼儿园可在农业科技人员的指导下，进行一些容易存活、生长较快的作物的无土栽培实验，如番茄、豆类等，引导幼儿观察，或到无土栽培基地参观，从而培养探索的兴趣，并使幼儿有机会接触现代科技。

二、种植活动的指导

幼儿种植行为是一种综合性的学习行为。所谓综合性的学习行为，是指幼儿通过种植活动可以获得多方面的经验。幼儿通过测量行为感知长度关系，并获得测量方法以及如何使用测量工具的经验；幼儿在播种活动、管理活动和收获活动中与教师和同伴之间的交流都会使幼儿获得新的经验；幼儿在扎稻草人的活动中，获得了平衡的经验以及通过何种方法保持平衡的经验；幼儿在拔草的活动中，获得了生态系统中作物之间相互关系的经验；幼儿在种植园地，自由与同伴和教师针对一些具体问题进行交流的过程中，提高了语言表达能力和语言交流能力；幼儿在参与种植活动的过程中，通过与同伴分工、合作等具体的种植行为来发展幼儿的社会性。因此，教师要有效地对种植活动进行指导。

1）教师要耐心观察幼儿的活动，学会等待。教师不应在幼儿遇到困难或根本没有遇到困难的情况下就给予指导，这种指导剥夺了幼儿主动探索与操作的权利，而教师的等待恰恰给予了幼儿独自思考的空间与时间，幼儿也许通过自己的思考能有效地解决问题。教师作为脚手架，要学会在适当的时间出现以及在适当的时间撤去。

2）教师要学会倾听。在种植活动中，幼儿喜欢和同伴交流自己的发现，比如幼儿发现拔出的草根上有泥土时，会和同伴交流；幼儿在发现种植园地的变化时，也会和同伴交流。在交流的过程中，幼儿表达自己的观点，与同伴进行经验的分享，但由于其经验的有限性，幼儿对一些问题的了解不够深入，这就需要教师提供适宜的指导，使得幼儿的发展水平进入到最近发展区。教师在倾听幼儿交流的基础上，了解到幼儿关注的问题，确定介入的时机，促使幼儿的交流进入到更高的水平，从而使幼儿的经验获得连续性与交互性的增长。

3）教师要注意安全并鼓励幼儿的探索行为。在种植过程中，幼儿会用一些工具来收获，所以，教师在活动开始前，要和幼儿一起讨论使用工具的正确方法，并提醒幼儿注意安全。在活动后的观察中，教师要鼓励幼儿探索。比如，在收获小麦的活动中，幼儿剥出来的麦粒有白色的和黄色的，教师应该鼓励幼儿自己去发现白色的麦粒和黄色的麦粒是从何种麦穗中剥出来的，并鼓励幼儿进一步去验证该设想是否正确。

4）教师可以将班级的自然角和室外的种植园建立联系。班级自然角有利于幼儿每天持续性的观察，培养幼儿持续观察的能力，并能保持幼儿对植物生长的关注，有利于幼儿持续观察植物生长的变化，从而弥补了幼儿不能经常到种植园地观察的不足。室外种植园地是自然的一个缩影，生态环境更加复杂，在此，幼儿能够真正感受到植物在自然环境中的生长，弥补了自然角生态环境简单的不足。所以，在播种作物时，教师可以采取在班级自然角及在室外种植园地同时播种，由于自然角与种植园地在某些条件方面有不同之处，教师可以引导幼儿进行对比性观察。对比性观察不仅有利于幼儿观察能力的培养，有利于幼儿获得植物生长需要条件的相关经验，更有利于让幼儿发现问题，激发幼儿探究的兴趣。

案例分析

案例 7.1　中班区域活动：种大蒜

活动目标

1）观察认识大蒜，用简单的语言讲述对大蒜的认识和发现。

2）尝试用“按”“压”的方法，种植大蒜。

3）乐于参加种植活动，愿意参与照料大蒜并关注大蒜的生长。

活动准备

1）供种植用的完整大蒜人手一头。

2）利用餐前或散步时间，与幼儿选择好摆放种大蒜罐子的平台（要求既便于幼儿的观察，又能让大蒜晒到阳光）。

3）装好松软泥土的废旧小杯子、罐子（事先在小杯子或罐子外贴好幼儿的标记）人手一个；小洒水壶。

活动过程

1．观察大蒜，认识其外形特征

教师：桌上有什么？你在哪儿见过？（引导幼儿调动对于大蒜的已有经验，初步感知大蒜）

教师：请你看看大蒜是什么样的？有点像什么？（引导幼儿描述看到的大蒜的特征，如白色的球状，外面有皮，并用简单的词语类比想象大蒜的外形特征，如像灯笼、球、橘子等）

教师：请你们把大蒜掰开，看看是什么样的？再数一数有几瓣？（帮助幼儿了解一个圆溜溜的大蒜可以掰成一瓣一瓣的大蒜瓣，以丰富词语“蒜瓣”）

2．学习种植大蒜的方法

教师：你会种大蒜吗？我们种大蒜需要什么？（与幼儿讨论并明确种植需要的材料和器具，如器皿、土、洒水壶等）再看看幼儿用书上种大蒜的第一步是什么？

教师：再看第二步，大蒜哪头朝下埋到土里呢？（帮助幼儿明确并找出大蒜根部的位置）

教师：怎么把大蒜种到土里呢？（引导幼儿先自由讲述自己的想法）

教师：看一看，老师是怎么种大蒜的？

幼儿观察教师示范种大蒜的方法，尝试用语言表达教师种植的方法。教师明确种大蒜要把大蒜的须根朝下，用手按到土里，再浇上一点水。

3．尝试种植大蒜

幼儿自由种植大蒜，教师重点观察幼儿是否将大蒜的尖头朝上，并请幼儿按第三步给大蒜浇水，再将种好的大蒜端平摆在户外准备好的平台上。

教师：大蒜长大后是什么样呢？种下的蒜头能长出叶子吗？（引导幼儿自由猜测，大胆说出自己的想法）

可与幼儿讨论用不同的方式种植大蒜（是水、沙还是土），还可根据自己的需求选择不同的种植方式，观察不同情况下种植的大蒜生长情况。

活动延伸

利用早晨入园、中午散步或离园前的时间，引导幼儿进行连续的观察与照料，每隔1～2天浇一次水，让幼儿比一比，看一看，谁的大蒜先发芽、长得好，等幼儿种植的大蒜长了长叶的时候，教师就可以带领幼儿将长叶剪下，送到厨房做汤料，让幼儿品尝劳动成果，体验丰收的喜悦。

环境创设

将幼儿种植的大蒜布置在自然角中，供幼儿随时观察、管理。同时为大蒜每个时期的生长情况拍照，按顺序贴在墙面上，帮助幼儿了解大蒜的生长过程。

家园共育

家长可与幼儿在家里种植大蒜，并引导幼儿观察照料，在需要时剪下长叶供做菜时当调味品。

案例评析

本活动是集体活动与区域活动的结合，种植大蒜可以在室内的自然角进行，也可在户外的种植园进行。

幼儿对植物的探究主要关注植物的生长与变化以及植物生长过程中的需求等。种植活动是观察植物生长变化以及生长过程和生长条件等的最好形式。选用常见的、易生长又比较大的大蒜来种植，适合中班幼儿的特点。该活动通过认识大蒜、探索种植大蒜的方法（种植大蒜的材料工具、具体步骤、具体方法）、教师示范种大蒜的方法、幼儿尝试种大蒜几个环节，让幼儿学习了种植大蒜的方法。活动中重难点突出，重点是让幼儿学习种植大蒜，难点就是掌握大蒜摆放的位置，正确摆放大蒜种子。活动最后，通过提问大蒜长大后的样子等问题，一方面激发幼儿的科学想象，另一方面也激发幼儿长期关注大蒜生长的积极性。

案例 7.2 科学区域活动观察记录

观察班级：中班。

观察时间：10 月。

中三班的区域活动开始之前，教师出示了一摞圆形的磁铁，告诉孩子这是一种有趣的新材料，到底怎么玩自己可以试一试。好好和可可这两个男孩子对这种新材料很感兴趣，一进区域就选择了它们开始玩起来。他们首先合力把十几块摞在一起的磁铁分开，然后每人拿了几块开始玩，好好拿到圆形的磁铁，毫不犹豫地用 4 块拼了一个四花瓣的底座，又在第二层的中间摞上两块，在第三层摞上 3 块。可可见到好好的玩法，也开始模仿他的样子一层一层往上摞，并自言自语："我搭的是无敌小飞船！"这时，教师大概是看到了两个男孩的表现，走了过来，引导好好观察磁铁的两个面是什么颜色，又提醒他试试把两个红色的面都朝上会怎样，一红一黄又会怎么样。好好根据老师的提醒试了一下，没说出什么，又想重复他自己的游戏，但教师追着问："刚才试得怎么样了？为什么会这样？"好好不明所以地看着老师，还是说不出什么。

从教师的介绍中了解到，这些磁铁是第一次投放到科学区，所以特别受男孩子欢迎。不过，第一次接触材料的两个男孩子显然是把它们当成垒高的积木了，其间还有假想的游戏成分。虽然因为磁铁的吸引力在分开它们的时候很费劲，但孩子们似乎并没有关注磁铁异极相吸的特点，而是把它们当普通的玩具玩了起来。这对于第一次玩磁铁的中班幼儿来说，是很正常的。教师大概是发现幼儿在活动中没有产生对磁铁性质的研究，就试图过来引导着他们进行操作，但这时孩子们还处于对磁铁充满好奇的阶段，对老师的引导不感兴趣，更不可能把注意力集中到老师暗示的"磁铁同极相斥，异极相吸"的特性上。笔者觉得，既然教师最初的想法是不做任何提示，先让幼儿自主探究，那么就不必急于在一次活动中让幼儿发现太多，所以教师介入得太早了，有点着急。

看到教师费了很大力气也没达到目的，笔者忍不住悄悄问教师，材料是否是第一次提供，她心里预设的玩法会有哪些。教师说确实是第一次提供，所以原本不想有任何提示，想先让孩子自己玩，再慢慢地在分享经验的过程中帮助孩子。教师告诉笔者，实际上这种磁铁有很多有趣的玩法。教师随手拿起两块磁铁，把其中一块竖起来放在桌子上，把另一块放在这块磁铁上方来回转动，结果下面的磁铁也转了起来。这时，我们的对话和教师的操作被旁边的两个孩子注意到了，没想到他们一下子来了兴趣，也开始模仿老师的操作，尝试让自己的磁铁转起来。不过由于没看清老师的操作，好好和可可的第一次尝试并没有成功，教师于是抓住机会再次引导："你们先放下磁铁观察一下，看看磁铁两个面的颜色一样吗？一面是蝴蝶，一面是蜜蜂。一块磁铁竖起来的时候，另一块磁铁的两个面要怎么放才能让磁铁转起来？"两个孩子听了老师的提示开始认真观察，并再次尝试，这次可可终于成功了。教师又追问："怎样让磁铁转的时间更长呢？"好好也努力转着，并试图让立在桌面上的磁铁不倒下。试了两次以后，好好自言自语："一块磁铁太窄了，多几块。"他边说边把三块磁铁并在一起立在桌面上，又拿了一块磁铁立在上面。当然，下面的磁铁这次是不倒了，但也无法转起来。旁边的可可看到好好的做法，似乎受到启发，他把两块磁铁并起来立在桌上，终于使磁铁长时间转了起来。

笔者也没有想到，自己和教师之间的对话和操作给了两个男孩子启发，并让他们一下子对探究磁铁的特性产生了浓厚的兴趣。可以看出，此时对于教师的引导，幼儿能够听进去了，并积极主动地按照教师的引导观察、比较、尝试，找到了解决问题的办法。这说明，在幼儿漫无目的地自主探究时，教师必要的引导是可以有的，不过引导的时间要合适，引导的方向要适合幼儿的发展水平，这样才能够激发他们的探究兴趣。而孩子们在教师的引导下获得的成功，也会激发他们将探究活动逐步引向深入。

教师见孩子们成功了，就走开了。两个孩子又分别尝试了吸 5 块、6 块磁铁，发现都吸不动，好好就想再次进行垒高，可可则一手拿一块磁铁并在一起，嘴里还嘟囔着什么。这时教师又走回来，对两个孩子说："你们两个人一人拿两块磁铁，想办法让它俩谁也吸不了谁，看看行不行。"可可立刻把手里的两块磁铁放下，恰好是两个黄色的面朝上，结果谁也不吸谁。教师问："为什么"可可答道："它们都是黄色的。"教师提醒他把两块磁铁都翻过来再试试看，可可发现也可以，感到很惊奇。教师又引导着两个孩子尝试让两块磁铁紧紧吸在一起，他们的探究也很顺利。于是，教师问孩子："一会儿愿意跟大家说说吗？"两个孩子点头同意了。

教师的再次介入将幼儿的操作引向了一个新的探究点。有了上次的成功体验，这次他们不再抗拒，而是非常主动地找到了问题的答案。这也让笔者感受到，在科学区活动中，幼儿探究兴趣的激发对探究活动的深入进行是多么重要。

分享与交流环节，教师请这两个孩子上台分享，他们有趣的玩法激起了其他孩子的好奇心，当教师说"咱们是结束活动还是继续看他们玩"时，很多孩子都说："继续玩！"

针对区域活动中第一次投放的材料，当幼儿产生有趣的玩法或者有新发现时，教师应该提供机会让他们与同伴分享。因为这样不但能激发其他幼儿以后参加活动的兴趣，还能让幼儿在同伴的分享中获得新经验，有利于今后他们的自主探究。相信下次区域活动时，会有更多的幼儿选择这些磁铁，并有新的发现和收获。

案例评析

1）为幼儿提供适宜的科学探究材料，支持幼儿的自主探究活动。科学区的材料来源有以下几种途径：一是将集体教学活动中用到的材料投放到科学区，满足幼儿继续探究的愿望，并将幼儿的探究引向深入；二是搜集磁铁、镜子等生活中常见的物品，让幼儿探究它们的特性；三是根据阶段发展目标预设的有趣的科学小实验的材料。科学区的操作材料应具备较强的可操作性和探究性，能够支持幼儿的自主探究。

2）采取灵活的方法向幼儿推介科学区的探究材料。对于磁铁这样开发性的材料，可以像上述案例中的教师那样不做任何提示，完全让幼儿进行自主探究；而对于小实验一类的材料，则可以通过导入时的提示、墙面的步骤图等给幼儿一定的操作方法和步骤，然后再让幼儿进行操作和研究，两种方法的运用要视材料的性质和幼儿的发展水平而定。此外，材料的推介方式和推介程度要考虑活动的预设目标。比如，活动中教师如果希望幼儿探究磁铁“同极相斥、异极相吸”的特性，那么在推介材料时就可以有意识地引导一下，这样幼儿在探究时就不会出现漫无目的地把磁铁当积木玩的情况了。

3）幼儿自主探究时，教师的支持和引导应适时和适宜。像这个案例中教师的第一次介入，就显得有些着急；但后来的引导不经意间起到了暗示和提醒的作用，不但激发了幼儿的探究兴趣，还将幼儿的探究活动引向了深入。如果教师担心自己的指导无法确定和及时跟上，也可以设计一些记录纸，帮助幼儿记录自己的探究过程和结果，以便他们在交流时运用记录纸和大家分享。

同步训练

一、思考训练

1．围绕自然角的环境创设，比较小、中、大不同年龄班的差异。

2．科学角材料的投放要注意些什么？

3．如何对科学角的活动进行指导？

4．如何根据季节开展幼儿园的种植活动？

二、实践训练

1．选择幼儿园的一个班级的自然角，对其投放的内容进行介绍和分析。

2．选择幼儿园的一个班级的科学角，对其投放的内容进行介绍和分析。

3．围绕“春天来了”这一主题，设计中班的自然角。

4．围绕“好玩的磁铁”这一主题，设计大班的科学角。

5．对实习幼儿园的科学发现室进行介绍，并提出改进的建议。

第八章

学前儿童科学教育活动的评价

学习与能力目标

1. 理解学前儿童科学教育活动评价的概念和意义。
2. 明确学前儿童科学教育活动评价的内容。
3. 掌握学前儿童科学教育活动评价的方法并能灵活运用。

知识结构图

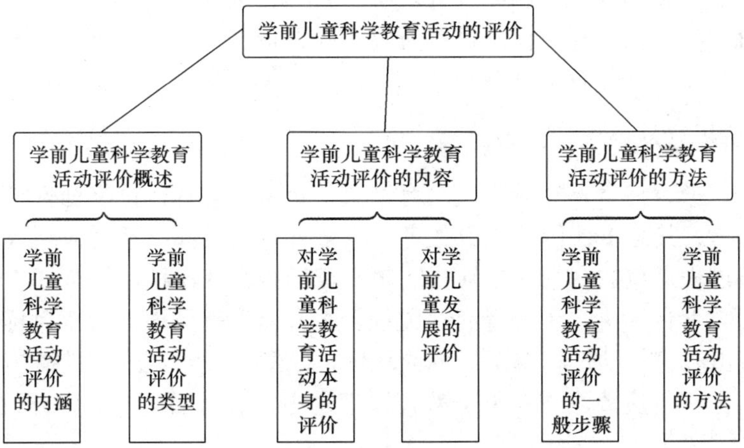

《纲要》中指出："教育评价是幼儿园教育工作的重要组成部分，是了解教育适宜性、有效性，调整和改进工作，促进每一个幼儿发展，提高教育质量的必要手段。"在学前儿童科学教育中，评价也是一个重要的环节。学会评价科学教育活动和幼儿的发展，是幼儿教师必备的教育技能，它将帮助教师经常反思自己的教育行为，不断改进教育工作，提高科学教育质量，促进幼儿的全面发展。

8.1.1

第一节 学前儿童科学教育活动评价概述

一、学前儿童科学教育活动评价的内涵

学前儿童科学教育活动评价，是对学前儿童科学教育活动相关的各方面进行科学的价值判断的过程，具体地说，是对学前儿童科学教育的目标、内容、方法、效果、环境及儿童相应能力发展状况的评价、教师实施科学教育能力与水平的评价等。随着学前儿童科学教育的不断变革以及人们对教育评价的科学认识，学前儿童科学教育的评价越来越趋向于多元化，这主要表现在以下几个方面。

（一）评价主体从权威评价到多元评价

《纲要》指出："管理人员、教师、幼儿及其家长均是幼儿园教育评价工作的参与者。评价过程是各方共同参与、相互支持与合作的过程。"从权威评价向多元评价发展，改变了以前只有权威才能担当评价者、只有权威的评价才是唯一评价结果的固有观念。不同的人有其不同的价值取向，"多元评价"正是从尊重不同评价者的价值取向为出发点，提出评价主体多元化的要求。例如，管理者、教师、家长、幼儿等，因为其所站的角度不同，其评价的结果也会不一样。只有通过不同评价主体的共同参与、合作交流，才能使我们对学前儿童科学教育活动获得一个更为全面的评价。

（二）评价模式从结果评价到过程评价

长期以来，教育评价存在着"重教育结果、轻教育过程，重终结性评价、轻过程性评价"的问题，尤其是将评价独立于教育过程之外，这些都已不适应现代学前教育的要求。要树立重过程评价的观念，必须弄清教育目标、教育过程及教育评价三者之间的关系，即预定的教育目标决定了教育活动过程，教育评价就是根据教育目标，对照实际的教育结果，找出教育活动过程偏离目标的程度，以便通过一定的改进措施更好地达成目标。也就是说，评价应该渗透在整个教育过程之中，教育活动与教育评价应该一体化。

（三）评价客体从"统一性"到"差异性"评价

《指南》指出："要尊重幼儿发展的个体差异"，"切忌用一把'尺子'衡量幼儿"。这主要基于两点：一是每个幼儿自身的发展速度和方式不同；二是根据多元智能理论，每个幼儿都拥有独特的智能结构和智慧潜力。基于以上原因，在对幼儿评价时，要承认并关注幼儿的个体差异，以发展的眼光看待幼儿，避免用传统的标准化"一刀切"模式来评价幼儿，为每个幼儿创造足够的发展空间。

（四）从单一评价向多维评价发展

现代学前儿童科学教育是以培养幼儿的科学素养为核心的，科学教育的主要价值反

映在 3 个方面：科学情感的培养，科学方法能力的掌握，科学经验的获得。对学前儿童来说，掌握系统的科学知识和方法并非学前儿童科学教育的主要目的，培养幼儿对科学探究的兴趣才是学前儿童科学教育的最重要的目标。因此，多维评价有利于促进幼儿全面发展，形成良好的科学素养，为终身发展奠基。

（五）评价方法实现多元化

学前儿童科学教育评价价值取向的特殊性、自身的灵活性、幼儿在探究过程中表现的多样性，决定了学前儿童科学教育评价方法的多样性。学前儿童科学教育评价的主要方法有观察、谈话、作品分析、成长记录等。在学前儿童科学教育评价中，观察、随机谈话等评价方法大有价值。

二、学前儿童科学教育评价的主要类型

根据不同的阶段和功能，学前儿童科学教育活动评价可以分成以下几种主要类型。

（一）诊断性评价

诊断性评价是在教育活动之前进行的预测性评价或者“事实评价”，目的在于了解对象的基础情况，并有效地发现问题，为制订教育计划或解决某些实际问题做准备。诊断性评价主要应用于活动前期教师对幼儿知识经验的掌握情况进行摸底。诊断性评价具有一定的诊断功能。

（二）形成性评价

形成性评价即过程性评价，即评价贯穿于科学教育活动全过程，目的在于及时了解教育动态过程的成效，以便及时地做出反馈性调节，获取改进工作的依据，以提高教育过程的质量。形成性评价主要是为了找出在教育活动过程中与教育目标的偏离程度，以期今后进行改进。形成性评价具有一定的改进功能。

（三）终结性评价

终结性评价在完成某个阶段教育活动之后进行，目的在于全面了解该阶段教育的结果，对达成目标的程度做出终结性评价。终结性评价注重教育活动的结果，基本不涉及过程，是事后的评估，主要向各级各类决策者提供信息。终结性评价具有一定的鉴别功能。

第二节　学前儿童科学教育活动评价的内容

一、对学前儿童科学教育活动本身的评价

对学前儿童科学教育活动本身的评价主要包括对活动目标、活动内容、活动方法、活动过程、活动组织形式、活动选用的教育资源、活动中的师生互动关系等方面的综合

8.2.1

评价。

（一）对活动目标的评价

活动目标是指教师期望活动所达成的教育结果。评价活动目标应从以下几个方面来进行。

1. 活动目标与学期目标、年龄阶段目标以及总目标的要求是否一致

通过每个科学教育活动目标的积累，构成了阶段目标和终期目标，每一项活动目标的实现，都是向阶段目标、终期目标迈进一步。

2. 活动目标与本班幼儿的实际发展水平和已有经验是否相适应，并兼顾差异性

每个班级虽然在总体上符合该年龄阶段幼儿的发展水平，但每个幼儿又存在着差异性，各有不同的实际情况。所以在制定目标时，既要兼顾到年龄班幼儿的普遍性，也要兼顾到不同幼儿的特殊性。

3. 在活动目标中是否包含了知识经验、方法能力、情感态度三方面的内容

科学教育的总目标包含了以上 3 方面的内容，在每个具体的活动目标中，也应有这 3 方面的要求，当然，每次活动的具体情况是有所不同的。例如，在了解现代科技内容时，比较多地注重培养幼儿的科学情感、态度方面的目标，而在了解某些非生物（如石头、沙土）的特性时，比较多地注重培养幼儿的操作能力、探究能力，以及丰富科学经验等方面的目标。所以，每次活动的目标是有所侧重的，但不能完全偏废。

4. 活动的设计是否围绕活动目标而进行

活动目标确定以后，整个活动设计应围绕活动目标来展开。例如内容的选择、活动组织形式、教师的提问设计等。

（二）对活动内容的评价

活动内容是实现活动目标的载体。评价活动内容应从以下几个方面来进行。

1）活动内容是否与活动目标相一致。科学教育所涉及的内容十分广泛，选什么内容的首要依据是活动目标，活动内容应有利于活动目标的实现。

2）活动内容是否具有科学性。幼儿科学教育的目的是对幼儿进行科学素质的早期培养，因此科学教育的内容必须具有科学性。首先，科学性是指科学活动所给幼儿的知识应是准确的，应选取那些能被幼儿感知的、真实的、可靠的材料，有利于幼儿科学态度的形成。其次，科学性是指内容的处理突出重点、详略得当、难易适宜，并兼顾不同幼儿。

3）活动内容是否符合时代性。科学教育活动的一大特点就是要反映科技发展成果，时代性极强。前两年还是最新科技成果的产品（或是对某地区幼儿来说是新产品），不多久就成为司空见惯的物品了，所以评价内容时要注意，该内容是否符合时代特征，是否增加了现代科技的含量。例如，同样是认识鸡、鸭，如果和养鸡场、科学饲养、人工孵小鸡等内容结合起来，就比单纯地介绍鸡、鸭要符合时代性。

4）活动内容的比例是否合理。每一个科学教育活动特别是集体活动，总有一个时间的限制，从幼儿的角度看，他们的注意力、兴趣在一次活动中不会维持太久，评价内容时还要看该内容的比例是否合理，有无过多或过少的现象。

5）活动内容是否贴近幼儿的生活经验。《纲要》提出：在探究中认识周围事物和现象，有意识地引导幼儿观察周围事物，从生活和幼儿熟悉的科技成果入手，在幼儿生活经验的基础上进行科学活动，以上表述都明确要求在科学教育内容的选择上，要源于幼儿的生活，贴近幼儿的生活经验。

6）活动内容是否体现整合性。幼儿园课程各领域之间存在一定的内在联系，各领域之间只有相互渗透，有机结合，才能更好地促进幼儿全面发展。

（三）对活动方法的评价

科学教育活动方法既包括教师教的方法，也包括幼儿学的方法。活动方法使用得当与否，直接影响活动的开展，最终影响幼儿学习目标的达成，评价活动方法可从以下几个方面进行。

1）活动方法是否符合幼儿年龄特点。不同年龄阶段的幼儿知识经验、认知能力存在一定差异，在进行科学教育活动时，要采用符合幼儿年龄特点的教学方法。

2）是否多种方法综合运用。评价在一次科学教育活动中方法运用是否单一，是否根据教育目标和内容需求、幼儿特点、本班环境及条件综合运用多种合适的方法。

3）活动方法是否能保证幼儿积极主动探究。评价教育活动方法是否能激发幼儿积极主动地参与活动，并在探究过程中使每个幼儿获得发展。

（四）对活动过程的评价

1）活动过程是否结构严谨、层层递进、环环相扣。评价过程的几个环节和层次的顺序是否体现层层递进、环环相扣、相互衔接，是否每个环节或层次都有相应的目标达成。

2）活动过程中的重点、难点把握是否得当。评价活动过程中哪个环节是活动的重点，哪个是难点，教师在这些重、难点上，从时间分配、材料支持、方法运用等方面是否有所侧重，如何突破。

3）活动过程中组织形式是否灵活多样。评价活动过程中能否采用灵活多样的组织形式，能否根据活动具体情况，采用集体、小组、个人活动相结合的组织形式，让幼儿尽可能动手动脑开展活动。

4）活动过程中教师的提问是否合理。评价活动过程中教师的提问是否具有开放性，能否对幼儿起到启发引导作用，前后提问是否具有一定的关联性，教师的提问对活动的进展是否具有一定的导向作用。

5）活动中师幼关系是否和谐融洽。评价活动过程中教师能否给幼儿创造宽松的活动氛围，能否支持和鼓励幼儿积极动手操作、大胆表述，能否尊重幼儿意愿、尊重差异。

二、对学前儿童发展的评价

对学前儿童发展的评价是指通过科学教育活动，对所达到的教育效果的评价，这种

8.3.1

效果应体现在幼儿的身上，即幼儿的科学素养的提高，具体评价内容可根据《指南》所列儿童“科学探究”各年龄阶段发展的典型表现。

（一）学前儿童科学情感和态度的评价

学前儿童科学情感和态度的评价主要评价幼儿对周围世界的好奇心、探索周围世界和学习科学的兴趣，以及幼儿关心、爱护自然和环境的积极情感和态度。

评价的内容包括：是否对周围环境中的新异刺激产生惊异，做出积极的反应，并能集中注意，感知、观察、操作物体，提出问题，寻求有关信息和答案；是否对自然界和科学活动感兴趣，是否喜欢观察、探索自然界，积极参与科学活动，谈论自然界和科学活动，并在活动中表现出愉悦的情绪；是否关心自然界，爱护、保护动植物和周围环境；是否有初步的环保意识，并对生命充满崇敬和关爱。

（二）学前儿童科学探究能力的评价

学前儿童科学探究能力的评价主要评价幼儿探究周围世界和学科学的技能与方法的发展水平。

评价的内容包括：幼儿是否了解各种感官在获取信息中的作用；是否学会使用感官探究事物的方法及有顺序地观察的方法；是否能在一组物体中，按照事物的一个或两个特征挑选出有关物体；是否能按照指定的标准，将给予的一组物体进行分类；是否能以自己规定的标准进行分类；是否能以观察的方法和非正式量具测量物体，是否能尝试用正式量具测量物体；是否能对一些物体进行比较、分析、抽象和概括，是否有遇事思考的习惯；是否能以语言、体态、绘画、数字等手段，表达、交流科学探索活动中的发现、获得的经验和问题，以及探索的过程和方法。

（三）学前儿童科学知识经验的评价

学前儿童科学知识经验的评价主要评价幼儿是否获得了周围物质世界的广泛的科学经验，或在感知经验基础上形成了初级的科学概念。

评价的内容包括：是否具有常见的自然现象（包括季节、气象、理化等自然现象）及其与人类、动植物有关系的具体经验或初级的科学概念；是否具有关于周围环境（有生命物质和无生命物质，包括人类自身）及其相互关系的具体经验或初级的科学概念；是否具有与幼儿自己生活有关的科技产品及其对人类有影响的具体知识。

第三节 学前儿童科学教育活动评价的方法

一、学前儿童科学教育活动评价的一般步骤

学前儿童科学教育活动评价的方法有很多，不管哪种方法，都要有一定的步骤和程序，以保证评价工作的科学性和有效性。学前儿童科学教育评价的一般步骤主要包括：

确定评价目标、设计评价方案、实施评价方案、处理评价结果。

（一）确定评价目标

评价是一种有目的的行为，评价目标的确定主要包括以下几方面。

1. 评价的主体——谁来评

评价的主体是指评价的组织者和实施者。在学前儿童科学教育评价中，管理人员、幼儿教师、家长甚至幼儿等都有可能是评价的主体。评价的目的不同，评价的主体就不同。例如，对幼儿园进行评估定级，评价的主体应该是上级教育主管部门或者专业的评价机构；对教师进行的评价，评价的主体应该是幼儿园园长或者上级教育主管部门；对幼儿进行的评价，评价的主体可能是教师，可能是家长，可能是教育行政机构。具体内容不同，评价主体也不同。

2. 评价的对象——评价谁

在学前儿童科学教育中，一般的评价对象有 3 个方面：一是教师，二是幼儿，三是科学教育活动本身。

3. 评价的目的——为什么评

评价者要明确为什么评价，是为了衡量教育效果的优劣，还是为了考评教师，或是为了了解儿童的发展状况？目标确定后，才能根据目的恰当地选择评价的内容、方法。

4. 评价的内容——评什么

在科学教育活动中，既要全面地反映评价对象的有关情况，又要从实际出发，选择具有代表性的内容进行评价。

（二）设计评价方案

设计评价方案，就是根据评价目标，对整个评价过程进行整体的设计。这一步骤主要包括以下 4 个方面。

1. 明确评价标准

在学前儿童科学教育评价中，要评价教师的教学、幼儿的发展状况、幼儿园的教育教学质量等，应该以学前儿童科学教育的总目标作为依据和标准。

2. 设计评价指标体系

评价指标体系是教育目标的具体化，是把评价的内容中各个有关因素按照一定的层次和权重，组成一个指标体系。比如，要评价幼儿的好奇心，可以通过幼儿在观察小兔子时的表现来进行，可以将幼儿的表现分为：从远处看、在近处看、用手摸、用语言逗引、喂食、将发现告诉给他人等评价指标，组成本次评价活动的指标体系。

3. 选择收集资料的方法

收集资料的方法有很多，如观察法、调查法、谈话法、作品分析法等，不同的评价内容应该选择不同的方法。对同一评价内容，有时也需要采用不同的评价方法，以提高评价结果的可靠性。

4. 准备评价的书面材料

为保证评价结果的科学性，需要在评价前准备一定的书面材料，并在评价中进行记录。例如，运用观察法，就要准备好观察记录的表格和评价标准；运用问卷调查法，要设计好调查问卷；运用访谈法，要准备好访谈提纲等。

（三）实施评价方案

1. 进行宣传引导

在评价正式实施前，评价的组织者要对评价进行解释说明，让被评价对象能积极配合评价工作的开展。但是，需要注意的是，有些评价工作是需要在自然状态下完成的，则不需要提前告知。例如，对幼儿科学素养的评价，有些教师担心自己班级的成绩低于别的班级，会提前给幼儿测试或告知引导幼儿的言行，这些做法都不利于客观的评价工作的开展。

2. 收集评价资料

在收集评价资料的过程中，要注意评价资料收集的客观性，不要对被评价对象进行引导，或随意发表评价或议论，以影响评价结果的客观性。

3. 汇总整理评价资料

对收集的评价资料要进行认真及时的分析，用统计方法将评价资料加以处理。

（四）处理评价结果

实施评价方案后，评价者要针对汇总和整理的结果，采用适宜的定性或者定量的方法，进行全面、认真的分析，做出评价的结论并形成评价报告。

二、学前儿童科学教育活动评价的主要方法

有了评价对象和评价指标，如何收集评价对象的各类信息是评价过程的重点和难点。《纲要》明确指出：“评价应自然地伴随着整个教育过程进行。综合采用观察、谈话、作品分析等多种方法。”在具体的评价资料收集中，常用的方法主要有观察法、访谈法、问卷法、作品分析法等。

（一）观察法

观察法是在日常生活中或自然状态下，有目的、有计划地对幼儿的科学活动行为进行现场观察、记录和分析，从而获得幼儿科学领域发展、教师科学领域专业发展信息的一种方法。在运用观察方法收集资料的时候，观察者要力求保持客观、真实，避免主观的臆造或推断。

观察法在评价中的应用非常广泛，常用的有行为观察核对法、情境观察法和轶事记录法等。

1．行为观察核对法

在观察评价对象之前，我们可先依据评价的项目来确定观察的行为目标，并制成一份行为观察核对表，将要观察的行为列入表中。实际观察时，只需要对照核对表的各个项目进行逐条检核，并在符合的条目上做记号即可；但这些条目的设定必须反映要评价的内容，具有代表性。

在使用中，行为检核表可以通过现场观察和记录进行，也可以通过向幼儿提问指定问题的方式进行，记录幼儿对问题的行为反应并做出评判。

行为观察核对法的优点是操作简便，只需要在观察到的行为所对应的条目后面打“√”或者得分即可，因为结果是量化的，结果的分析也比较容易。行为观察核对法的不足在于事先要决定所要观察的行为类型，抽取一定数量的具体行为，制成核对表。核对表是预设的，有些偶发行为不能呈现在核对表中，而且制表耗时较多，也比较困难。

范例 8-1

小班幼儿“学习与发展”评价与分析参考表

幼儿姓名：＿＿＿＿＿＿　评价分析者：＿＿＿＿＿＿　评价时间：＿＿＿＿＿＿

领域	评价项目	主要表现	评价等级		
			☆	☆☆	☆☆☆
健康	情绪	在幼儿园情绪稳定，愿意与大班的哥哥、姐姐一起玩			
	健康认知	在成人提醒下，按时睡觉和起床，并能坚持午睡			
	动作发展	1．能身体平稳地双脚连续向前、向上跳 2．双脚站立从高 15～25 厘米处向下跳 3．能边念儿歌或边听音乐边做模仿操 4．能双手抓杠悬空吊起 10 秒左右			
	生活自理	在别人帮助下能穿脱衣服或鞋袜，并放在指定位置			
	习惯卫生	1．知道用茶水漱口 2．操作活动后能够简单整理物品，知道清洁双手			
	自我保护	体育活动中能听指令行动，不做危险的动作			
语言	倾听	别人讲话时能够认真听并基本理解意思			
	表达	1．愿意主动表达自己的需要和想法 2．能口齿清楚地说儿歌、童谣或复述简短的故事			
	语言习惯	会使用常见的交往语言			
	阅读	1．喜欢跟读韵律感强的儿歌、童谣 2．喜欢并能听懂短小简单的儿歌或故事			
社会	交往意愿	1．喜欢和老师、同伴一起活动，体验与老师、同伴共同生活的乐趣 2．能够回应他人对自己的问候			
	自主意识	能根据自己的兴趣选择游戏或其他活动			

续表

领域	评价项目	主要表现	评价等级		
			☆	☆☆	☆☆☆
社会	行为规范	了解并基本遵守幼儿园一日生活的行为规范			
	初步归属感	认识周围与自己生活相关的人，如清洁工、门卫、司机等，知道他们工作很辛苦，尊重他们的劳动			
科学	探究能力	1．能运用各种感官感知物体材料的软度、光滑和粗糙 2．认识大大小小的蛋，感知常见的可泡发食品由小变大的有趣现象，感受物体充气前后的大小变化			
	专注	1．能专注地进行数数、比较等操作性活动 2．能在教师提醒下仔细观察，愿意动手操作			
	数学认知	学习手口一致地从左到右点数5以内的物体，能说出总数，并能按数取物			
	量的感知	能将物体按照从大到小或从小到大的顺序排列			
艺术	欣赏	1．能安静地倾听音乐，感受音乐特点 2．能够感知音乐的速度、声音的大小等 3．愿意欣赏蛋壳工艺品			
	感受	1．愿意摆弄打击乐器，感受几种打击乐器的音色，了解其名称和演奏方法，养成轻拿轻放的好习惯 2．学习对边折、对角折的方法，能折出几种简单的物品			
	表现	能够用点的大小和形状，线的长短、粗细和曲直，色彩的不同，画出自己想画的人和事物			

注：1．☆：发展中。指幼儿行为尚未达到该发展指标。

☆☆：基本符合。幼儿的行为接近该发展指标，但不稳定。

☆☆☆：非常棒。幼儿的行为达到或超过该发展指标。

2．您可根据幼儿的行为，在相应的栏目内打“√”。

2．情境观察法

情境观察法就是由评价者事先创设一个情境，将评价对象置于其中，通过观察和记录评价对象在该情境中的行为反应，来获取评价资料。这种方法的优点是能测量幼儿发展水平的不同层次，其观察效果好。但是，在有目的、有控制的情境中进行，如何创设一个能很好地体现评价目标的情境比较难以把握。

范例 8-2

评价幼儿好奇心的发展

我们根据好奇心的概念：“好奇心是对新异刺激的积极反应倾向”确定了好奇心的操作定义，即以一系列行为表现作为好奇心的指标，如接近新异刺激、观察刺激物、摆弄刺激物、自我发问、提出问题、长时间不愿意离开等。

在评价过程中，我们设计了一个情境，让幼儿置身于新异刺激的环境中，观察幼儿在其中的行为反应，并做出评价。具体的方法如下。

向幼儿演示一种新奇的玩具惯性车（根据教师所述，幼儿平时没有见过这种玩具）。当幼儿明确了所见到的现象以后，主试就问他："你想不想玩？如果你想玩，那你就玩吧。随便你想怎样玩就怎样玩。"在幼儿玩过5分钟以后，主试令其停止，并询问其有什么要问。

幼儿在此情境中可能会有不同的表现：如果幼儿明确表示不想玩，则说明他对新异的刺激没有好奇心，计0分；如果幼儿想玩，我们则观察其在规定时间（5分钟）内的探索行为并予以评分；如果幼儿在5分钟内提出不想玩了，我们也可根据其在这一段时间中的表现予以评分。

评分的项目及标准如下（满分20分，每项5分）：

分项目	好（5分）	中（5分）	差（1分）	无（0分）
探索时间	在规定时间的5分钟内一直探究玩具，直至观察者让其停止	探索行为坚持3分钟以上	探索行为维持1分钟以上	不愿意探索
探究动作	明确表现出探究和问题解决的行为	表现出不同的探究性动作	探究动作很少或单一	无探究动作
言语表现	活动过程中有较多语言伴随其问题及发现	活动过程中有较多语言	活动过程中有少量语言	活动过程中无言语表现
所提问题	能主动提出问题，或在主试询问时能提出两个以上和探索对象相关的问题	在主试询问时能提出两个和探索对象有关的问题	在主试询问时能提出一个和探索对象相关的问题	没有提出问题

3．轶事记录法

轶事记录法就是在自然状态下，评价者或者教师自己详细记录教师、幼儿在某个特定的科学活动中的完整过程并做出评价的方法。一般在观察前，观察者就已经明确了欲观察的行为或者事件的类型，在观察时只需要等候这些行为或事件的发生即可。这种记录法的优点是，能全面翔实地收集活动信息，全面反映教师、幼儿和活动本身的问题。但轶事记录法对观察者的要求比较高，没有现成的记录表格，完全靠事件发生时的速记。

范例8-3

以下是对某小班教师在集体活动中能否顺应幼儿兴趣点而灵活指导的记录和评价。

地上摆放着六七盆颜色不同、品种各异的菊花。王老师先让孩子们离开座位，去闻一闻菊花的香味，期待他们回答"菊花是清香的"。然而，第一个幼儿的回答就出乎意料："菊花是臭的"。这引起了全场大笑。接下来的回答也是五花八门：有点香，有点臭，毒药味，茶叶味等。王老师并没有制止或批评孩子们的发言，而是因势利导使活动顺利进行。王老师请来了几位老师帮忙一起鉴定菊花的气味，王老师让幼儿再一次闻花，老师们和幼儿一起判断味道：菊花不都是香的，有的没味道，有的土腥味，有的中药味（孩子不会说中药味，说出了毒药味），还有几盆花确实刚刚施肥，有臭味。之后，王老师表扬了孩子们的认真、大胆和真诚，并扩展了他们的有关经验。

评价：

在这次“认识菊花”的活动中，王老师对幼儿意外回答的处理方式是顺应幼儿的回答，而不是完全按照自己预想的设计实施，使幼儿敢于表达自己不同的看法。在顺应的同时，教师还邀请了几位老师参与活动，对菊花的味道进行鉴定，给予了幼儿经验上的支持，也更有利于培养幼儿尊重事实的科学态度。

另外，教师在日常工作中的评价，也可以通过轶事记录的方法进行，通过日积月累，能掌握丰富的活动资料。比如，幼儿在园一日生活中经常会表现出各种科学探究行为，或者向老师提出各种问题，教师如果能及时把这些事件详细记录下来，就可以了解：幼儿对周围的哪些事物比较感兴趣，他们提出了哪些问题，他们是怎样探索的，哪些幼儿更富有科学探究精神。

范例 8-4

以下是某中班男孩在“宝贵的土壤”活动中科学探索行为的记录和评价。

教师把幼儿带到户外长堤上，让每个幼儿寻找土壤里有什么。他就埋头寻找，发现了一只小小的西瓜虫，于是把西瓜虫捡起来，放在手心里。他一会儿看看远处的老师和小朋友，一会儿看看自己手心里的西瓜虫。他没有把自己的发现告诉别人，也不再寻找土壤里的东西。在集中谈话时，他对教师的问题也没有反应，全心注意着他手中的西瓜虫。西瓜虫在他的手里慢慢爬动起来，当西瓜虫快要爬到手掌边时，他马上用另一只手接过来。这时教师开始注意他的举动，就走到面前，终于发现了西瓜虫，对他说：“等会儿把西瓜虫放到班上的自然角，好不好？”他点点头，依然低头照看他的西瓜虫。

评价：

从以上事件详录中，我们可以具体看到这位幼儿的探究行为：他的发现、态度等。

范例 8-5

下面是两个充分与不充分观察记录的例子比较：

不充分描述	比较充分的描述
小芳在玩积木，她数到了 10	小芳把 10 块积木垂直地搭起来，并且用一一对应的方法数到了 10，她对着第一块积木从 1 开始数，当她放下第一块积木的时候就接着数下一个数字
宝宝在收听角忙活了 10 分钟	宝宝在收听角用了大约 10 分钟的时间戴着耳机听《三只小猪》的故事，他一边听一边看书，同时大声地把故事讲出来，并且在正确的时间将书翻到下一页

下面是两个比较客观和不客观的观察记录的例子:

不客观的描述	比较客观的描述
莎莎对画小猪很有热情	莎莎一边唱歌一边画小猪，每当她在小猪的脸上添上一笔，她都会笑起来
娜娜在戏剧角显得非常忧郁，她和其他孩子相处得并不好	娜娜眉头紧锁地坐在戏剧角里，手里紧紧地握着“珠宝盒”。每当有小朋友向她要“珠宝”的时候，她都转过头去不搭理小朋友

（案例选自：刘占兰，2008．学前儿童科学教育．北京：北京师范大学出版社.）

（二）访谈法

访谈法又称谈话法，是指评价者通过直接与访谈对象交谈来获取信息的一种收集评价资料的方法。相比前面的方法，访谈法获得的资料更为真实可信，也更为具体生动，富有个性。访谈获得的资料难以标准化，而且访谈的实施费时费力，难以取得大样本资料，不过近年来由于定性研究逐渐受到推崇，所以访谈法的应用也越来越普遍。然而访谈法对访谈者的素质要求非常高，不仅要求对访谈内容非常熟悉，也要求访谈者本人有较高的语言能力和敏锐的洞察力，善于倾听对方和理解对方。

通常情况下，访谈前要精心准备由一些问题组成的访谈提纲，但题目不宜过多。访谈的问题可以是开放式的问题，也可以是封闭式的问题。开放式的问题是在内容上没有固定的答案、允许受访者做出多种回答的问题；封闭式问题是要求访谈对象在事先确定好的几个答案中选择一个自己认为最合适的答案，具体形式有正误式、多种选择式、评分式等。另外，访谈的形式多种多样，可以进行小组访谈，也可以进行个别访谈；可以访谈教师和家长，也可以访谈幼儿。特别在访谈幼儿时问题的表述要具体形象，要适合幼儿的语言理解水平。

范例 8-6

幼儿教师关于幼儿园科学课程实施现状的访谈提纲

访谈日期：×××

访谈对象：×××

访谈内容:

1）您是否经常组织开展科学领域的教育活动?

2）您开展科学教育的内容主要涉及哪些方面?

3）您主要通过哪些途径实施科学教育?

4）您在实施幼儿园科学教育的过程中，比较注重哪些目标的达成？能举个例子吗?

5）您是否参加过与科学相关的培训？请谈谈培训的具体情况。您从中得到的最大收获是什么?

6）您自己在实施科学教育时，最大的困难是什么？当遇到困难时，您是如何解决的?

7）您在实施这门课程时，主要依据什么来评价幼儿？采用过哪些评价方法？
8）您对幼儿园科学教育有什么想法和建议吗？
9）迄今为止，本园科学教育的效果如何？表现在哪些方面？
10）您对幼儿园科学教育有什么想法和建议吗？

范例 8-7

以下是“声音是怎么产生的”科学教育活动中教师与幼儿的对话：
教师：“把豆子装到瓶子里，晃一下瓶子，你听到了什么？”
幼儿：“咚咚咚咚的声音。”
教师：“为什么会有咚咚咚的声音呢？”
幼儿：“振动。”
教师：“什么是振动呢？”
幼儿：“豆子来回动，空气宝宝也来回动。”
教师：“那把棉花放到瓶子里，晃一下，有声音吗？”
幼儿：“没有。”
教师：“是没有声音吗？”
幼儿：“是声音太小了，我听不到。”

（三）问卷法

为得到大范围的评价信息，评价者可以根据评价目的，向评价对象发放问卷调查表，广泛收集信息。问卷法不受空间的限制，能在短时间内获得更多的资料。编制问卷是应用该方法的关键，问卷包含一些符合评价目的的问题，通过回答这些问题，评价者就能做出评判。在幼儿科学领域的发展评价中，用问卷法一般是向家长和教师了解本班或本园幼儿在园内和家庭中的科学领域行为表现，为评价提供信息；在教师科学活动指导效果的评价中，用问卷法一般是幼儿园管理者为广泛收集科学教育理念及行为的信息，并对此做出评价。

范例 8-8

教师对幼儿园科学课程实施认同感的调查问卷

尊敬的老师：
您好！
这是有关教师对《幼儿园教育指导纲要（试行）》中幼儿园科学课程实施认同感的调查研究，旨在了解教师对幼儿园科学课程的认同程度，以便为实施幼儿园科学课程提供依据。本问卷采用匿名方式，回答无对错之分，研究结果仅供科研之用，不必顾虑。请选择最符合您的真实想法的选项，不要留有空格不填；否则这张问卷将作废。非常感谢您的支持！

课题组

基本信息（请在横线上填上您的真实信息）

年龄：__________

教龄：__________

职称：__________

学历：__________

您所在的幼儿园级别：__________（请您写明）

第一部分

请依据《幼儿园教育指导纲要（试行）》中对科学教育的阐述，根据自己的认同情况在以下题项中选择一个最符合的选项，并在其对应的项目上打“√”。

题项	非常不符合	不符合	不确定	符合	非常符合
1. 幼儿园科学课程让我感到满意					
2. 我认为幼儿园科学课程是有价值的					
3. 我觉得幼儿园科学课程是有意义的					
4. 我觉得幼儿园科学课程是有必要的					
5. 我觉得幼儿园科学课程很容易理解					
6. 我认为幼儿园科学课程富有弹性					
7. 我认为幼儿园科学课程是设计合理的					
8. 我觉得幼儿园科学课程是务实的而非理想化的					
9. 我觉得幼儿园科学课程用于教学实践是有效的					

请您根据实际情况，在对应项目上打“√”，表示您对相应问题的看法与态度：

题项	非常不同意	不同意	不确定	同意	非常同意
1. 实施幼儿园科学课程遇到困难时，我至少可以向一位资深的同事请教解决的方法					
2. 园长鼓励教师实施《纲要》中的幼儿园科学课程					
3. 大部分同事支持在幼儿园里实施幼儿园科学课程					
4. 幼儿园有定期的讲座和培训课程，让我学习如何实施幼儿园科学课程					
5. 我可以在园务会议上表达我对实施幼儿园科学课程的困惑之处					
6. 实施幼儿园科学课程缺乏有关的资源（例如图书、材料）时，幼儿园会及时做出补充					

续表

题项	非常不同意	不同意	不确定	同意	非常同意
7. 幼儿园课程强调实施幼儿园科学课程的重要性					
8. 我关注幼儿园实施幼儿园科学课程的硬件设施是否充足					
9. 我相信幼儿在园外获得的科学经验足够充足					
10. 幼儿园在科学教育方面安排了充足的时间					
11. 我认为幼儿园科学课程对幼儿成长是有价值的					
12. 我有足够的时间准备科学教育活动					
13. 你认为《纲要》中幼儿园科学课程目标、内容与要求能够适应幼儿的身心发展特点					
14. 考虑到我对教学感到满足，我认为尽管花费时间与精力较多，但幼儿园科学课程值得实施					
15. 考虑到幼儿通过主动探究学习科学，我认为尽管花费时间与精力较多，但幼儿园科学课程值得实施					
16. 考虑到幼儿对周围事物感兴趣、有好奇心和求知欲，我认为尽管花费时间与精力较多，但幼儿园科学课程值得实施					
17. 考虑到幼儿探究解决问题的能力得到发展，我认为尽管花费时间与精力较多，但幼儿园科学课程值得实施					
18. 考虑到教师专业地位的提高，我认为尽管花费时间与精力较多，但幼儿园科学课程值得实施					
19.《纲要》中创造条件让幼儿主动探究的建议符合我的教学风格					
20.《纲要》中倡导的教育理念反映了我对幼儿科学教育的理解					
21. 幼儿园科学课程能很好地满足幼儿学习科学的需要					
22. 为发挥幼儿园科学课程的效能，我已经具备了足够的知识与技能					
23. 上级主管部门提供了足够的资源，支持我园幼儿园科学课程实施					
24. 园外专家提供了足够的支持来帮助我园教师实施幼儿园科学课程					
25. 师资培训机构提供了充分的支持					
26. 本园幼儿家长支持幼儿园科学课程实施					
27. 出版机构提供了令人满意的教学参考书					
28. 我将积极而公开地支持本园实施幼儿园科学课程					

续表

题项	非常不同意	不同意	不确定	同意	非常同意
29．我将赞成本园实施幼儿园科学课程					
30．我将建议本园实施幼儿园科学课程					
31．我将和同事分享幼儿园科学课程的可行性					
32．我将和同事分享实施幼儿园科学课程的经验以便提高幼儿园科学教育质量					

（四）作品分析法

作品分析法是指通过记录和分析幼儿作品来评价幼儿的科学探究能力和行为表现的方法。在多个时间和场合内，通过有目的、有计划地收集、记录儿童在科学探究活动中的各种相关作品，如观察记录、绘画、小制作等，分析和评价幼儿在科学探究活动中表现出来的探究兴趣、情感态度、探究能力、知识经验的理解与掌握情况。

案例分析

中班科学教育活动：有趣的溶解

活动目标

1）在动手操作中，对溶解的现象产生浓厚的观察兴趣和探究的欲望。

2）能用搅拌的方法了解溶解的现象，知道有些东西可以在水里溶解，有些不可以。

活动准备

透明的塑料杯，勺子；方糖、盐、砂糖、奶粉；黄豆、大米、绿豆；塑料筐 16 个；温水。

活动过程

（一）游戏导入，激发幼儿探索的兴趣

今天，老师给小朋友们带来一个神秘礼物，来看看，是什么吧！

对，是一杯水！不过，这可不是一杯普通的水哟！那是什么水呢？我请一个乖宝宝来尝尝吧。是什么味道的啊？怎么会是甜的呢？糖在哪里呢？老师怎么没有看见呢？小朋友们看见了吗？

（二）教师示范

1．教师示范，幼儿观看

教师从桌子下面端出水和糖，一边端一边说，这是水宝宝，这是糖宝宝。

教师将糖放到水中，充分搅拌，引导幼儿观察糖不见了。

总结这种现象叫溶解。

2．个别幼儿操作

刚才，方糖和水宝宝做朋友了，在水里溶解了。那么，奶粉会不会和水宝宝做朋友，在水里溶解呢？（请一名幼儿操作。）

总结奶粉也可以在水中溶解。

（三）集体操作，教师指导

1．操作可溶解的材料

（1）认识材料及讲解操作步骤

刚才，我们通过变魔术知道方糖和奶粉都会和水宝宝做朋友，在水里溶解。那小朋友们想一想还有哪些东西也会和水宝宝做朋友，在水里溶解呢？（让幼儿自由充分地表达，教师回应幼儿答案）

（2）分组操作，教师巡回指导，提醒幼儿搅一搅，观察有没有溶解

好了，现在请小朋友轻轻地把小椅子抬到空位置上去，选择自己喜欢的材料开始变魔术吧！

（3）集体讨论交流

你选了什么材料变魔术？它有没有和水宝宝做朋友，在水里溶解呢？

2．操作不可溶解的材料

教师介绍操作材料，幼儿分组操作。

（四）集体讨论，记录实验结论

教师请幼儿讨论交流，什么可以在水中溶解，什么不能在水中溶解。幼儿边介绍，教师边在记录纸上打“√”做好记录。（事先将记录纸贴在白板上）

案例评析

溶解是一个比较经典的科学现象观察活动，题材紧扣生活，是孩子们熟悉的比较简单的科学活动。

《指南》科学领域中 4～5 岁儿童的教育目标为：“能对事物或现象进行观察比较，发现其相同与不同。”“常常动手动脑操作物体和材料，并乐在其中。”本活动目标定位于“在动手操作中，对溶解的现象产生浓厚的观察兴趣和探究的欲望；能用搅拌的方法了解溶解的现象，知道有些东西可以在水里溶解，有些不可以”，活动目标与幼儿的年龄阶段目标一致。该活动目标包含了情感态度（浓厚的观察兴趣和探究的欲望）、方法技能（用搅拌的方法了解溶解的现象）和知识经验（知道有些东西可以在水里溶解，有些不可以）三方面的内容。整个活动实施紧紧围绕目标展开。

为了让孩子理解溶解，教师在活动实施阶段选择的材料（奶粉、糖、盐，黄豆、大米、绿豆）是幼儿生活中常见的，有利于幼儿理解和感知。为了使活动内容能够持续吸引孩子的注意力，教师采用了游戏导入、教师示范、个别幼儿示范、集体操作等方式。为了将孩子的科学经验进行有效的梳理，在操作之后，老师设计了交流分享的环节，该环节既是科学领域与语言领域的融合，又体现了对幼儿“表达交流”能力的发展。

中班幼儿的思维方式是具体形象思维，本活动采用了直观法、游戏法、操作法等多种教学方法，这些方法保证了幼儿积极主动的探究。

活动过程中，幼儿对溶解现象的认识和理解是活动的重点，各环节紧紧围绕溶解进行操作，通过教师的示范，个别幼儿的演示，集体的操作，很好地突破了活动重点，完

成了活动目标。在活动中，教师的提问环环紧扣，对幼儿的操作有很好的启发性。

本活动仅为文本教案，活动评价应该在教学活动实施后进行。因此，可在实施活动后对师幼互动，具体活动的开展效果等方面进行评价。

同步训练

一、思考训练

1．近年来，学前儿童科学教育评价越来越多元化，谈谈你的理解。

2．举例说明如何对学前儿童科学教育活动进行评价。

3．行为观察核对法有什么优缺点？

4．如何进行轶事记录观察和目标儿童观察？

二、实践训练

1．利用见习期间，观摩一个幼儿园科学教育活动，并对活动本身进行评价。

2．观摩幼儿园某个班级的集体或区域科学教育活动，对活动中幼儿的发展进行评价。

第九章 学前儿童科学教育讲课与说课训练

学习与能力目标

1. 了解学前儿童科学教育讲课和说课训练的目的和意义。
2. 理解学前儿童科学教育讲课和说课训练的内容及对教师的基本要求。
3. 能科学地进行学前儿童科学教育讲课和说课。

知识结构图

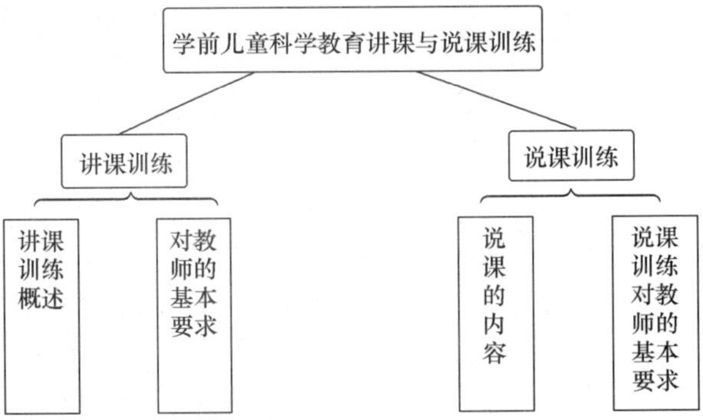

第一节 学前儿童科学教育讲课训练

讲课训练是学前教育专业学生巩固和运用专业知识、形成教育教学能力、提升专业素养的重要途径之一。学前儿童科学教育讲课训练是培养学生科学教育教学能力的重要实践环节。

一、学前儿童科学教育活动讲课训练概述

教师职业技能训练是培养师资这一系统工程的技术项目。对在校学生有目的、有计

9.1.1

划地进行系统的教师职业技能训练，目的是引导学生将专业知识和教育学、心理学、学科教学法的理论与方法转化为具体从师任教的职业行为方式，并使之趋于规范化，这对于形成学生的教育和教学能力，对于学生毕业后胜任教师工作都具有重要的作用。对于这个问题的研究，在20世纪70年代就受到国际社会的普遍关注，之后在我国也得到了日益重视，进入20世纪90年代以来，特别是国家教委印发的《高等师范学校学生的教师职业技能训练大纲》（试行），要求各高等师范学校结合实际，贯彻执行，使得该研究进入综合化、规范化、实践化的阶段。

（一）什么是讲课训练

学前儿童科学教育讲课训练是指教师为学生创设体现职业要求的真实情境，让学生熟练掌握作为一名幼儿教师的科学教育教学能力，同时也为教育见习实习，更为顺利通过幼儿园教师资格考试，成为合格的幼儿教师奠定基础。

学前儿童科学教育讲课训练是指为培养学前教育专业学生的科学教育活动设计与实施能力而进行的实践教学活动。开展讲课训练的最终目的是使学生能够胜任幼儿园科学教育教学的要求。

（二）讲课训练的类型

根据学前儿童科学教育讲课训练的目的和要求，可以将讲课训练分为以下几种情况。

1. *名师模仿课*

名师模仿课是指学生在观摩名师执教的教学活动后，将其再现出来的过程。学前儿童科学教育领域有一批著名的幼教老师，他们开阔的活动设计思路，娴熟的教学技能技巧，随处可见的教学智慧对学前教育专业的学生来说无疑是方向，更是榜样。讲课训练从名师模仿开始，为学生的教学生涯奠定了一个较高的起点。通过对名师的模仿，学生们不仅可以掌握学前儿童科学教育各类活动的设计与组织方法，还能在模仿中深刻体会教学的节奏、感染力、表现力。模仿是通向创造的必经之路。

名师模仿课的基本步骤是：观摩—模仿—揣摩—打磨。①观摩是指教师精心选择优秀的教学视频供学生观摩学习并与学生一起赏析。②模仿是指学生认真反复地观摩名师视频并据此写出活动设计详细方案。③揣摩主要是揣摩名师的上课用语、活动环节的过渡和教学细节的呈现。在揣摩时，新教师要做到以下三个方面：一是认真揣摩名师的教学语言。如怎样使教学语言言简意赅，通俗易懂；怎样提问才更具有启发性、调动性。二是揣摩名师在活动环节之间的过渡。自然巧妙的过渡是课堂的“润滑剂”，能够让幼儿在不知不觉中转换思维方式，全神贯注地投入到活动之中。三是揣摩名师的教学细节。一堂课的细节问题往往是决定成败的关键，同样的教学内容采用不同的教学策略，则可能导致不同的教学效果。④打磨是指坚持“于微观处去改进”的原则，对教学内容、幼儿情况以及教学策略等做到“精雕细琢”，在不断地精心“打磨”中删繁就简，去芜存菁，实现课堂教学的最优化。

2. 微格教学

微格教学又称微观教学、录像反馈教学，它是采用现代教育技术，对学生进行教学技能培训的一种新途径。它将复杂的教学活动细分为许多易于掌握的单项技能，在有控制的教学环境中逐个展开训练、评价、再训练，使受训者的教学能力得到发展和提升。微格教学经过许多专家的长期实践得到证实，它把复杂的教学活动细分为许多易于掌握的单一的教学技能，能够促进青年教师和师范生的教学技能迅速提高，是师范生在校期间迅速提高教学校能的最有效途径。学前儿童科学教育讲课训练中广泛采用这种形式进行实训。

微格教学的具体步骤主要包括以下几点。

1）事前的学习和研究。学习的内容主要是微格教学的训练方法、各项教学技能的教育理论基础、教学技能的功能和行为模式。

2）提供示范。通常在训练中结合理论提供教学技能的音像示范，便于师范生对教学技能的感知、理解和分析。

3）确定培训技能和编写教案。每次训练只集中培训一两项技能，以便使师范生容易掌握。微格教学的教案具有不同于一般教案的特点，它要求说明所应用的教学技能的训练目标，并要求详细说明教学过程设计中的教学行为是该项教学技能中的什么技能行为要素。

4）角色扮演。在微型课堂中，十几名学生轮流扮演教师角色、幼儿角色和评价员角色，一名学生负责摄像操作。

5）反馈和评价。这是微格教学中最重要的一步。在教学结束后，必须及时组织学生观看教学实况录像。先由试讲学生进行自我分析，检查实践过程是否达到了自己所设定的目标，是否掌握了所培训的教学技能，指出有待改进的地方，也就是“自我反馈”。然后评价员和小组成员对其教学过程进行集体评议，找出不足之处，教师还可以对其需改进的问题进行示范，或再次观摩示范录像，以利于进一步改进、提高。

6）修改教案后重新进行角色扮演。对反馈中发现的问题按评价员及学生集体的建设性意见修改教案，经准备后进行重教。重教后的反馈评价方法与“角色扮演”相同。若第一次角色扮演比较成功，则可不进行重教，直接进行其他教学技能的训练。

3. 幼儿园讲课实训

在学生对学前儿童科学教育活动的设计和实施有了一定的认识理解，具备一定的组织教学技能时，组织学生到幼儿园进行现场教学，在真实的教育情境中检验自己的活动设计方案是否可行，活动实施过程中存在哪些问题等。

幼儿园讲课实训具体分为以下几个步骤。

1）确定活动内容。根据幼儿园的教学进度或园方建议，确定活动内容。

2）撰写活动设计方案。在活动内容确定后，深入分析教材，确立符合幼儿心理发展水平的活动目标，准备充足的活动材料，科学合理地设计活动过程，对活动内容进行充分的预设。

3）幼儿园现场教学。由于幼儿园班额所限，不可能每个学生都有机会到幼儿园现场执教。一般会选取较为优秀的学生现场教学，其他学生观摩教学活动，并做评价员。

4）评价反思与调整。现场执教结束后，一般首先由执教的学生进行自我反思，谈谈在执教过程中的得与失，然后由幼儿园老师、科学教法老师和学生分别对活动进行评价。执教学生根据自我反思与他人评价对设计方案进行调整，使之更适合幼儿园的教学需要。

二、学前儿童科学教育讲课训练对教师的基本要求

（一）教师仪态方面

教师在穿着方面要符合幼儿教师要求，不穿高跟鞋，不留长指甲、披肩发，不浓妆艳抹，不戴首饰。

教师体态语包括面部表情、手势、目光接触等，这是一种高超精湛的艺术，能够使课堂教学更生动、更丰富。面部表情的运用包括眼神和微笑，如对待幼儿回答问题的对错，可以使用面部表情，答对了，教师给予微笑进行赞许和肯定，答错了，教师用微笑进行鼓励；手势语的运用要与活动目的一致，根据活动目的自然引出，做到协调、自然、多样，手部动作要自然大方，不要过于频繁；眼神的运用要具有表现力，教师要从幼儿的表情变化中能够看出自己的教学效果，辨析幼儿的听讲状况，要与幼儿进行有效的眼神交流。

（二）多媒体课件制作方面

学前儿童科学教育讲课可以配合使用多媒体课件，但不是必须使用。多媒体课件制作时应注意以下几点。

1）课件要具有形象性，不要突出文字。幼儿阶段没有明确的识字要求，所以课件中应以图片为主，体现具体形象性。

2）课件中不要包含无关刺激物。无关刺激物是指跟教学内容无关的图片或动画，幼儿注意以无意注意为主，容易受无关刺激的干扰，所以课件中应不涉及与教学内容无关的刺激。

3）课件要具有艺术性。课件的配色、比例要美观。在课件制作时，要考虑幼儿好奇心强，喜欢鲜艳明亮色彩的特点，有意识地培养幼儿的色彩感知能力，引起幼儿愉快的情感体验。

第二节　学前儿童科学教育说课训练

说课是授课教师在备课之后，向听课同行介绍自己关于这节课的教学设想（意图）、理论依据、教学方法和学生学法，而后听者进行评议，交流切磋的一种教学研究方式。

9.2.2

讲课是艺术，说课同样是艺术。“说”比“讲”在实际操作上要求更高。它要求教师在十几分钟内将一节课的教学设计、教学过程及教学内容用简单明了并且准确无误的语言表达出来，呈现给听众。它是一种考查教师基本功的有效方式，具有鲜明的艺术性，很强的操作性和实用价值。但由于受说课的时间限制、听课对象以及理论要求等方面因素的影响，对说课教师来说，这比讲一节课的难度更大，把握不好就难以成功。

学前儿童科学教育说课方案是按照说课内容的内在逻辑来撰写的。在教学工作中，可以把说课的方法简单地总结为“四个说，一展示”：“四个说”即说教材、说教法、说学法指导、说教学程序；“一展示”指展示自己参与设计的辅助教学课件。

一、学前儿童科学教育说课的内容

（一）说活动教材

教材是开展说课的依据，是说课的重要环节。说活动教材就是通过分析所选活动主题的内容特点，指明它在整体或主题网络教学中的地位。说教材首先要理解、分析教材，并对教材进行深入分析，挖掘教材中蕴含的教育价值，不能停留在表面、肤浅的层面上。教材分析的内容通常包括以下方面。

1. 说清内容的来源及与前后知识的关系

内容的来源一方面为选自哪个版本的教材，哪一个主题或者单元，在本主题或本教材中的地位和作用；另一方面属于生成性课程的需要说明课题的来源，也就是内容是如何产生的。如果在选材方面涉及地域特色，甚至是幼儿园特色就要更加突出说明，以此来发展幼儿园的园本课程。

2. 本次活动开展的主要内容是什么，具有什么教育价值

本次活动的设计意图是什么，主要解释活动内容符合《纲要》《指南》的教育理念，对幼儿发展的价值。

3. 如果对教材内容进行了修改，也需要说明，并解释修改理由

教材分析作为说课的首要环节，除了内容要全面，还要简洁、有条理、流畅，切忌出现长篇大论地引用《纲要》《指南》中的原文，所引用内容跟教材分析联系不大，没有针对性的情况。

范例 9-1

中班科学活动“动物的家”的教材分析

“动物的家”选自山东省省编教材中班（上）主题五“奇妙的动物”次主题二“家在哪里”中的活动内容。大家都知道小动物和人类有着很密切的关系，孩子和动物之间似乎有着天然的联系，丰富多彩的动物世界总是能够吸引孩子的注意。《纲要》中指出：科学教育应密切联系幼儿的实际生活进行，利用身边的事物与现

象作为科学研究的对象。“小动物找家”这节科学活动使幼儿在观察图片、动手动脑中了解动物的居住环境，使幼儿能够根据小动物的居住地和生活习性为小动物找家，培养幼儿热爱自然，保护动物的情感。

评析：

1）说课稿中对于教材的分析首先说明了内容的来源，但是对于本活动内容在整个主题中的地位、与前后内容间的联系并没有提及。

2）说课稿中对于活动内容进行了详细具体的分析。

3）本次活动运用《纲要》《指南》中科学领域的教育理念，解释活动内容符合《纲要》《指南》的精神。

（二）说幼儿

幼儿是教育活动的主体，也是教育活动的对象，对幼儿科学、具体的分析是活动设计的基础。幼儿分析主要包括以下内容。

1）幼儿年龄特点和学习特点分析，主要是分析幼儿的生理和心理发展特点，幼儿学习的特点，在此基础上来确定活动目标和活动过程。

2）幼儿已有经验分析，主要是幼儿对于本次活动内容的相关经验分析。

3）幼儿在学习中可能遇到的困难。

范例 9-2

中班科学活动“动物的家”的幼儿分析

中班幼儿喜欢接触新事物，能感知和发现动植物的生长变化及其基本条件，这一阶段的幼儿能对事物或现象进行观察比较，发现其相同与不同。他们能通过简单的调查收集信息并用图画或其他符号进行记录。所以教师要支持幼儿在接触自然中学习知识，并且逐渐懂得热爱、尊重、保护自然。

评析：

1）说课中对于幼儿的年龄特点进行了分析，注意到了贴近课程内容分析。

2）说课中涉及了幼儿的相关经验，如“能对事物或现象进行观察比较，发现其相同与不同”等。

（三）说活动目标

活动目标是教育活动的出发点，也是教育活动的归宿。在此环节的表述中要注意不要简单地罗列活动目标，而应该将确立活动目标的依据、活动目标的内容以及如何确保活动目标的实现进行详细的说明。

9.2.4

1. 确立活动目标的依据

活动目标的确立首先需要考虑科学教育活动总目标和年龄阶段目标的要求，在具体实施过程中，也就是要体现《纲要》《指南》中的教育理念和要求；其次，应符合幼儿的能力，即要符合幼儿的身心发展规律，特别是 3～6 岁儿童科学发展特点，不要制定超高难度的目标；再次，还要了解幼儿的已有经验基础，在幼儿已有经验基础上来确立相关的活动目标。

2. 阐述活动目标的内容

阐述要全面、详细、具体。一般来说，活动目标的 3 个维度要体现出来，必要的时候要对目标做出解释，而不要仅仅停留在把目标写一遍的层面上。

3. 如何确保活动目标的实现

这是说课中比较容易忽略的环节，此环节不需要详细阐述，简要说明即可，如“我将结合活动准备中的某种材料、活动过程中的某些具体环节来确保目标的实现”。

范例 9-3

中班科学活动“动物的家”的目标分析

基于对教材的分析和中班年龄特点的分析，我从知识、能力、情感 3 个方面做了以下活动目标。

1）了解动物不同的居住环境。

2）能够按照动物的居住场所进行分类，提高分析概括的能力。

3）初步感受诗歌的意境美，增强环保意识和热爱动物的情感。

评价:

1）活动目标的分析注意到了确立目标的依据，但表述较为笼统，《纲要》中的教育理论的依据应该更能体现科学领域的特点，更贴近本次教育活动的内容要求。

2）对于目标内容的阐述比较全面，但还应该再具体些。

3）缺少关于如何确保活动目标实现的说明，不够完整。

（四）说活动重点、难点

活动重点是幼儿在学习过程中应掌握的知识和应达到的能力发展水平；活动难点是幼儿在学习过程中难以掌握的，需要付出努力才得以实现的内容。说课时需要依据《纲要》和《指南》中对科学领域活动开展的要求、教材的知识结构和幼儿的认知水平，从知识点中梳理出重点和难点。重点、难点是否得当，直接影响活动目标的达成。说课稿中容易出现重点、难点不清晰、不准确，简单罗列、缺少解释或者没有说明活动重点、难点在活动中如何突破的情况，应尽量避免。

范例 9-4

中班科学活动“动物的家”的重点、难点分析

大班幼儿喜欢接触大自然，能发现周围的动物是多种多样的，他们对感兴趣的事物能自行观察，发现其明显特征，所以本次活动重点为：了解动物不同的居住地方及特征；活动难点为：能够按照动物的居住场所进行分类，提高分析概括的能力。

评析：

活动重难点的把握比较到位，但案例中对于如何突破活动重点、难点方面并未提及。建议在活动重点、难点的把握上要认真分析活动内容、目标要求和幼儿的现有水平。

（五）说活动准备

活动准备包括活动前的准备和活动中的准备两方面。活动前的准备主要指家园合作、社区协调、资料收集、幼儿园活动等。活动中的准备指有关玩具、教具等材料，包括教学挂图、幼儿用书等的准备。具体书写时，活动准备需要从经验准备和物质准备两方面着手。经验准备一方面是幼儿在开展活动前应该掌握的浅显的相关知识，教师可以通过活动开展前的谈话活动或之前的教育活动达成目的；另一方面是教师在活动中涉及的知识储备。物质准备是环境创设和材料教具的准备等。要特别注意材料的充足和有效性。有的老师上课准备了很多材料，但是在课堂上的使用率不高，有一些材料甚至可有可无，建议在物质准备方面要丰富，但要物尽其用，深入地挖掘每一种材料的可用性和价值。说活动准备环节，要全面地说明活动的经验准备和物质准备情况，并简要说明相关准备在教育活动中的作用如何。

范例 9-5

中班科学活动“动物的家”的活动准备

为了达到活动的趣味性、综合性和知识性协调统一，寓教育于活动情境中，更好地完成本次活动的目标，我做了以下活动准备。

1）有关动物生活环境的图片。

2）背景图和动物贴纸。

3）《小鱼睡在哪里》教学挂图和 PPT。

评析：

活动准备看似内容很多，但只说了物质准备，缺少经验准备的部分，并且对各种准备的用途和目的没有做出说明。值得肯定的是物质准备考虑较为周全，比较充分。

9.2.5 9.2.6

（六）说教法学法

教学方法是老师有效传递信息、指导幼儿的途径。说教法主要说明在本次活动中将采用的教学方法和运用的教学手段，以及这样做的原因，要着重说明其中独创的做法。说教法时要根据教材的特点、幼儿的发展水平并结合教师的特长，说明选择某种教学方法的理论依据。在说教法时首先要注意多种方法的有机结合，体现活动的最优化；其次，要考虑科学领域本身的特点和幼儿的年龄特点，考虑到本幼儿园、本班幼儿的实际情况，做到从实际出发，具有可行性，还应考虑到教师个人能力因素，做到扬长避短；再次，要分析所采用教法的依据。

教法是教师如何教，学法则是学生如何学、怎样学的问题。教师要说出教给幼儿哪些学习方法，培养幼儿哪些能力。教师说学法时要说出活动中幼儿怎样学习、依据是什么，自己在活动中如何激发幼儿的学习兴趣和探索欲望。说学法时应注意：首先，学法应建立在对幼儿学情分析的基础上，根据活动的内容及活动目标，分析幼儿应采用怎样的学习方法来学习活动内容，这种学法的特点怎样，如何在活动中进行操作；其次，学法要考虑到幼儿学习的特殊性，要发挥幼儿的主体地位，注重参与法、练习法、小组合作等多种学法。

范例 9-6

中班科学活动“动物的家”的教法、学法

有效的教学方法能激发孩子的兴趣，为其自主自动的探究学习提供了可能。我选择的教法有谈话法、直观法、提问法。我运用的学法有操作法、游戏法。在整个活动中遵循《纲要》理念，以幼儿为主体，让幼儿在轻松的气氛中掌握活动的重点、难点。

我会将以上的教法学法渗透到活动过程的各个环节之中。

评析：

教法和学法的选择能够贴近中班幼儿的年龄特点，体现游戏性、趣味性，并能综合运用多种方法，如教师的直观法，幼儿的游戏法、操作法等，符合幼儿园科学活动的教学特点。

另外，教法学法可以渗透到活动过程的各环节中，在活动过程部分进行说明，也可以在此处逐一解释说明。

（七）说活动过程

说活动过程是说课的重点部分，它反映着教师的教学思想、教学风格与个性，也只有通过活动过程设计的阐述，才能看到活动安排是否科学合理，是否具有艺术性。说活动过程是说明整个活动的流程，即各个活动环节的实施过程并进行理性的分析，在分析活动过程时应注意以下两点。

1．说明活动各环节的设计和开展情况

说课中的活动环节不同于活动设计中的教学过程，面对不同的对象，要把各环节“说”出来，而非“讲”出来。说活动环节时要注意环节之间的联系，并要详细说明设计意图，说清这样设计的依据是什么。

2．说明各环节对于活动目标完成所承担的任务

各个环节对于目标的贡献值不同，在此要说明每个活动环节在活动目标完成过程中的作用是什么。

范例 9-7

中班科学活动“动物的家”的活动过程

1．出示图片，引出主题

1）教师展示幼儿的家的照片。教师提问：“小朋友们，这是哪里呀？你们都在这里做什么？你们喜欢自己的家吗？

2）教师展示狐狸、小狗、小鱼、松鼠、老鼠的生活环境图片并进行讲解。

教师：“今天呀，还有许多动物宝宝也来展示他们的家，大家想不想看一看他们的家是怎样的呢？”

教师出示图片并提问：“咦，这是什么地方呀？你们猜猜看，这是哪个小动物的家？”

这一环节主要运用直观法和谈话法等教学法。出示直观形象的图片，激发幼儿参与活动的兴趣，通过观察图片进行提问，不仅锻炼幼儿的观察能力，也培养了幼儿的思维能力。激发幼儿的学习兴趣和参与活动的主动性、积极性，使幼儿愉快地参与到活动中。

2．结合图片，理解诗歌

教师：“老师给大家带来了一首小动物的诗歌，那老师教给小朋友们一个任务，听一听，刚才小动物的家你猜对了吗？”（教师配乐朗诵）

教师提问：“狐狸、小狗、松鼠、老鼠的家在哪？”“为什么小鱼的脚印哪也没有？”

这个环节主要运用了欣赏法和提问法。让幼儿感受诗歌的意境美，培养幼儿欣赏文学作品的能力。通过提问，补充了诗歌中动物的家的知识，同时锻炼了幼儿的语言能力和思维能力。

3．动嘴动脑，参与游戏

教师：“下面小朋友和老师一起做个游戏好不好？老师问××的家在哪里？你们就要举手说“××的家在××。”（在游戏中教师注意创造机会，鼓励和帮助不爱发言的幼儿。）

这一环节运用的是游戏法，单一的科学活动对幼儿来说是乏味的，通过游戏的方式，不仅可以帮助幼儿更快地记住各种动物的生活环境、锻炼幼儿的语言能力，

9.2.7

还使幼儿感受到游戏的快乐。

4. 动手操作，送动物回家

教师："我们每组小朋友的桌子上都有动物生活环境的背景图，还有好多动物的贴纸，下面请小朋友们合作，把动物贴纸固定在背景图上帮小动物们找到家好不好？"

教师："下面我们请小朋友来展示一下他们的成果，谁愿意来和大家分享？"

这个环节主要运用的是操作法，鼓励幼儿动手动脑完成任务，不仅锻炼了幼儿手脑协调性，还使幼儿巩固了动物居住地的知识。

5. 欣赏诗歌，拓展动物

教师："老师再来朗诵一遍诗歌，小朋友们听一听，又出现了哪些新的动物呢？他们的家在哪里呢？"

"老师在科学区角还准备了很多小动物贴纸，我们下课一起去做游戏吧！"

评析：

1）案例中教师以第一人称的口吻，对"动物的家"进行了活动过程的阐述。活动环节的设计思路阐述清楚，对于每个活动环节的理论依据都进行了说明，并较为详细地阐述了每个环节的实施情况。

2）但对于每个环节的教育效果并没有做出更具有针对性的说明，特别是没有具体说明各环节在活动目标完成中承担的任务，没有说明每个活动环节在活动目标完成过程中的作用是什么。

3）每个环节都是先介绍活动过程，后进行设计说明。形式有些单调，可穿插采取边叙边议的方式。

4）最好对于活动时间流程做出估算。

二、学前儿童科学教育说课训练对教师的基本要求

（一）教师仪态方面

学前儿童科学教育说课的要求与讲课稍有不同，要求仪表端庄，教态自然。我们常说的教态是教师在教育教学过程中通过着装、表情、眼神、动作传达信息，辅助教育教学活动开展，具有极强的直观性。说课中的教态应注意以下方面。

1. 教师着装

服饰要整洁、大方，不要过分化妆有失儒雅。服饰应符合幼儿教师的形象特点，符合幼儿教师职业的要求，颜色、款式大方得体；可以化淡妆，但不要浓妆艳抹。

2. 表情

表情要恰当得体，表情要与说课内容对应，生动的表情变化可以有效地辅助说课内容，给人以深刻的印象。要避免一味地微笑，也要避免过于生动、变化频繁的表情，这类行为会给人留下不好的印象。

3. 眼神

说课的对象主要是教师、同学、专家等，眼神要平等、亲切，多与听课对象进行目光接触，目光不宜移动过快，平等和亲切是眼神和表情的关键。有些学生在说课时，习惯眼睛始终看斜下方或者斜上方，这都是应该避免的情况。

4. 动作

说课中要注意站位，说课不同于讲课，一般应站于听课老师和学生的前方，建议侧身站位，方便展示教具和课件。站位时应保证所有听课的老师和学生都能看到说课者的正面或者侧面，不要出现背面对人的不礼貌行为。

走路和站立姿势应端庄大方，移动缓慢，不频繁移动，站姿和走路姿势要符合礼仪要求。

手势动作有助于说话，表达教师的思维，手势应舒展自如，切忌机械单一。

（二）教师语言方面

说课语言方面的要求是流利、表达顺畅、有感染力、自然、富有逻辑性、普通话标准并富有情感。

说课不同于背稿子，要语速适中，缓缓道来；说课的语言要简洁，不要太啰唆，用最少的语言说清自己的观点；不要有无意义的口头语或语气词。

（三）多媒体课件制作方面

多媒体课件是说课的辅助手段之一，在条件允许的情况下建议使用。如条件不允许，也可以使用板书等方式进行辅助。

多媒体课件作为辅助手段，具有提示作用，既可以给说课者提示说课内容，也为听课者提供理解上的辅助。在说课中有的多媒体课件将说课稿的所有内容都呈现出来，说课者甚至变成了念课件，这种情况是不恰当的。说课中多媒体课件的要求如下。

1）体现提示性，最好使用带有索引页形式的课件，方便听课教师和学生理解说课的流程和内容。

2）体现内容的关键点和逻辑性，不要把所有的内容都呈现在幻灯片上，只选择关键性内容，有条理地呈现，也可以在课件上采用图片、动画等方式来辅助阐述说课内容。

3）页面美观，操作简单。每页课件只呈现一个知识点，如教材分析单独一页等；课件的字体、构图、配色要美观大方；课件上不要出现过多的装饰，如跟说课无关的动画效果等，以免分散听课者的注意力。

案例分析

案例 9.1　中班科学活动“各种各样的纸”设计方案

活动目标

1）探索、发现生活中纸的多样性及特征。

2）了解纸在生活中的多种用途，感受纸及纸制品给人们生活带来的方便。

活动准备

1）将各种各样类型的纸（新闻纸、图画纸、皱纹纸、宣纸、亮光纸、牛皮纸、硬纸板、色卡纸、卫生纸等）放在塑料筐里。

2）课件“纸制品”水、笔、剪刀等。

活动过程

1．感知纸的多样性及特征

（1）认识各种各样的纸

以“纸宝宝”做客的形式，请幼儿从塑料筐中拿出各种各样的纸，仔细看一看、摸一摸、认一认它们是谁，并与同伴交流“纸宝宝”长得什么样，自己在哪里见过这些“纸宝宝”。

（2）集体交流对纸的认识

引导幼儿用手感知纸的粗糙、光滑、软硬、厚薄等特征，说出各种常见“纸宝宝”的特点。

2．分组探究，认识纸的种类、特征

1）出示记录卡，教师讲解探究要求：“看一看有几种纸，摸一摸不同纸有什么不同的感觉？比一比不同的纸有什么不一样？”

2）分组探究，鼓励幼儿运用各种感官探究纸的种类、特征。

3）幼儿交流分享经验，教师出示大张记录卡，梳理幼儿对纸的种类和特征的认识。

教师小结：纸有多种多样的，它们颜色不同，厚薄不同，软硬不同。

3．动手实验，认识纸的特性

1）介绍操作材料：各组在原有各种纸的基础上，增加水、笔、剪刀等工具。

2）幼儿分组实验，并思考，你发现了纸可以怎么样？

3）引导幼儿运用多种方式，进行探索，轻声交流实验结果。（通过摸一摸、揉一揉、折一折、撕一撕、吹一吹等方式感知纸可以折、剪、揉、写字画画，还可以用水玩玩纸，看一看纸会发生什么变化。）

教师小结：纸具有易燃、易撕、易湿、易皱、可折、可卷、体轻等特点。

4．播放课件，了解纸的用途

1）观看课件，了解纸在生活中的各种用途。

2）启发幼儿说一说生活中还有哪些物品是用纸做的，纸可以做什么。

活动延伸

请幼儿收集各种纸制品带到班级、分类投放到区域活动中，供幼儿观察、认识、游戏使用。

中班科学活动“各种各样的纸”说课稿

1．教材分析

“各种各样的纸”选自山东省省编教材中班（下）主题四“寻找小秘密”。纸是孩子们生活所能经常接触到的，如图画纸、蜡光纸、皱纹纸等，孩子们经常都会发出很多疑问。科学对幼儿来讲，就是生活中好玩的事情，是他们觉得好奇的现象，是他们为之感兴趣的东西。为了满足孩子好奇和探索的愿望，落实《纲要》提出的建议："科学教育应密切联系幼儿的实际生活进行，利用身边的事物与现象作为科学探索的对象。"我选择了"各种各样的纸"这个科学活动内容，让孩子通过收集、触摸、比较等方法充分探索和感受纸的不同种类和特征。让幼儿在做中学，在玩中体验、发现身边的科学现象和秘密，让探索的乐趣渗透在他们的生活之中。

2．幼儿分析

杜威说过"儿童有调查和探究的本能"，中班幼儿已开始观察周围生活环境及其变化，对周围的事物、现象感兴趣，有一定的好奇心和求知欲，并能运用多种感官、多种方式探究问题，积极动手、动脑。大部分幼儿比较活泼、好动，好奇心强，思维活跃，喜欢问这是什么？为什么蜡光纸会有颜色呢？皱纹纸为什么不是光滑的呢？所以我设计了这个探索各种纸类特征的活动，来满足幼儿的探究欲望，让他们通过探索和实际操作摆弄，获得切实的生活经验。而他们也已具备一定的观察、比较、操作、表达的能力，已能观察到事物现象的细微之处，也有针对性表达的能力，这些为本次活动的实施提供了必要的准备。

3．活动目标

为了在学前儿童科学教育目标的构成和内涵上更为强调"幼儿的乐学和会学"，强调"活动的过程"。根据幼儿的实际水平和内容特点以及中班科学领域目标，我从情感、态度、能力的三维目标上来定位：

1）探索、发现生活中纸的多样性及特征。

2）了解纸在生活中的多种用途，感受纸及纸制品给人们生活带来的方便。

以上活动目标既有知识经验的获得和能力的培养，又有愉悦情感的体验，融合了各领域的目标要求，体现了目标的整合性。我把活动的重点定位在初步了解各种纸的种类和用途，难点定位于感知纸的特征。

4．活动准备

活动的开展离不开教师、幼儿以及环境材料的积极互动，中班幼儿的思维还具有具体形象性，他们必须借助丰富的环境材料来获得知识经验。为了更好地完成活动内容和目标，需要做以下三方面的准备。

1）经验准备：请家长带幼儿参观纸制品商店，感知了解各种各样的纸。

2）材料准备：课件"纸制品"、各种纸、剪刀、水、笔、固体胶。

3）环境准备：收集各种各样的纸，布置成展示区，供幼儿观察、分享、交流。

5．教法学法

《纲要》指出："教师应成为学习活动的支持者、合作者、引导者。"活动中应力求师幼互动。因此，活动中我除了以亲切、饱满的情绪影响孩子，还挖掘此活动价值来组织教学，主要采用的教学法有多媒体展示法、探索讨论法、收集分类法等。幼儿与成人的学习动机是不一样的，他们的理解水平还很肤浅，容易受到兴趣的影响和支配，他们对探究对象的感兴趣程度决定了他们在活动中的注意力，所以活动内容设计是否符合幼儿的兴趣，是一节活动成功的关键所在。因此我采用了多种教学法，如观察记录法、操作实验法，我将结合以下活动过程做具体阐述。

6．活动过程

本活动我将通过紧紧相扣的 4 个环节来开展。

（1）展示欣赏，引发兴趣

兴趣是孩子最好的老师，在活动之前，我先让孩子展示自己收集的纸张，向自己的同伴、老师来介绍。自己收集的纸是什么样的？它有什么特点？猜猜这是什么纸？引发幼儿的自信心和兴趣点，调动幼儿的兴趣。同时也为下个环节的开展起到承上启下的作用。

（2）分组探究，认识纸的种类特征

为了落实活动的重点，本环节我将围绕 3 个小步骤，运用观察比较法、探索交流法、观察记录法等多种教学法来进行。

1）出示记录卡，教师讲解探究要求：“看一看有几种纸，摸一摸不同纸有什么不同的感觉？比一比不同的纸有什么不一样？

2）分组探究，鼓励幼儿运用各种感官探究纸的种类特征，并进行分类。

3）幼儿交流分享经验，教师出示大张记录卡，梳理幼儿对纸的种类和特征的认识。

教师小结：纸有多种多样的，它们颜色不同，厚薄不同，软硬不同。

（3）动手实验，认识纸的特性

这个环节中主要采用操作实验法、观察讨论法、感知触摸法等教学法，本环节将进一步加深幼儿对各种纸类的了解，是完成活动重点的一个重要环境。我将通过 3 个小步骤来进行。

1）介绍操作材料：各组在原有各种纸的基础上，增加水、笔、剪刀等工具。

2）幼儿分组实验，并思考，你发现了纸可以怎么样？

3）引导幼儿运用多种方式，进行探索，轻声交流实验结果。（通过摸一摸、揉一揉、折一折、撕一撕、吹一吹等方式感知纸可以折、剪、揉、写字画画，还可以用水浸泡纸，看一看纸会发生什么变化。）

教师小结：纸具有易燃、易撕、易湿、易皱、可折、可卷、体轻等特点。

（4）播放课件，了解纸的用途

本环节将作为突破活动难点的重要环节，因此我采用了多媒体观看法、讨论法、经验讲述法，让孩子通过课件的观摩、交流、讨论，了解纸的重要用途，并通过让孩子讲讲自己的生活经验，如你是如何爱护纸张的，引发孩子的共鸣，落实活动的难点。

1）观看课件，了解纸在生活中的各种用途。

2）启发幼儿说一说生活中还有哪些物品是用纸做的，纸可以做什么。

《纲要》提出：幼儿园教育要渗透在一日生活中。本次活动只是暂时的，我们将充分发挥区域的优势，将活动内容延伸到“各种各样的纸制品”主题展示区，继续引导幼儿收集、交流、分享。同时我们也将充分利用家庭和社区的力量，请家长与幼儿在日常生活中继续收集各种纸和纸制品，了解纸在生活中有哪些好处。

案例 9.2　大班区域活动“喂养小虫”设计方案

活动目标

1）了解螳螂的外形特征，熟悉它的生活习性。

2）能细心观察、记录螳螂的生活，知道如何照顾、喂养螳螂。

3）能够初步做到对他人有爱心、有责任心，愿意亲近大自然。

活动准备

1）螳螂。

2）食物：新鲜的草、馒头、活蚂蚱。

3）养育箱。

4）绘本《219 只螳螂》。

5）教学课件、歌曲《小螳螂》。

活动过程

1．兴趣导入，引出主题

用一个有趣的谜语导入活动，向幼儿介绍科学区的新朋友，以及区域活动规则、要求。

2．饲养观察，科学探究

这一部分主要是在科学区角内完成。请幼儿自主进行区域活动，观察、照顾螳螂，在观察、照顾的过程中，要求幼儿能够做到以下行为。

1）为螳螂的家换新鲜的青草。

2）区域中投放了青草、馒头、蚂蚱，请幼儿分别用 3 种食物来喂螳螂，并记录螳螂喜欢吃什么。

3）观察螳螂的外形特征。

4）运用开放式记录表，用自己喜欢的方式记录下来。

3．交流总结，深化提升

让幼儿分享交流自己的观察结果，说一说自己的记录纸上都记录了哪些内容，并根据幼儿的观察结果进行总结，深化提升，帮助幼儿系统地了解螳螂的特征、生活习性等。

1）脑袋的形状：脑袋非常小，是三角形的。

2）数一数螳螂有几条腿，并观察：这些腿长得一样吗？哪里不一样？

3）螳螂喜欢吃什么？根据幼儿的观察结果进行总结，螳螂喜欢吃活的昆虫，比如蚂蚱、蝴蝶、蚂蚁、蜻蜓等。

4）根据螳螂捕食的特点，带领幼儿模仿螳螂捕食的动作，进行表演。

5）了解雌雄螳螂的区别，学会辨别活动区域中两只螳螂的雌雄。

4．迁移经验，自然结束

通过播放从螳螂产卵到小螳螂破茧而出的过程的视频，简单向幼儿介绍螳螂生殖繁衍的过程，引导接下来长期观察的方向，激发起幼儿继续探索观察的兴趣，继续照顾和喂养小螳螂的动力和信心。

活动延伸

将科学区角的活动自然延伸到阅读区角，准备绘本《219 只螳螂》，实现区域联动，并与幼儿一起为小螳螂唱《小螳螂》歌曲，在轻松愉快的氛围中结束活动。

大班区域活动“喂养小虫”说课稿

1．教材分析

“喂养小虫”选自山东省省编教材主题三“多彩的秋天”次主题三“秋趣”。秋天是一个美丽又充满了金色和阳光的季节，到了秋天，周围的环境悄悄地发生着变化，为孩子提供了观察探索的机会和平台。在有趣的秋天里，自然少不了各种各样有趣的昆虫。小动物是孩子们喜欢、熟悉的话题，在本次活动中，我根据季节的特点，选择的昆虫是螳螂。螳螂是秋天典型的昆虫，外形特点鲜明，生活习性等容易观察。《纲要》中指出：要尽量创造条件让幼儿实际参加探究活动，使他们感受科学探究的过程和方法，体验发现的乐趣。所以在活动中，我结合区域活动以儿童为主体的特点，整合其他教学形式，在区角中投放适宜、充足的材料，为幼儿创设一个良好的观察探究的环境，与幼儿共同探索，从而不断提高幼儿的探究能力、语言表达能力等。同时，在活动中，让幼儿亲自照顾、饲养小虫，能够让幼儿与大自然接触，培养其爱心、责任心，以及对大自然的热爱之情。

2．幼儿分析

喜欢动物是孩子的天性，幼儿对周围事物充满了好奇心和探索欲望。大班的幼儿对小动物已经有了一定的认识基础，也具备了一定的观察、探究能力，能对事物或现象进行观察比较，并用图画或其他符号进行记录，但思维仍以具体形象思维为主，很多幼儿并没有照顾、关心他人的经历，所以在活动过程中，要遵循《纲要》中的要求：提供丰富的可操作的材料，为每个幼儿都能运用多种感官、多种方式进行探索提供活动的条件，引导幼儿通过直接感知、亲身体验、实际操作进行科学学习。同时我又通过分组合作、轮流饲养等方式，发展幼儿社会性方面的能力。

3．活动目标

基于对教材的分析和大班年龄特点的分析，我从知识、能力、情感3个方面制定了以下活动目标。

1）了解螳螂的外形特征，熟悉它的生活习性。

2）能细心观察、记录螳螂的生活，知道如何照顾、饲养螳螂。

3）能够初步做到对他人有爱心、有责任心，愿意亲近大自然。

4．活动重难点

重点：了解螳螂的外形特征，熟悉它的生活习性。

难点：能细心观察、记录螳螂的生活，知道如何照顾、饲养螳螂。

5．活动准备

为了达到活动的趣味性、综合性和知识性协调统一，寓教育于活动情境中，更好地完成本次活动的目标，我做了以下活动准备。

1）螳螂。

2）食物：新鲜的草、馒头、活蚂蚱。

3）养育箱。

4）教学课件、歌曲《小螳螂》。

6．教法学法

《纲要》指出：教师应成为幼儿学习的支持者、合作者、引导者。所以在活动过程中，我采用的教法主要有直观法、谈话讨论法；幼儿采用的学法主要有讲述法、观察操作法。接下来我将结合具体的活动过程进行阐述。

7．活动过程

根据幼儿的年龄及认知发展水平，围绕本次活动的活动目标，也为了更好地将教法学法融入活动中去，我将活动过程分为以下5个部分。

（1）兴趣导入，引出主题

在导入环节，我会用一个有趣的谜语导入活动，向幼儿介绍科学区的新朋友，以及区域活动规则、要求。激发幼儿的兴趣，调动起幼儿科学观察、科学探究的积极性，拉开“喂养螳螂”这一观察性区域活动的序幕。

（2）饲养观察，科学探究

这一部分主要是在科学区角内完成。请幼儿自主进行区域活动，观察、照顾螳螂。在观察、照顾的过程中，要求幼儿能够做到以下行为。

1）为螳螂的家换新鲜的青草。

2）区域中投放了青草、馒头、蚂蚱，请幼儿分别用3种食物来喂螳螂，并记录螳螂喜欢吃什么。

3）观察螳螂的外形特征。

同时本着孩子在前，教师在后的教育理念，以幼儿为主体，及时进行个别指导，科学有效地引导幼儿观察并运用开放式记录表，用自己喜欢的方式记录下来。

（3）交流总结，深化提升

在这一环节，我将走进科学区，与孩子们分享交流自己的观察结果，说一说自己的记录纸上都记录了哪些内容，并根据幼儿的观察结果进行总结，深化提升，帮助幼儿系统地了解螳螂的特征、生活习性等。这一环节我将了解螳螂的过程分为3个部分：外形特征、生活习性以及繁衍后代。

在外形特征这一部分，我将通过孩子们的记录纸，引导幼儿大胆分享自己记录纸上的内容。比如，我会向幼儿提问：这组小朋友的记录纸上面记了一个大大的三角形，你们观察到了螳螂的什么特点呢？用这样的方法鼓励幼儿大胆讲述自己的想法，引出螳螂的第一个特征，脑袋非常小，是三角形的。

接下来，我将带领幼儿数一数螳螂有几条腿，并观察，这些腿长得一样吗？哪里不一样？根据幼儿的观察，进行总结，螳螂有6条腿，其中有两条不一样的，是螳螂用来捕食的两把大刀。由此，也就引出了第二个要观察的点，螳螂的食性。在科学区中，我为螳螂提供了新鲜的青草、馒头以及活蚂蚱，请幼儿在喂食的时候观察螳螂到底会吃哪一种，请幼儿拿着自己的记录纸，说一说发现了螳螂喜欢吃什么，我会根据幼儿的观察结果进行总结，螳螂喜欢吃活的昆虫，比如蚂蚱、蝴蝶、蚂蚁、蜻蜓等。因为螳螂捕食的时候非常有特点，所以我会带领幼儿模仿螳螂捕食的动作，进行表演。一方面可以调动幼儿的积极性，另一方面能够帮助幼儿更加直观形象地了解螳螂的特征。

案例 9.3

在介绍完螳螂的生活习性后，我会带领幼儿通过比较两张不同的记录纸，来了解雌雄螳螂的区别，学会辨别活动区域中两只螳螂的雌雄。

这一环节主要是通过引导幼儿通过直接感知、亲身体验、实际操作进行科学学习，从而不断提高幼儿观察、探究、记录的能力。

（4）迁移经验，自然结束

这一环节通过播放从螳螂产卵到小螳螂破茧而出的过程的视频，简单向幼儿介绍螳螂生殖繁衍的过程，引导接下来长期观察的方向，激发起幼儿继续探索观察的兴趣，继续照顾、喂养小螳螂的动力和信心。

（5）区域联动，拓展延伸

最后一个环节。我会将科学区角的活动自然延伸到阅读区角，为孩子们准备绘本《219 只螳螂》，实现区域联动，并与幼儿一起为小螳螂唱首歌，带给幼儿持续探索、观察的机会，更好地实现区域活动带给幼儿的发展和成长。

案例 9.3　大班半日主题活动“秋天的树”设计方案

活动目标

1）能细致观察并感受秋天树木的变化，认识幼儿园内树木的种类和特征。

2）能够运用多种方式测量树木的粗细并进行记录。

3）愿意与同伴分工合作，完成测量任务，体验幼儿园环境的美丽。

活动准备

经验准备：

1）大班主题“10 以内数的比较”中掌握 10 以内数字大小的比较。

2）大班主题“量一量”中掌握自然测量的基本方法。

物质准备：

1）测量工具：短毛线和长绳，手掌。

2）两种记录纸：树的种类，测量。

3）树木小卡片若干。

4）小胸牌。

5）图片。

6）树干上距离地面 80 厘米处，用白色纸条标记好测量的规定高度。

活动过程

1．谈话讨论，兴趣导入

1）幼儿通过 PPT 回顾夏天认识过的树木，简单回忆这些树木的特征。

2）由此引出现在的季节、秋天的树木有什么变化，号召孩子们一起出去看一看。唤起幼儿已有的生活经验，激发幼儿的兴趣，引出本次活动的主题：秋天的树。

2．实际观察，亲身感受

活动时间：20 分钟，9:00～9:20。

活动任务：

1）教师带领幼儿在幼儿园内边走边看，观察银杏、法桐、苹果树、冬青 4 种树的变化和特征。

2）在边走边看的过程中，通过贴树木小卡片、做记录的方式，与幼儿一起数一数幼儿园内银杏、法桐、苹果树分别有几棵。

3）在这一环节结束后，幼儿回到教室，洗手、喝水、上厕所，稍作休息，开始第3个环节。

3．交流讨论、分享经验

活动时间：20分钟，9:40～10:00

活动任务：

1）简单总结、回顾刚才在园里的观察，秋天树木的变化以及这几种树的基本特征。

2）通过孩子们的记录纸，数一数银杏、法桐、苹果树分别有多少棵。并拓展经验：秋天的树木除了会变黄、掉落，还会变红或不变，比如枫树和冬青。

3）布置第四个环节也就是第二次外出活动的任务。

4．测量记录，科学探究

活动时间：20分钟，10:00～10:20

活动任务：

1）将幼儿分为3组，为其戴上相应的小胸牌，请每组自由选择不同颜色的任务卡，任务卡中有相应的测量工具和测量树种。

2）每组提供3份相同的测量工具，请幼儿组内自由分配任务，同时发展幼儿的社会性，并在测量后在记录纸上做好记录。

测量过程中，教师的指导要点主要有以下几个方面。

① 在白色标记测量。

② 要在起点处做好标记，用短毛线和手测量的小组，每一段结尾也就是下一段的起点处要做好标记，注意首尾相接，连续不断。

③ 用长绳测量的小组，要在结尾处做好标记。

④ 小组内要分工合作，有序进行。

在这一环节结束后，请幼儿回到教室上厕所、洗手、喝水，稍作休息，开始第五个环节。

5．分享记录，观察比较

活动时间：20分钟，10:30～10:50

活动任务：

对幼儿的测量结果进行整理比较。

1）第一组用短毛线测量，引导幼儿理解树干越粗，量的次数越多，通过比较数字大小，掌握自然测量的方法。

2）第二组采用一端对齐的方式，通过比较绳子长短来比较树的粗细。

3）第三组主要是引导幼儿了解我们的身体有时候也是一种很好的测量方式。

6．情感陶冶，自然结束

活动时间：20分钟，10:50～11:10

再次带领幼儿出去，说一说你最喜欢哪棵树，为什么，并带领幼儿与自己最喜欢的树合影。最后一起为可爱的树们唱一首《爱护小树苗》的歌曲，在轻松愉快的氛围中结束本次活动。

大班半日主题活动“秋天的树”说课稿

1．教材分析

“秋天的树”是山东省省编教材大班上册主题三“多彩的秋天”次主题一“秋景”背景下的一个半日活动。秋天是一个美丽、有趣的季节，到了秋天，周围的事物都在悄悄地发生着变化，为孩子提供了观察探索的机会。树木是孩子非常喜欢又熟悉的事物，尤其是秋天的树与其他季节的树有着明显的变化和区别，是让孩子进行观察比较、科学探究非常好的素材。《纲要》中指出：要尽量创造条件让幼儿实际参加探究活动，使他们感受科学探究的过程和方法，体验发现的乐趣。在幼儿已经有了 10 以内数的比较、自然测量的基础上，通过这样一个半日活动，将集体教学、小组合作与一日生活常规相结合，为幼儿提供丰富的、可操作性的材料，带领幼儿用科学有效的探究方法，对秋天幼儿园里的树木进行了解、观察，提高幼儿的观察探究能力。同时，在科学探究的过程中，通过分工合作，发展幼儿的社会性；通过感受秋天树木的美丽，培养幼儿对大自然的热爱、保护之情。

2．幼儿分析

幼儿对周围事物充满了好奇心和探索欲望，大班的幼儿对园内的树木已经有了一定的认识基础，也具备了一定的观察、探究能力，能对事物或现象进行观察比较，并用图画或其他符号进行记录，但思维仍以具体形象思维为主，在活动过程中，要遵循《纲要》中的要求：提供丰富的可操作的材料，为每个幼儿都能运用多种感官、多种方式进行探索提供活动的条件，引导幼儿通过直接感知、亲身体验、实际操作进行科学学习。同时我又通过分组合作、交流讨论等方式，发展幼儿社会性方面的内容。

3．活动目标

基于对教材的分析和大班年龄特点的分析，我从知识、能力、情感 3 个方面做了以下活动目标。

1）能细致观察并感受秋天树木的变化，认识幼儿园内树木的种类和特征。

2）能够运用多种方式测量树木的粗细并进行记录。

3）愿意与同伴分工合作，完成测量任务，体验幼儿园环境的美丽。

4．活动重难点

1）能细致观察并感受秋天树木的变化，认识幼儿园内树木的种类和特征。

2）能够运用多种方式测量树木的粗细并进行记录。

5．活动准备

经验准备：在这一活动之前，在大班主题中的“10 以内数的比较”中掌握 10 以内数字大小的比较，主题“量一量”中掌握自然测量的基本方法。

物质准备：

1）测量工具：短毛线和长绳，手掌。

2）两种记录纸：树的种类，测量。

3）树木小卡片若干。

4）小胸牌。

5）图片。

6）在树干上距离地面 80 厘米处，用白色纸条标记好测量的规定高度，以方便幼儿在测量时做标记。

6．教法学法

教法：直观法、谈话法。

学法：观察法、操作法、记录法。

7．活动过程

（1）谈话讨论，兴趣导入

这一环节，我将带领幼儿回顾夏天认识过的树木，简单回忆这些树木的特征，唤起幼儿已有的经验，由此引出现在的季节、秋天的树木有什么变化，号召孩子们一起出去看一看，激发幼儿兴趣，引出本次活动的主题：秋天的树，拉开半日活动的序幕。

（2）实际观察，亲身感受（认知方面）

活动时间：20 分钟，9:00～9:20。

活动任务：这一环节是第一次外出活动，时间大概为 20 分钟。我将带领幼儿在幼儿园内边走边看，观察银杏、法桐、苹果树、冬青 4 种树的变化和特征。并在边走边看的过程中，通过贴树木小卡片、做记录的方式，与幼儿一起数一数幼儿园内银杏、法桐、苹果树分别有几棵。

在这一环节结束后，我将带领幼儿回到教室，洗手、喝水、上厕所，稍作休息，开始第三个环节。

（3）交流讨论、分享经验

活动时间：20 分钟，9:40～10:00。

我会与幼儿一起简单总结、回顾刚才在园里的观察，秋天树木的变化以及这几种树的基本特征，再通过孩子们的记录纸，数一数银杏、法桐、苹果树分别有多少棵。鼓励幼儿大胆分享，表达自己的想法，并拓展经验，秋天的树木除了会变黄、落叶，还会变红或不变，比如枫树和冬青。

最后，布置第四个环节也就是第二次外出活动的任务。

（4）测量记录，观察探究

这一环节时间为 20 分钟（10:00～10:20）。我将幼儿分为 3 组，为其戴上相应的小胸牌，增强幼儿的合作意识。请每组自由选择不同颜色的任务卡，任务卡中有相应的测量工具和测量树种。每组提供 3 份相同的测量工具，请幼儿组内自由分配任务，同时发展幼儿的社会性，并在测量后在记录纸上做好记录。

测量过程中，教师的指导要点主要有以下几个方面。

① 在白色标记测量。

② 要在起点处做好标记，用短毛线和手测量的小组，每一段结尾也就是下一段的起点处要做好标记，注意首尾相接，连续不断。

③ 用长绳测量的小组，要在结尾处做好标记。

④ 小组内要分工合作，有序进行。

在这一环节结束后，请幼儿回到教室上厕所、洗手、喝水，稍作休息，开始第五个环节。

（5）分享记录，观察比较

活动时间：20 分钟，10:30～10:50。

这一环节，我将对幼儿的测量结果进行整理比较，第一组用短毛线测量，引导幼儿理解树干越粗，量的次数越多，通过比较数字大小，掌握自然测量的方法。第二组采用一端对齐的方式，通过比较绳子长短来比较树的粗细。第三组主要是引导幼儿了解我们的身体有时候也是一种很好的测量方式。

（6）情感陶冶，自然结束

活动时间：20 分钟，10:50～11:10。

这一环节我会再次带领幼儿出去，让他们说一说："你最喜欢哪棵树？为什么？"并带领幼儿与自己最喜欢的树合影。最后一起为可爱的树们唱一首《爱护小树苗》的歌曲，在轻松愉快的氛围中结束本次活动。

同步训练

一、思考训练

1．比较说课和讲课的不同。

2．有人认为：说课就是说说这节课自己是怎么上的，是上课前的活动。你是如何看待这一问题的？

二、实践训练

1．请写出大班科学活动"神奇的中草药"说课稿。

2．观看自己的微格教学视频，按照讲课训练中对教师的基本要求从体态语和语言方面进行自我评价，并形成 300 字左右的文字。

3．观看自己的说课录像，按照说课训练的中对教师的基本要求从体态语和语言方面进行自我评价，并形成 300 字左右的文字。

参考文献

大卫・杰纳・马丁，2006．建构儿童的科学．杨彩霞，等译，北京：北京师范大学出版社．

董旭花，2012．幼儿园科学区科学探索活动指导117例．北京：中国轻工业出版社．

董旭花，2013．幼儿园优秀科学活动设计88例．北京：中国轻工业出版社．

董旭花，2014．幼儿园自主性学习区域活动指导．北京：中国轻工业出版社．

杜威，1991．我们怎样思维：经验与教育．姜文敏，译．北京：人民教育出版社．

方明，2013．山东省幼儿园课程指导教师用书．济南：明天出版社．

冯晓霞，2000．幼儿园课程．北京：北京师范大学出版社．

管旅华，2013．《3～6岁儿童学习与发展指南》案例式解读．上海：华东师范大学出版社．

黄人颂，1989．学前教育学．北京：人民教育出版社．

教育部教育管理信息中心，2010．全国优秀幼儿科学教育活动课例评．重庆：西南师范大学出版社．

克里斯丁・夏洛，劳拉・布里斯坦，2006．儿童像科学家一样：儿童科学教育的建构主义方法．高潇怡，梁玉华，等译．北京：北京师范大学出版社．

李季媚，冯晓霞，2013．《3～6岁儿童学习与发展指南》解读．北京：北京师范大学出版社．

李维金，2012．学前儿童科学教育．2版．北京：科学出版社．

林玉萍，2011．幼儿园区域活动指导手册（科学区）．北京：农村读物出版社．

刘占兰，2008．学前儿童科学教育．2版．北京：北京师范大学出版社．

陆兰，杭梅，2011．幼儿科学教育与活动指导．北京：北京师范大学出版社．

彭奇凡，2009．幼儿园科学活动指导与设计．福州：福建人民出版社．

皮亚杰，1981．教育科学与儿童心理学．傅统先，译．北京：文化教育出版社．

皮亚杰，1982．儿童的心理发展．傅统先，译．上海：上海教育出版社．

全国幼师工作协作会，2002．幼儿科学教育活动指导．北京：北京师范大学出版社．

施燕，2007．学前儿童科学教育．上海：华东师范大学出版社．

陶保平，1999．学前教育科研方法．上海：华东师范大学出版社．

王春燕，等，2006．幼儿园课程理论．北京：新时代出版社．

王志明，2001．学前儿童科学教育．南京：南京师范大学出版社．

维果斯基，1994．维果斯基教育论著选．余震球，选译．北京：人民教育出版社．

夏力，2014．学前儿童科学教育活动指导．上海：复旦大学出版社．

杨爱华，2001．学前教育科学研究．南京：南京师范大学出版社．

杨薇，但菲，2004．幼儿科学游戏指导与实施．北京：新时代出版社．

张春兴，1998．教育心理学．杭州：浙江教育出版社．

张慧和，张俊，2004．幼儿园数学教育．北京：人民教育出版社．

张俊，2004．幼儿园科学教育．北京：人民教育出版社．

周川，1993．科学的教育价值．南京：江苏教育出版社．

附录一

《保教知识与能力》考试大纲

一、考试目标

1）学前儿童发展知识和了解幼儿的能力。熟悉婴幼儿生理与心理发展的基本规律、年龄阶段特征、个体差异及其影响因素的相关知识和了解幼儿的基本方法，并能够运用这些知识了解幼儿。

2）学前教育理论知识和应用能力。掌握教育基本理论和学前教育基本原理，理解幼儿园教育的特性，了解幼儿教育历史和幼儿园教育改革动态，并能结合幼儿教育实践问题进行分析。

3）幼儿生活指导的基础知识与能力。掌握幼儿园一日生活和幼儿卫生、保健、营养、安全等方面的基本知识，并能在实践中应用。

4）幼儿园环境创设的知识与能力。了解幼儿园环境创设的意义、功能和创设原则，并能结合幼儿园教育实际加以运用。

5）游戏指导与组织实施教育活动的知识和能力。理解幼儿园游戏的意义、作用与指导方法，能根据幼儿园教育目标和幼儿实际组织和实施教育活动。

6）幼儿园教育评价的基础知识和能力。了解教育评价的基础知识，能够运用评价知识对教育活动进行反思，改进保育教育工作。

二、考试内容模块与要求

考试内容主要涵盖学前儿童发展、学前教育原理、生活指导、环境创设、游戏活动的指导、教育活动的组织与实施、教育评价等七个模块。能力要求分为了解、理解、熟悉、掌握、运用五个层次。

具体考试内容与要求如下。

（一）学前儿童发展

1）理解婴幼儿发展的含义、过程及影响因素等。

2）了解儿童发展理论主要流派的基本观点及其代表人物，并能运用有关知识分析论述儿童发展的实际问题。

3）了解婴幼儿身心发展的年龄阶段特征、发展趋势，能运用相关知识分析教育的适宜性。

4）掌握幼儿身体发育、动作发展的基本规律和特点，并能够在教育活动中应用。

5）掌握幼儿认知发展的基本规律和特点，并能够在教育活动中应用。

6）掌握幼儿情绪、情感发展的基本规律和特点，并能够在教育活动中应用。

7）掌握幼儿个性、社会性发展的基本规律和特点，并能够在教育活动中应用。

8）理解幼儿发展中存在个体差异，了解个体差异形成的原因，并能运用相关知识分析教育中的有关问题。

9）掌握观察、谈话、作品分析、实验等基本研究方法，能运用这些方法初步了解幼儿的发展状况和教育需求。

10）了解幼儿身体发育和心理发展中容易出现的问题或障碍，如发育迟缓、肥胖、自闭倾向等。

（二）学前教育原理

1）理解教育的本质、目的和作用，理解教育与政治、经济和人的发展的关系，能够运用教育原理分析教育中的现实问题。

2）理解幼儿教育的性质和意义，理解我国幼儿教育的目的和任务。

3）了解中外幼儿教育发展简史和著名教育家的儿童教育思想，并能结合幼儿教育的现实问题进行分析。

4）理解学前教育的基本原则，理解幼儿园教育的基本特点，能对教育实践中的问题进行分析。

5）理解幼儿园以游戏为基本活动的依据。

6）理解幼儿园环境创设的重要性。

7）理解幼儿园班级管理的目的和意义。

8）掌握《幼儿园教育指导纲要（试行）》在幼儿园教育活动的目标、内容、实施和评价上的基本观点和要求。

9）了解我国幼儿教育的改革动态与发展趋势。

（三）生活指导

1）熟悉幼儿园一日生活的主要环节，理解一日生活的教育意义。

2）了解幼儿生活常规教育的要求与培养幼儿良好生活、卫生习惯的方法。

3）了解幼儿卫生保健常规、疾病预防、营养等方面的基本知识。

4）了解幼儿园常见的安全问题和处理方法，了解突发事件如火灾、地震等的应急处理方法。

（四）环境创设

1）熟悉幼儿园环境创设的原则和基本方法。

2）了解常见活动区的功能，能运用有关知识对活动区设置进行分析，并提出改进建议。

3）了解心理环境对幼儿发展的影响，理解教师的态度、言行在幼儿心理环境形成中的重要作用。

4）理解协调家庭、社区等各种教育力量的重要性，了解与家长沟通和交流的基本方法。

（五）游戏活动的指导

1）熟悉幼儿游戏的类型以及各类游戏的特点和主要功能。

2）了解各年龄阶段幼儿的游戏特点，并能提供相应材料支持幼儿的游戏，根据需要进行必要的指导。

（六）教育活动的组织与实施

1）能根据教育目标和幼儿的兴趣需要和年龄特点选择教育内容，确定活动目标，设计教育活动方案。

2）掌握幼儿健康、语言、社会、科学、艺术等领域教育的基本知识和相应教育方法。

3）理解整合各领域教育的意义和方法，能够综合地设计并开展教育活动。

4）能根据活动中幼儿的需要，选择相应的互动方式，调动幼儿参与活动的积极性。

5）在活动中能根据幼儿的个体差异进行指导。

（七）教育评价

1）了解幼儿园教育评价的目的与方法，能对保育教育工作进行评价与反思。

2）能够利用评价手段发现教育活动中出现的问题，提出改进建议。

三、试卷结构

<table>
<tr><th>模块</th><th>比例/%</th><th>题型</th></tr>
<tr><td>学前教育原理</td><td>27</td><td>单项选择题
简答题
论述题</td></tr>
<tr><td>学前儿童发展</td><td>31</td><td>单项选择题
简答题
材料分析题</td></tr>
<tr><td>生活指导</td><td rowspan="5">42</td><td rowspan="5">单项选择题
简答题
材料分析题
活动设计题</td></tr>
<tr><td>环境创设</td></tr>
<tr><td>游戏活动的指导</td></tr>
<tr><td>教育活动的组织与实施</td></tr>
<tr><td>教育评价</td></tr>
<tr><td>合计</td><td>100</td><td>单项选择题：约 20%
非选择题：约 80%</td></tr>
</table>

四、题型示例

1. 单项选择题

幼儿最先掌握的实词是__________。

A．形容词 B．动词 C．名词 D．代词

2. 简答题

幼儿园教育与中小学教育的主要不同之处是什么？

3. 论述题

结合实例，试论游戏的教育价值。

4. 材料分析题

请分析下面案例中教师指导行为的适宜性，并说出依据。

活动片段：一场足球赛

17位幼儿自愿组成了班级足球队，老师和他们一起来到了操场草坪上。刚聚在一起，幼儿就迫不及待地展开了讨论。

小杰：我们大家要分成两队才能比赛。

老师：好啊！我们该怎么分？

（幼儿迅速分成了两堆，结果一边7人，另一边10人。）

小红：不行不行，他们队多了3人，这样不公平！

（其他幼儿也跟着数了起来）

小泰：是呀，多了3人。

老师：怎样让两队的人数相等呢？

光恒：让他们队过来2人。

江昀：不对，过去1人。

宗涵：老师，到底要过来几个？

欣怡：试试不就知道了吗？

（幼儿们自己指挥起来，先让一个伙伴过去，然后大家数数，发现还是不平均。）

昱煌：不行，要过去2人。

（他们又让一个伙伴过去，大家又数了起来。这次他们发现原来多一人的队现在却少了一人，大家不知该怎么办。这时，老师把多出的小朋友请到大家面前，幼儿发现两队的人数一样多了。）

老师：多出了一位小朋友怎么办？

鹭杰：就让他当裁判。

（于是，足球比赛开始了……）

5. 活动设计题

围绕保护动物的主题，设计一个幼儿园大班活动方案。

附录二

幼儿园教师资格考试大纲（试行）（面试部分）

一、测试性质

面试是中小学教师资格考试的有机组成部分，属于标准参照性考试。笔试合格者，参加面试。

二、测试目标

面试主要考查申请幼儿园教师资格人员应具备的基本素养、职业发展潜质和保教实践能力，主要包括：

1）良好的职业道德、心理素质和思维品质。

2）仪表仪态得体，有一定的表达、交流、沟通能力。

3）有一定的技能技巧，能够恰当地达成保教目标。

三、测试内容与要求

（一）职业道德

1）爱幼儿，尊重幼儿。

2）对幼教工作有热情、有责任心。

（二）心理素质

1）具有一定的情绪调控能力。

2）乐观开朗、有自信心。

（三）仪表仪态

1）行为举止自然大方，有礼貌。

2）服饰得体，符合幼儿教师职业特点。

（四）交流沟通

1）有较好的言语表达能力。口齿清楚、普通话标准、语速适宜、表达比较准确、简洁、流畅、有条理、有一定的感染力。

2）善于倾听、交流，有亲和力。

（五）思维品质

1）能正确地理解问题，条理清晰地分析思考问题。
2）有一定的应变能力，在教育教学上表现出一定新意。

（六）了解幼儿

1）具有了解幼儿兴趣、需要、已有经验和个体差异的意识。
2）能通过观察来了解幼儿。

（七）技能技巧

1）熟悉一些幼儿喜欢的游戏和故事。
2）具有弹、唱、画、跳、手工制作等基本技能。

（八）评价与反思

1）能对录像或资料中的教育活动、教育行为进行较客观的评价；或能对自己的面试表现进行评价。
2）能根据评价结果提出进一步改善的意见。

四、测试方法

采取结构化面试和展示相结合的方法，通过观察、提问、展示、材料分析、陈述等方式进行。

考生按照有关规定进行准备，回答考官提问。考官根据考生面试过程中的表现，进行综合性评分。

五、试题示例

例一：
某小班有些新入园的幼儿哭闹不止，不停地哭喊着：“我要妈妈！我要妈妈！”……
问题：你如何面对这种情况？
例二：
请你给小班幼儿讲一个故事
（故事自选。如考生没有故事，可提供）。